Information Resources Management: Concept and Cases

信息资源管理：概念和案例

Forest W. Horton, Jr.

（美）福雷斯特·伍迪·霍顿（著）

安小米等（译）

南京大学出版社

图书在版编目(CIP)数据

信息资源管理:概念和案例 /(美)霍顿
(Horton, F. W.)著;安小米等译.--南京:南京大学出
版社,2013.8
 ISBN 978-7-305-10434-3

Ⅰ.①信… Ⅱ.①霍… ②安… Ⅲ.①信息管理
Ⅳ.①G203

中国版本图书馆 CIP 数据核字(2012)第 192139 号

Information Resources Management:Concept and cases
Written by Forest W. Horton,Jr.
Copyright © 1979 by the Association for Systems Management
Simplified Chinese translation Copyright © 2013
by Nanjing University Press Co., Ltd.
all rights reserved

江苏省版权局著作权合同登记 图字:10-2013-344 号

出版发行 南京大学出版社
社　　址 南京市汉口路 22 号　　　　邮　编　210093
网　　址 http://www.NjupCo.com
出 版 人 左　健

书　　名 **信息资源管理:概念和案例**
著　　者 (美)霍　顿(Horton, F. W.)
译　　者 安小米　等
责任编辑 李　博　裴维维　　　　编辑热线　025-83685720
审读编辑 郭艳娟

照　　排 江苏南大印刷厂
印　　刷 常州市武进第三印刷有限公司
开　　本 880×1230　1/32　印张 11.125　字数 320 千
版　　次 2013 年 8 月第 1 版　　2013 年 8 月第 1 次印刷
ISBN　978-7-305-10434-3
定　　价 30.00 元

发行热线 025-83592169　025-83592317
电子邮箱 Press@NjupCo.com
　　　　 Sales@NjupCo.com(市场部)

译者序

　　本书是世界上第一部论述信息资源管理的专著,书中包含了信息资源管理的思想起源、原创观点及早期的研究问题和研究方法。虽然该书出版于 1979 年,但在国内外学术论著中的被引用频率一直很高。国内以前无该书的中文译著,也缺少对原著内容的系统介绍和透彻解析。现在将霍顿这本经典著作进行全文翻译,将其作为信息资源管理的经典文献出版,旨在弥补上述缺憾,为我国相关领域的教学、科研与其他实际工作提供参考。

　　本书较早地从多学科视角提出了信息资源管理的核心问题,采用经济学、管理学以及信息科学等学科的理论及方法对信息资源管理的基本概念和争议性问题进行了深入的比较研究和系统分析,为信息资源管理学科体系的建设提供了基本架构,为信息资源管理科学问题的探索提供了分析的框架、思路以及解题的方法。

　　全书各章问题清晰、逻辑严密、思路连贯、体系完整,提出了信息资源管理的基础理论问题以及解题思路,全面地呈现出作者严谨的研究过程。本书前两章从资源集成的视角解释了为什么(why)要对信息资源进行管理,包括信息需求的激增、信息失准和失真、不相关、信息滥用和误用、信息操纵、信息产权、信息价值等问题。第三章从学科集成视角回答了信息资源是什么(what)的问题,包括知识、信息、文献、文档、文件、数据的基本涵义、来源、存在形式及其相互转化的问题。后续章节从管理集成视角讨论了如何(how)有效管理信息资源的问题，包括信息资源的分类、规划、预算、组织管理以及评估等问题。

作者以丰富的实践阅历和宽广的研究视野，从国家宏观层次、组织机构中观层次、管理者微观层次，采用多学科综合集成视角探讨了信息资源管理中人员、业务、过程、信息和技术等要素之间的关系，并对其进行了有效整合，形成了以人为本、以业务为中心、以信息为基础、以过程为线索、以技术为支撑的多维度研究架构。

作者以独特的跨学科视角率先讨论了信息资源管理过程中的信息效率和效用问题，如借助预算和成本理论对信息资源管理过程中投入和产出的成本内容、预算模式进行了探讨；结合组织结构理论分析了在企业和政府等组织机构中信息部门的作用及对其设置的必要性和方法；从信息系统理论的角度探索了信息资源的规划、评估和安全等问题；此外，本书还应用战略管理、公共管理、公共物品等理论对信息效用问题进行了阐释，较早地提出了 CIO、CKO 等概念及信息资源协同管理的思想和集成管理的方法。

本书清晰地展现了信息资源管理起源和发展的脉络，可为相关科研人员提供最原创的思想观点，追溯信息资源管理理论及知识体系构建的起因及动议，学习和借鉴前人在信息资源管理初创阶段提出问题、分析问题及解答问题的研究经验和方法。

本书由中国人民大学信息资源管理学院安小米教授组织编译和统校。叶莎莎、朱小梅、董伟和徐少同参与了全书的统校工作，参与翻译的人员如下：何亮坤（致谢、前言以及第 1 章），王铁牛（第 2 章和第 6 章），徐少同（第 3 章和第 4 章），鲁俊杰（第 5 章和第 11 章），叶莎莎（第 7 章和第 8 章），董伟（第 9 章和第 10 章），朱小梅（第 12 章），宋魏巍（案例和附录）。

本书在统稿过程中遇到了较多困难，如全文术语翻译的一致性问题、机构名和人名翻译的规范性问题、疑难长句的正确理解问题和图表翻译问题等。为了保证翻译质量，翻译工作经历了个人翻译、自校、互校、统校等过程。安小米、叶莎莎、董伟、朱小梅和徐少同对翻译中的争议性问题进行了反复讨论，不断完善译稿。为了适应中文读者的阅读习惯，提高译稿的可读性和可理解性，再现原书的逻辑体系，翻译人员对原书的标题和子标题附加了章节编号；翻译人员建立了统一的中英文术语、机构名、人名对照表，并对全书的图表进行了翻译和重新绘制。由于译者是首次翻译信息资源管理领域的经典著作，我国信息资源管理领域尚无中英文对照的术语词典，加之译者水平有限，难免存在谬误，不足之处还望专家和读者批评指正。

本书为中国人民大学科学研究基金（中央高校基本科研业务费专项资金资助）项目（编号：10XNJ052）和国家社科基金重大项目（编号：12&ZD220）的成果，本书的出版得到了中国人民大学信息资源管理学院、数据工程与知识工程教育部重点实验室（中国人民大学）和南京大学出版社的支持，在此表示感谢。

安小米

2013 年 6 月

目　录

图表索引

注:有部分图表原书未给出标题

致　谢

　　首先，我要感谢联邦文书委员会的同事们，在 1976 至 1977 年我准备本书期间，他们与我讨论、切磋和批评，并接受我不断的质疑。我要特别感谢委员会主席、来自纽约州的弗兰克·霍顿(Cong. Frank Horton)，和委员会主任沃伦·布勒(Warren Buhler)，感谢他们给我机会，将我的研究目标与重要的国会委员会工作计划紧密结合。同时，我要感谢委员会的工作人员史蒂夫·巴拉茨(Steve Baratz)、杰里·考尔德伦(Jerry Calderone)、迪克·布洛克(Dick Bullock)和默里·哈伯(Murray Haber)，他们给我带来了很多想法和灵感。

　　此外，我要感谢唐纳德·马钱德(Donald Marchand)、约翰·施迪克(John Stucker)、迪克·诺兰(Dick Nolan)、戴夫·鲁滨逊(Dave Robinson)、阿龙·霍克曼(Aaron Hochman)、迪克·布朗(Dick Brown)、切特·格思里(Chet Guthrie)、鲍勃·凯利(Bob Kelley)、沃利·哈泽(Wally Haase)、弗雷德·利利(Fred Lilly)、比尔·弗卢里(Bill Flury)、戴夫·斯奈德(Dave Snyder)和比尔·肯沃西(Bill Kenworthey)，他们向我推荐了很多有用的研究方法，并给了我许多重要的反馈。

　　我还要感谢 ASM 出版社社长詹姆斯·安德鲁斯(A. James Andrews)，他始终执着地邀请我，并鼓励我写下信息技术蓬勃发展的前景。他是一位杰出的出版人，正是由于他对信息系统发展趋势的远见卓识才使本书得以付梓。

最后，也是最重要的，我要特别感谢比尔·普赖斯(Bill Price)，感谢他不断涌现的想法，他对整个信息技术领域的技术细节具有非凡的领悟力。我还要一并感谢黑兹尔·希金博特姆(Hazel Higginbotham)和辛西娅·卡雷尔斯(Cynthia Karels)，他们承担了整合书稿的繁琐工作，并认真地处理了文中的细节。还有泰德·舒赫特(Ted Schuchat)，他凭着热情和经验确保了文中所有标点的恰当使用，在此表示感谢！

序　言

　　信息正迅速成为人类的关键性资源。空气、水、土地和矿产等地球上的自然资源是人类最古老、最有用的资产。人类利用各种天然材料创造或生产物资用品，制造人工制品。由于人类无法仅凭物物交换实现多个地方的、频繁的、大量的生产和贸易，最终需要经济资源来促进市场贸易。20世纪，在人类创造的企业模式中，人们需要对人力资源有更清楚的认识和管理。

　　通常，新类别资源的作用是逐渐被认知的，这需要经历很长一段时间。了解、认识和接受每一种新生资源都会形成一套理论，这套理论是关于原理、标准、规则和惯例的正式汇集，它以有序的方式来指导资源高效和有效的利用。

　　迄今为止，我们已经建立了关于自然资源、物质资源、财务资源和人力资源的理论体系。但最近，随着信息和数据爆炸现象的出现，人们的注意力已经转向了一个严肃的话题，即如何管理和控制数据和信息资源。很多学科和专业都在努力验证信息资源的相关假说，其中包括众多信息科学家、计算机专家、系统专家、图书馆学家、统计学家、数学家、语言学家、语义学者、哲学家和一大批社会科学家。在每个学科领域，无论是理论研究还是应用研究，或是与之相关的技术都在朝着广阔的理论和实验的前沿方向发展。预测信息科学最终将归属于哪类知识还为时过早，而且也没有充分的理由过早地在这个方面进行预测。

　　我认为无论是私人企业还是公共组织，更重要的是一定要学会控制信息资源上的庞大资本投入。这些资本投入和相关经营费用一样越来越高，以至于不能简单地作为"管理费用"。对于管理印刷厂、信息中心、图书馆、计算机房、缩微设备和其他主要信息服务活动的传统方法，已经不能充分说明信息资源使用方面的风险、趋势和缺陷。很大一部分管理费用都和相关的信息活动紧密联系。此外，在通货膨胀、财政赤字、失业率和地缘政治危机蔓延时，每个组织都面临着间接费用和管理费用同时增加的问题。为什么会产生这些问题？

　　我们不需要去寻找深层次的原因，主要是因为我们身处于一个科技社会。很多专家在孤立分隔的公共机构和组织环境中工作，并且工作地点分散，他们有着快速沟通和交流知识的需要，而这种需要和知识的激增，都给数据资源带来了沉重的负担。计算机、卫星、通讯网络、微电子元件和其他影响信息处理的技术，都对后工业化社会的数据资源起到了重要作用。

　　第二个原因与信息处理技术、信息功能及专业化领域的技术融合有关（见图 i.1 和 i.2）。鉴于这些不同技术和领域的发展相对独立，更新和更强大的信息技术允许（而不是强制）当前独立的技术整体与配套的硬件、软件及程序框架进行融合。因此，文本、声音、可视化和图形技术在相互融合时，会提供更有用和更高效的信息组合能力，这胜于每种技术独立地实施。

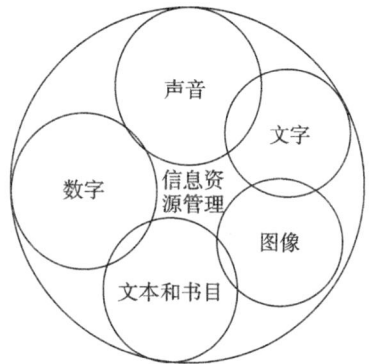

图 i.1　信息处理技术的融合

在数字模式和模拟模式之间、在数据和文字处理模式之间、在全文/书目和摘要模式之间等方面，科学家、工程师、财务分析师、图书馆学家和研究员现在都能操作自如。总之，使用更新和超现代化的信息处理技术让他们的信息控制能力得到了巨幅提高。

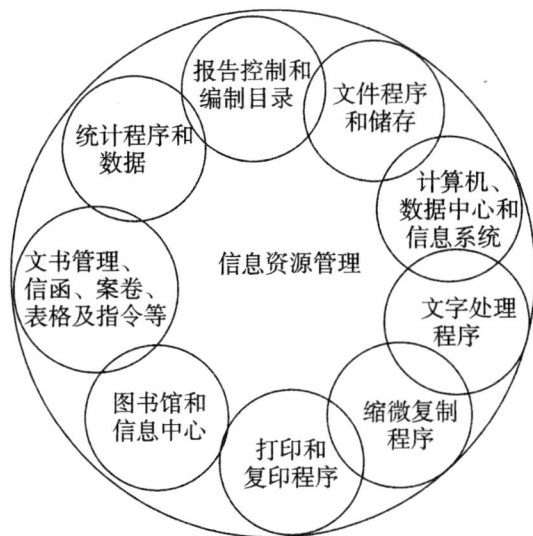

图 i.2　信息功能与专业领域的融合

此外,在未来的办公室环境中,这些信息技术能更好地用来提高工作效率,而不像传统的办公环境那样堆满了大量的纸质案卷、文件、报告和建议书。事实上,未来的办公室给我们提供了美好的前景,我们将从迅速瓦解的后工业社会过渡到以数据、信息和知识为驱动力的信息时代。

公共部门,尤其是各级政府,都非常依赖数据资源。当然,其他资源(如人力资源、物质资源、财务资源和自然资源)也在发挥它们的作用,但是数据和信息是最关键的资源,具有共同的特性;数据能将其他所有的资源联系在一起。信息是一种特殊的资源,它既能以抽象形式(思想)又能以物理形式(作为一种商品)来表示。信息的物理表现形式,如一个统计数值、一份文档或一份报告;信息的抽象表现形式,如一项发明、一种艺术创作或一个完整的知识体系。

信息具有特殊性、普遍性和无形性的特点,但我们在利用数据推进人类目标方面产生了一些不同寻常的问题。也许除了图书管理员、档案管理员或历史学家将数据看做资源外，传统上数据并没有被看做是一种正式的"资源"，而人员、打字机、导弹系统、美元或濒危野生动物等"资源"是我们能够看到和说到、并且能够组织和管理的资源。

　　与上述不同，直到最近，许多商人和政府官员倾向于把信息作为一种虚拟的免费物品。诚然，数据的最外在的、有形的和具体的物理形态及表现形式，如报告、案卷、文件或书籍等，经常在一定程度上以价格标签的形式被估价。然而，通常只有最直接和外在的部分被计入了成本计算。大部分信息都因种种原因未能严格地计入成本核算，理由如下。

　　首先，从抽象的数据中分离出数据的物理表示，并且再现和使用数据是一件非常困难的事情。其次，由于科学、政治和人文等原因，传统上对信息的价值和成本的定义和评估不够准确。例如，档案管理员反对评估数据的价值，因为他认为几乎所有的信息，至少都具有潜在的历史价值。其理论支持是："当前的事实（信息）"是否合适只能由某种历史背景去探明。科学家也反对评估数据的内在价值（不是其功能价值），因为他视所有的信息为知识，并告诫那些想要控制、管理和破坏数据的人，即使数据不是人类遗产，但破坏数据就会产生毁灭潜在知识的风险。而政治学家反对评估数据的价值是在自由和多元化的社会中基于公民的民主权利，有权"为了公共利益"以任何时候和任何形式的需求方式去访问、获取和使用公共信息。他指出政治学家认为政府的义务是存储和提供需要的数据，但也必须遵从和维护宪法，如保护国家秘密，商业、贸易、金融秘密和个人隐私等。

　　缺乏信息资源组织和管理规则会让我们损失巨大。例如，国会或州的立法委员、或政府行政机构的官员，是否会采用任意的方式雇佣、调动、升迁或解雇其职员？几乎不能。因为有一套悠久的、制定好的详细规则、准则和程序来告诉官员们这些行为应该如何完成。而且到了预算的时间,官员们都知道如何精确地定义、评估和计算"在编"的职员;他们通过一套标准计算授予的职位和分配的职责,就像确定年工作量一样,这些标准包括组织部门、费用类型、永久和临时的职位等。联邦的人事管理局(Office of Personnel Management)有一套完整的管理规则(联邦员工手册),它汇集了所有的管理规定。在政府的每个连续的层级,无论是州政府还是地方政府,都有与这类联邦管理规则相似的做法。

公司的财产管理员会允许员工无限制地申领其想要的椅子、桌子和打字机吗? 当然不能。我们在财产管理领域为每种日用品制定了限额表、授权计划和其他的标准、规范和准则。总之,多数大型公司和公共机构在很长一段时间里,都会发布一套详细的规则来管理和说明组织的不动产和个人资产。

财务资源和自然资源也存在类似的问题。当然,财务资源的"管理规则"更为严格。即使有充分的理由,滥用公司或公共财务资产的惩处,可能也要比滥用其他资产的处罚更为严厉。

当我们谈到数据和信息资源时,不仅在组织中没有一套综合的、统一的管理规则体系,而且我们也不能为管理者们提供很好的指导,因为这些指导总是零散的,少许是关于计算机和设计信息系统的指导,一些是针对缩微胶片和复印的指导等。在少数情况下,我们有政策在某些领域来指导官员,但程序上的指导较少,如以成本效益为基础,如何选择数据处理的媒介;或者对一种新的或升级的信息系统,如何将其预期收益与总资本和运营投资成本进行权衡。

我认为公司高层和政府官员日益陷入这样的困境:不断决定"通过购买更多的数据、技术等相关资源来提高信息处理能力"。那么,如果事情开始不顺利,投资又太大以至不能就此收回沉没成本,问题就会变得非常棘手。实际上,管理者们已经受制于这些强大的新信息处理技术。按理来说,这些高层官员们本应该更早关注并更多地参与投资决策过程。

　　为了有效地应对这种状况，管理者们必须首先理解数据资源的风险和机会。然后他们要学会把信息当做一种有价值的组织资源，对信息的使用必须有计划、预算和管理。

　　现在这样看似乎有些太效率导向了。换言之，我们使用"管理"和"控制"的方式会有过度控制这种有独特价值的资源（信息）的风险吗？当然，"信息操纵（information manipulation）"具有产生风险的内在可能性，或许更糟的是，它会扼杀创造力和观念的自由传播，因此警告不要进行信息操纵对人们是有益的。这样考虑即使有道理，也尚有不足之处。相反，如果我们能认识到新的计算机、通讯设备和其他信息管理技术的全部潜力，那么在通货膨胀和财政紧缩的时代，我们就能确保款项得到合理使用。我认为，要充分发挥现代信息管理技术的作用，就必须对数据资源的收集、使用和再利用进行更为明智、高效和经济的计划。在我看来，信息资源管理的责任就是要帮助我们面对这些挑战。这就是这本书将要讨论的内容。

　　为了全面把握这个主题，本书由十二个章节组成，从广义的概念讨论开始，逐步进入具体的问题研究。每一章节后附有一些问题，各有不同的用途。书后附有几个短小的案例，用于加强或增进对书中理论内容的理解。由于信息资源管理这门学科仍然处于初创阶段，成熟的、经验证和评估的案例资料仍很匮乏。

　　本书的很多内容都来自于作者在联邦文书委员会工作的经历。基于这些经历，作者发现美国公众的文书负担远不是有形纸张所产生的，它根源于联邦政府低效的数据和信息政策。本书的案例和图表均来自于政府部门，但它们也同样适用于企业和私营部门。

　　从某种意义上看，本书只是一本入门著作。但我希望它对从事实际工作的信息专业人员、信息学科的学生、关心信息管理成本增加的商业人士，以及关心文书和信息成本增加的政府官员们都能有所帮助。

第1章 背景和框架

现在"信息爆炸(information explosion)"已经是老生常谈的话题了。在早期的著作里，我曾经说过，"一些悲观的人称信息爆炸是'信息污染(information pollution)'。无论你支持哪个观点，当前信息生产、信息管理和信息传播显然已经成为一个骄人的产业。然而，那些促进信息管理发展的主要学科，包括计算机科学、自动化科学、图书馆学、电信学和信息科学，都没能把理论和实际充分结合起来，并以高效率和高效用的方式利用信息资源来支持和服务用户。"[1]

从开始写这本书起，我发现有很多研究者在两个非常接近的领域研究同样的主题。首先，计算机科学家们在谈论数据爆炸(data explosion)，他们所指的是计算机数据文件、数据库和信息系统的激增；其次，在相关的公共管理和政治学领域的专家也在讨论知识爆炸(knowledge explosion)。正如考德威尔(Caldwell)所讲："从人类的生理和心理转变来说(从他所称的现代社会过渡到后现代社会)，当前影响转变最为重要的因素是可组织和可提取为知识的信息可用性。值得争议的是，每一个重要的历史转变都包含了人类自我认识的改变，对信息可用性的评估方式是导致这些改变的重要因素。与过去的所有历史时期相比，对于人类而言越来越多的事实信息变得可用。也许有人认为，快速增长的信息通过其规模、差异和效用，会影响知识的状态和人类对知识重要性的评估，并影响人类在地球上的地位。"[2]

另一位权威人士纳什(Nanus)认为："事实上，信息正是组成人类社会之物，由此，任何信息收集、存储或者分配方式的重大改变都必然会对社会的功能和构造产生深远影响。也许人类对海量存储知识的不断利用会产生重要有效的解决办法,由此会促进人类认识和社会智力的转变和发展。"[3]

如果能以层级嵌套的方式来思考知识、信息和数据这三种"爆炸"形式,然后通过研究资源管理理论和其他观点来寻求解决"信息困境"的办法,那么对实现我们的目标是有益的。

数据一般都会被定义为"没有经过评估和未加工的事实",而信息可能被认为是"经过评估的数据",即是以某种方式解释,给予比其自然状态更多的价值。在金字塔顶端的知识被认为"代表着更高级别的智慧"。对此,丹尼尔·贝尔(Daniel Bell)从两个不同的角度提到后工业社会是一个"知识社会":

>……首先,创新源于不断地研究和发展。(更直接地说,由于理论知识的集中性,在科学和技术之间产生了一种新的联系);
>
>其次,知识领域在社会的比重不断增加,这个比重是通过国民生产总值(Gross National Product)和就业的比例来进行计算的。

相对而言,现在很少有人认为信息问题是一种信息匮乏的问题。当然,大部分思考过此问题的人认为这个问题是两方面因素造成的结果。首先,是因为缺乏有用的和相关的信息。其次,是因为存在着大量过剩的、不相关的、不重要的信息。有人会进一步认为这两种情况是相互依赖的,也就是说,大量不相关的信息堵塞了我们的沟通渠道,导致决策者无法接触到有用的信息。

1.1　信息需求的激增

我们分两种情况来讨论这个问题。首先,各级政府对事实(facts)和数据(data)的需求在大幅增长,部分原因是政府项目在不断增加。例如,在联邦政府的国内援助目录(Catalog of Federal Domestic Assistance)中,我们有超过 1 100 个项目。这还不包括大量的国际援助项目,或大量的商业项目(不服务于个人)。其次,随着政府项目的不断增加,其管理和实施也变得愈发困难。部分原因是增加的项目需要更多公务员来管理,同时越来越多的项目都在地方上实施。这些项目还需要大量的专家,每位专家都在各自独立的环境里利用自己的数据,实现自己的信息需求。问题是每个项目都与很多组织部门相关,要协调这些项目的难度比十年前大多了。从绝对数量上看,政府组织机构和政府官员的数量都在大幅增长。当然,从某个意义上说,这些也需要数据和信息。

此外,从联邦政府到州政府、地方政府等,各级政府制定和颁布了各自不同的信息要求。信息有时能在这些不同级别的政府部门之间共享,但是更多的时候,各级政府为了自身目的,以自己的方式来收集需要的信息。表 1.1 描述了在 1971 至 1976 年的六年间,联邦政府的计划、产品和服务等主要信息项目的惊人增长。

表 1.1　联邦信息指数

年　度 联邦信息指数	1971	1972	1973	1974	1975	1976
联邦公报页数	21 864	26 053	33 284	42 372	44 847	59 605
指数	100	119.2	152.2	193.8	223.4	272.6
国家技术信息服务部出版物	45 000	53 200	55 600	59 000	63 000	60 000
指数	100	116.4	121.7	129.1	137.9	131.3
计算机数量	5 934	6 731	7 149	7 830	8 649	9 600
指数	100	113.4	120.5	142.0	145.8	161.8
政府印刷局费用(百万美元)	224	262	292	366	418	500
指数	100	109.7	118.9	140.0	147.7	173.4
国会印刷费用(百万美元)	41	48	54	62	74	85

（续表）

年　度 联邦信息指数	1971	1972	1973	1974	1975	1976
指数	100	109.8	117.3	127.8	141.6	157.5
统计项目费用 （百万美元）	204.8	237.6	280.8	371.9	428.1	498.4
指数	100	108.8	122.7	158.2	170.1	193.6
研发费用 （百万美元）	15.1	16.4	17.8	18.3	19.5	21.3
指数	100	101.3	103.5	97.8	90.2	91.3
联邦信息指数	100	111.4	122.4	139.8	151.0	168.8
人力资源部	100	116.7	128.2	117.5	106.4	144.5
国务院	100	93.3	109.2	139.3	161.6	170.0
住房和城市发展部	100	95.9	72.8	49.0	52.4	55.2
交通部	100	100.3	92.3	97.5	87.1	70.2
民用航空局	100	115.8	133.2	137.5	133.7	156.0
小型企业管理局	100	90.1	61.4	77.2	50.5	76.3
国防部	100	91.9	61.4	77.2	50.5	76.3
退伍军人管理局	100	128.0	120.0	121.6	120.8	100.0
商务部	100	115.2	106.1	114.8	85.9	103.0
联邦新闻发布指数	100	105.6	98.9	100.1	95.6	103.3

为计算指数，已根据联邦购买紧缩指数将所有的美元金额转换为1971年的美元金额。
经华盛顿特区的研究人员授权。

众所周知，公共部门和大型私营企业的机构不断增长，其结果需要进行调整。不过，让我们简单回顾一下。首先，由于数据的要求没有得到充分的协调，同时各组织机构也没能进行数据共享，因此不可避免地出现数据重复和重叠。其次，众多组织机构和不同层级部门收集到的同类事实经常是不一致和不相容的。再次，沟通渠道被太多无关的或无价值的数据所堵塞。其结果是什么呢？这会导致人们做出错误的决定，损害项目的效用和效率，并且无法实现项目的目标。最终结果就是组织的官员、国会（或董事会）和公众（或股东）全都感到失望、不满和困惑。

通过信息自由法（Freedom of Information Act），国会认为在"政府向公众公开"的问题上已经迈出了很大一步。这项法案于 1967 年 7 月 4 日顺利通过，它清楚地说明了国会计划公开所有的政府文件，除了某些特定类型的数据（如个人数据、商业秘密或机密的国防信息）之外。开始的时候，法律执行得并不充分，这并不是因为机构不愿意公开它们的文件，而是因为这些信息（包括案卷、文件、表格、规章、技术报告、图书馆馆藏资源、计算机数据库的数据等）分布得杂乱无章、无条理性和无组织性。总之，这些机构不知道他们拥有什么信息，不知道信息存储在何处，也不知道如何找到这些信息。对于公民来说，这听起来很不可思议。情况是如何发展到这个地步的？对于官僚主义者来说，这些事情是很容易理解的，因为政府对内部和外部数据和信息的控制都是严重不足的。举例来说，我们没有一个统一的、权威的和综合的联邦信息定位目录（Federal information locator directory），也没有索引和目录来指引我们数据"藏"在何处：数据是在文件、案卷、图书馆里，还是在计算机数据库里？总之，在联邦政府里几乎不存在信息资源管理。

当我们只关注文件实体、文件归档和存储，而不关注文件的数据内容时，我们便会处于一种茫然的困境，如图 1.1 所示。

尽管政府收集的很多数据和信息是通过简单的信函和电话这类特定方式获得的，但通常来说，数据和信息的结构化采集是使用信息系统来完成的。不同的人群使用不同的信息系统，因此有很多种类的信息系统。但是在政府信息资源方面，显然最昂贵的资

图 1.1　这不是答案（例 1）

本投资是自动化或计算机化的信息和通信系统。下面让我们简单回顾一下，通信和信息系统的无序性在多大程度上造成了无用信息的激增，也就是说，前面提到的"大量不相关的信息"堵塞了我们的信息渠道。现在，让我们继续寻找信息困境的其他根源。

1.2　不准确、不相关、失真

　　现实与现实呈现的差异是造成上述困境的根源之一。信息系统展示了记录信息所呈现的虚拟现实，由此有必要持续监控这些现实，以便反映动态系统而不是静态系统所呈现的多种现实画面。从交流的观点来看，语义是不断变化的。从日常生活的角度而不是从词典定义的静态角度来看，语言是在不断变迁的。进一步来说，经验就是一个动态的概念，需要不断地寻求打破已定义和可接受的语义的束缚，来包含那些并没有包含在文字里的经验描述。举个例子，诗歌在不断地扩充经验性用语，尽管用语不太生活化，但是诗歌整合的这些用语在日常生活里是很常见的。

　　政府制定标准和对日常业务、个人事务进行管理时，如果没有考虑到私营部门的实际情况，政府部门做出的决策和行动就会脱离现实。

　　信息系统反映了脱离现实的这一面。因此，人们很容易抱怨信息内容和信息系统反映的现实之间无法精确地匹配或相符。此外，信息系统还会影响决策者审视外界的方式，影响他们对现实的看法，决定接受者感知外部现实的方式。也就是说，信息会影响它本应反映出来的真实世界。因此，信息包含有不准确性因素。

　　经常有作者讨论这种信息偏离现实的情况，比如，"开始要构建的是一个管理信息系统，结果却是构建了一个管理错误信息的系统。"可以解释这种抱怨产生的原因：对信息进行的存储、传播和控制的技术过程并没有考虑实际情况的变化，从而使信息的使用脱离实际的需求。

　　综上所述，我们是否可以得出信息的可用性与情景有关，将数据脱离其使用的初衷，就会导致其用意的改变的观点？与此相反，另一种观点是我们生活在一个外部环境不断变化的时代。对未来而言，信息作为一种交流的语言工具是否注定一成不变？这两种解释哪种"正确"？或者说，这两种解释都可行？或者还有其他的解释？[4]

1.3　信息就是权力

信息困境的另一个根源是谁来建立和监督信息政策的问题。可以肯定的是信息的生产者已经进入了政策体系。这意味着信息的管理要有信息生产者参与。指导信息管理的政策首先应当和指导信息生产的政策相似。有意思的是，这些政策和权利法案提议的政策精神是类似的。因此，任何知识管理政策或信息管理政策的探究，必须包含与科学信息的"管理"相关的政策。

信息科学的一个问题是经常脱离客观世界来谈论信息，就像精神病患者在虚幻世界谈论他们的经历一样。当然，与信息使用相关的政策必须与政策的目的区分开来。车主大概不会希望制造汽车的技师来告诉他可以驶往何处，不然将把技术问题和实际问题混淆。正如理查德·尼克松（Richard Nixon）政府的实践一样，信息管理被一些人认为就像上述技师一样滥用了信息的权力。结果，如今信息的滥用问题被列入评估公务人员的指标构成。

尼克松总统职权滥用的核心问题是对信息的操纵，而不是对信息的管理。操纵和管理之间仍然存在细小的差异。因为过去信息滥用（information abuse）在公众看来仍然少见，操纵则依赖于对管理职能的熟练掌控，所以我们必须清楚地分辨管理和操纵。

最近，美国国会对信息操纵（information manipulation）的关注集中在一个复杂的问题上，这个问题是关于政府可能滥用和误用从公众那里收集来的数据。信息自由法（Freedom of Information Act）和隐私权法（Privacy Act），就清楚地表达了对上述问题的关注。正如埃利奥特·理查森（Elliott Richardson）所写："如果水门事件（Watergate）的错误在于对信息进行了侵犯，那么对信息进行调查、提取、披露、供认、揭示和公布，就是对侵犯信息的补救行为，这些行为使错误得到了纠正。"而且"……在某种意义上，所有水门事件的职权滥用都是信息的滥用，包括信息的窃取、曲解、虚构、误用、歪曲、隐瞒和阻止。一旦你理解了这些，这一事件的线索就清晰了。水门事件中的信息滥用一个接着一个，最后形成了连锁反应。"[5]

1.4　信息有产权吗

我们要回顾一下信息困境的其他原因。另一个重要原因和现代复印技术的出现（如复印机）有关。乔瓦诺维奇（Jovanovich）在引用威廉·萨洛扬（William Saroyan）的话时说："没错，静电复印技术和其他事物造成了人类生活的混乱，我们需要取缔它。"[6]乔瓦诺维奇随后质疑道，"写作（writing）作为一种人类行为的价值是什么？它作为一种财产形式的价值又是什么？两个多世纪以来，我们一直认为著作是一种可以收藏和交易的财产，而未经授权的复制或传播是非法的。在大部分西方国家，著作作为一种财产是著作权法的基础，即使有些保守的制造商和教育者提出批评，认为版权是一种剥夺'人民'权利的垄断行为。而社会主义国家倾向于忽略版权，或者不做正面回应。'新兴的国家'要求特殊的豁免，这是为了能赶上西方，也是为了能复制西方的作品。至于谈到写作是人类的一种行为，这与写作是一种财产形式是相关的。源自于写作的人工作品（如书籍、文章、期刊、剧本），与分散的、个人的写作行为一样重要吗？"

当然，复印确实是个简单的方法，如果愿意，通过这种方法可以复制作品而不用补偿作者，但这样做却违背了法律。在信息的权利、义务和特权的归属方面，我们能走多远呢？简言之，信息是否能像财产一样受法律保护，在这方面我们又能走多远？斯奈德（Snyder）提醒我们，今天我们已经接受了产权这个"美称"，尽管事实上这是一个无形的和抽象的概念。[7]他认为可以把这个一般性的概念扩展成一般性的规则，即"任何或所有描述个人的数据都是其个人的财产"。为了支持他的观点,他指出财产这个词在法律意义上是"专属于个人的"。新的瑞典数据法(Swedish Data Act,1974)明确指出,滥用个人信息属于"数据侵犯",这是一种新形式的犯罪。因此个人信息就像新鲜的空气和水一样,也许真的会成为一种非常珍贵的商品。

斯奈德鼓励我们公开承认信息作为财产的经济意义,"换句话说,我们应该一致把信息作为一种经济商品"。信息经济学中的数据,也会像其他资源一样需要付费使用,个人或公司会因为别人使用他们的数据而得到一些报酬。斯奈德认为,提供"直接的经济奖励可以在数据处理中提高效率",这种方式在减少繁重的公共报告要求方面比十二个胡佛委员会(Hoover Commissions)更有效率,但这种处理对政府而言是一种直接的挑战。

联邦文书委员会(Commission on Federal Paperwork)似乎同意把信息作为一种经济商品而不是一种"免费物品"来看待,并将此作为核心内容列入了 1977 年递交给国会的最后的建议里。

1.5　信息经济学

十多年前,阿德里安·麦克多诺(Adrian McDonough)在众议院的尼克松人口普查和统计小组委员会(Nix Subcommittee on Census and Statistics)上建议,在政府中使用他所称的"信息经济学"来取代传统的文书计量工作。[8]他提醒我们"文书工作(paperwork)这个词在五十多年前已经出现,而当时的劳动力组成与今天完全不同。"他提到,我们现在的生产方式和五十年前没有差别,都很原始。在农场和工厂,需要大量劳动力通过辛苦的体力劳动来生产不多的生活必需品。因此,只有那些对食物、住所和衣服等供给有贡献的人才被认为是生产力。而当时其他所有劳动者尤其是白领阶层理所当然地被认为是间接的劳动力或非生产力人群。

麦克多诺(McDonough)强调,我们不能再用经济学和会计学的视角去将白领工人视为非生产力。如果我们继续视白领工作者为非生产力,会极大地阻碍社会应有的进步。过去认为"文书工作"是非生产性工作,控制到最低限度即可。同时认为做文书工作的白领工作者也没有生产价值,因此他们成了各种减少成本措施的首要目标。什么时候我们才能明白消减文件的问题不仅是成本问题,还是对文件承载的有价值的信息评估问题呢? 这就是麦克多诺的信息经济学(Information Economics)所关心的问题。

麦克多诺将信息经济学定义为"对组织内特定的稀缺资源进行配置以获得组织最佳决策的研究"。[9]信息经济学特别关注以下几个方面,如知识的存储、通过数据处理获取信息以及知识存储和信息处理的有效利用。而将"经济学"与"信息"这两个词连在一起,是为了理解信息需求和信息供给的需要。信息需求决定了信息的价值,而信息供给决定了信息的成本。

也许我们能主张将信息作为资源的观念,就像学者和律师持有财产资源观和自然资源观一样,只要我们能认识到:

(1) 有知识的人是资源;

(2) 是人而不是机器在组织知识;

(3) 既然在民主制度中会有很多实现知识组织的方法,那么信息的管理也必然是多元化的。

基本上,属性的定位决定了它的价值。类似的,信息所处的情境(context)能将数据转化为信息,并最终将信息转化为知识。因此可以说,情境能够产生价值,而信息的情境也能够产生价值。人们对这个过程的认识不够,也没有对其开展经常性的研究,但仍有很多有价值的东西值得探索。

为了以后的分析和应用,用计算机对已利用过的信息进行组织,并不能产生有意义的信息,就像秘书将文件归档并不能赋予文件内容以意义一样。同样的道理,图书馆的卡片目录和图书归档系统都不会让图书馆的图书内容产生价值。只有当信息的组织适合使用信息的用户时,通过这种方式组织的信息才能增值。而当信息的组织不符合用户所需的组织框架时,信息的价值就会下降。传统的做法是,我们通过"容器"(即物理的案卷或文件)的方法来完成信息组织任务。但是，尘封的档案并不是解决方法，图1.2说明了这样的观点。

图 1.2　这不是答案（例 2）

　　信息行为的结果往往不能说明信息是否具有价值。当一种信息行为没有结果，或结果与预期相反时，用于决策和解决问题的信息就被认为是"价值中性（value neutral）"，甚至是反作用或具有"负面价值"。当结果是正面的时候，我们或许会说我们得到了有意义的解决方案。但在上面两个例子里，我们必须说其实信息组织的结果都没有增加信息价值。信息也许是有价值的，因为其使用结果会受到一系列因素的影响，包括决策过程本身固有的因素和外在的因素。在固有的因素中，迄今为止人为因素是最重要的。人为因素包括决策者现有的知识结构、理解和获取信息的能力、结合新的信息去创造新知识和运用新知识的能力。

　　于是，相关信息也许处于这么一种状态，无论信息是否存在潜在的价值，人们的决策和行为导致了负面或者中立的结果。总之，结果不能完全用来推断信息的价值。而且，最终得出的结果已经太迟因而不能做出评价。一定要在做出评价之前更早的时间里建立一些评估指标。我们会在后面的章节里讨论这些指标算法。

1.6　数据、文档和文献

　　如今计算机、无线通讯和与之相关的技术，已成为现代社会最重要和最昂贵的信息管理工具。或许文书仍是最常见的、甚至是最普遍的信息处理媒介，但文书不再是最重要和最昂贵的了。因为计算机已经取代了它！最终有人认为，我们即将进入一个无纸化社会。在银行、中介机构、零售业和其他重要的商务部门，数据的电子化收集、转移和存储已经很常见。诚然，重要数据的标准化、数据的所有权和数据保密问题仍有待解决，并且这些问题对哲学、法律，乃至宪法都具有重要的影响。而技术上的探索已经实现并可预见。剩下的技术障碍很有可能在接下来的十年里被克服。那么，计算机大量使用的结果是什么？[10]

　　第一，由于使用自动化存储和处理数据的单位成本比使用纸质媒介更低，尤其是利用机器的惊人速度产生了更强的经济动因，这就促进了从纸质到电子化的转变。第二，随着知识爆炸产生越来越多的信息，供应机器加工所需的"原材料"十分充足。第三，有力的证据显示，与传统的纸质系统方法相比，采用电子化和计算机化的方法产生了更多、更新的各种繁琐的问题。这是因为：

　　（1）个人是不能为计算机文件添加脚注或进行解释的，必须制定如他们所称的完整的、特定的"惯例"。

　　（2）当新的计算机系统安装后，人们要逐步停止使用他们习以为常的文件。结果会产生两套文件系统，这两套文件通常互不兼容，但同时存在，并一起从旧的人工系统向新的计算机系统过渡转换。

　　（3）虽然自动化系统在单位成本的投入更少些，但多数大型计算机系统在硬件、软件和人力资源上的资本投入，会比支持传统文书系统的成本更多些。

　　第四，计算机的确具有强大的信息管理能力，这种能力远远高于手工方法或传统的机器辅助方法（如制表器）。这些能力包括计算能力、

"逻辑"能力(编辑、重新排序和关联数据)、图形显示能力、查找和检索能力、建模和仿真能力,并能以惊人的速度让某些操作(如航班预订)进行"实时"(交易时)处理。从积极的方面看,这些超常的性能(至少在理论上)为科学家和管理人员提供了解决日益复杂的技术、科学和管理问题的方法。从"消极"的方面看,这些相似的能力为组织明智而审慎地管理其数据资源带来了更多的问题。例如,这些问题也许会采用如下形式:为预防万一,购买超过实际需要的具有更多功能的机器;在越来越低的组织层级上购买大量的机器,从而导致集中管理有些失控;购买较小的功能模块并将其分拆到许多组织部门,不仅会导致缺少控制,而且会导致缺乏对数据集成、数据关联和可比数据汇总的能力。在深入讨论这些问题前,让我们先仔细看一下馆藏信息的三种主要类型:数据(data)、文档(documents)和文献(literature)。

表 1.2　三种主要的馆藏信息形式

区别性参数	数　据	文　档	文　献
1. 表示方式,测量单位	事实、数据、符号	报告、文件、留言、备忘录	专题论文、连载期刊
2. 存储/机器和存储媒介	文档:磁带、穿孔卡、微缩胶片、纸件	文献:微缩胶片、纸件	图书馆、档案馆:装订卷册、记录、幻灯片
3. 结构化组合	资料库、数据库、表、图、图表	案卷、卷宗、记事表、信件	著作、史记、传记的主体内容
4. 半衰期测量(稍纵即逝)(价值衰减功能)	毫秒、秒、分、时	天、周、月、几年	年、十年、百年、千年
5. 可变性	能轻易改变	一般能改变	通常不改变

（续表）

区别性参数	数 据	文 档	文 献
6. 用途	研究、分析、试验、验证	文件管理、法律取证、财务审计	记录人类的遗迹、成就、发现、冲突
7. 生成方式	观察、试验	书写、打字、打印、拍照	学位论文、作文、灵感
8. 整理	按获取源、方式、位置、条件	按主题、密级	按作者、标题、主题
9. 复制和传播方式	自动化、无线通讯	复印、传真	父—子、母—女、研究机构

　　表1.2确认了九个变量帮助我们区分馆藏信息的三种主要类型，即，广义上的信息存储和处理的方式。计算机、无线通讯及电子革命为实体文书工作的信息处理带来了卓越的处理能力。在信息技术出现之前，用来存储和处理信息的传统的方法是记录性文档，随着信息技术的出现，人们才对信息文档形式和格式的关注转为对信息内容的挖掘。表1.2揭示了从数据到文档再到文献在后工业社会的根本性转变。作者认为，在文档时代到电子时代的过渡期，是文档造成了我们今天大部分的困惑。看看我们堆满文件的桌面，看看我们塞满信件的邮箱，你能及时取出所要的东西吗？

　　在表1.2文献一列里，知识管理在数据和信息转化为可用文献的效率方面产生了极大的影响。与此对照，信息资源管理使数据和文档产生了相互转化。我们将会在第四和第五章讨论这一问题。

1.7　系统替代信息

　　这些复杂的信息处理工具拥有强大的功能。它们能轻松和高效地处理大量的信息,这种能力让组织更关注于数据处理和数据系统而不是数据管理。与组织、操作数据和信息的方式相比,这些设备的速度、容量和规模效益更具吸引力,因此这些工具对用户更有用和更相关。简单概括来说,自从 20 世纪 70 年代以来,管理者和计算机用户都开始密切关注效用问题。有人认为问题的产生主要是因为预算紧缩和通货膨胀的环境,而不是因为这些问题不可预料、被忽略或忽视。很明显,如果信息成本的每一块钱都被合理使用的话,那么数据资源和数据功能就必然能被更加合理和认真地使用。

下面要说的是源数据自动化技术,如使用标记列表卡(mark-sensed tabulating cards)或光学字符识别(optical character recognition,OCR),这些技术确实能够避免或降低数据转换的成本和错误,数据转换形式包括从硬拷贝形式转换为穿孔卡片或打印的形式。然而,研究显示大部分成本并不是在数据转换阶段产生的,而是在更早的数据获取和记录存储的阶段产生。高额成本在数据输入机器之前就已经产生了。

继续来看,尽可能多地收集各种数据以备不时之需,这种想法对很多组织而言具有很大的吸引力。由于组织没能仔细地规划它们的数据需求,也没能认真地明确他们的问题,计算机管理员会遇到以下的压力:“我们没有时间去认真地明确我们的问题,但这没有关系,因为计算机是一个强大的工具,我们可以收集和存储我们可能需要的所有数据。我们并不在乎什么是否有用,因为存储成本是低廉的;总之,谁在乎呢?”

结果如何呢? 数据资料库并没有变得更小,而且越来越多不相关的、过时的和不准确的数据堵塞了我们存储和处理信息的渠道。这种情况不仅是费用的问题。我们不能及时有效地很快定位到相关的数据,因为有太多不相关、不及时和无效的数据取代了我们需要的信息而出现在电脑屏幕上。更讽刺的是,在很多情况下,我们利用系统性能去识别和“跟踪”用户的身份、信息利用频率、信息利用模式等,但是我们没有把这种信息反馈给数据管理员。图 1.3 描述了一个非常不乐观的环境。答案很可能在其他地方。

图 1.3　这也不是答案

1.8　我们得到了什么教训

　　如今，微型计算机及软件革命已经来临。越来越多的计算机及软件的新功能，让电脑迷和初学者感到眼花缭乱。可以毫不夸张地说，现在每个人都想得到属于自己的计算机，或者至少是一个计算机终端。这不正是技术的魅力所在吗？每个科学家、技术人员、分析师和决策者都应该拥有随时可用的数据，在遇到问题时他们能够通过计算和处理的方式快速有效地解决问题吗？这种发展带来的一个不可避免的后果是特有的管理问题，随之而来的是管理分散化、专门化和区域化问题的增长，而且可能呈几何倍数增长。

　　在进入第四代计算机设备的时候，我们是否从第三代设备的发展中得到了什么教训？我希望我们已经吸取了以前的教训。其中一个教训就是,尽管信息处理技术离最终用户更近了,而且也确实提高了技术对用户的响应程度,但如果没有基于服务的概念对计算机技术进行集成管理,那么就会产生一些新的问题。

1.9　信息技术的问题

这里存在很多问题。首先,数据的收集、存储、转移和传播可能存在重复的、潜在冲突和不兼容的问题,这与使用新技术部门的数量成比例。其次,高层管理者面临如何处理信息冲突和不兼容的问题。这个问题在大型的公共组织里已经突显出来。比如在国防部(Department of Defense),最近(自从新的信息理事会成立以后)国防部长要向国会证明军队的实力,并向媒体发布信息,而这些信息中的不同数据集(如军事实力、导弹数量、预算金额等)常常不一致,或者在某些情况下完全矛盾。如今随着小型计算机的分散化使用,对不同的数据集进行跟踪、审计和协调问题变得更加困难,并且缺乏合理的控制。在某些情况下,由于异时中断或日期输入的问题,或者由于缺乏数据元素标准,结果很可能导致数据不一致。

还有比因数据问题导致内阁官员愤怒或尴尬更严重的问题。例如,主管实验室的科学家让助手们收集和储存用于健康、安全及保障项目的重要试验数据,而这些数据可能不一致、不兼容甚至冲突。由于缺少适当的管制和政策,不仅这些矛盾的信息会带来潜在的危险,而且对不同数据进行简单的协调也需要大量的时间而且费用昂贵。想必读者熟悉每个大型联邦机构的各种“恐怖故事”:比如重要的官员们没能在正确的时间以正确的方式获取到正确的信息,因为这些信息隐藏在难以获取的地方,当需要的时候却没有“系统”可以对其进行检索。

在组织的运营和活动中,由于没有对专用词语的使用进行标准化和统一设计,即使是处理简单的事情和开展日常工作,沟通也变得非常困难。例如,如果人事部门在年终规定在职人员不包括临时的兼职人员,而财务部门却包含他们,显然就会浪费时间和金钱。

　　另一个问题是关于缩微技术。缩微照相技术和更新的全息技术以文本形式存储信息，它们不仅成本更低而且更方便利用。在多数情况下，这些技术弥补了计算机技术以数字或模拟形式处理数据的不足。人们更倾向于运用这两种技术来进行数据的收集、存储、转移和传播，但这样做只考虑了现有的技术，而没有仔细考虑在多媒体形式下处理数据的需求和用途。同时运用两种技术在某些数据环境下是有道理的。但是在其他情况下，两种技术共用会导致不必要的冗余，这样也费用高昂和耗费时间。

　　无线电通讯和卫星技术已受到我们密切的关注。没有它们，我们无法快速高效地传输大量的数据。要评估通信卫星的价值是困难的，但环绕地球的通讯卫星缩短了人与人、国与国之间的距离，并且在事件发生时能在国际范围内获取信息。跨国公司和政府能够很快与他们的工厂、大使和特使进行沟通，并能及时给他们指令。然而，"立刻"解决问题和做出决策并不总是有效的。由于采取的行动是欠考虑的、不成熟的或不合时宜的，结果可能是灾难性的。而且，这种廉价技术的存在和可用，已经导致了轻率和不可逆转的行为，这在政治、社会、经济和商业等领域都存在诸多案例。

1.10　信息：一种可管理的资源

　　最后，我要强调的概念就是信息。信息不仅可以视为一种资源（或是一种"商品"），也可以视为一种抽象概念（如一种思想）。我们在发展信息的理论、概念、政策和计划时一定要非常小心，要清楚所指的是这两种基本含义的哪一个。本书的观点是，对社会，特别是公众以及私人组织而言，认真系统地探索信息作为资源概念的时刻已经到来。这种观点（假设）引发的结果，就是将信息资源的利用效率和效用最大化，这点十分必要。有几个理由：首先，数据的需求常常超过其供给，正如美元、人员、物资或办公空间的需求超过供给一样。经济学家告诉我们，当这种事情发生时，我们通常会用制定价格的方式在市场中汇聚买卖双方。其次,确实存在大量不相关的和不重要的信息,我们仍缺少客观事实,这在前面也曾提到过。参议员、国会议员、官员、科学家、技术人员和其他人员都一致抱怨说,他们没能得到所有需要的信息来规划公共政策,承担实验和研究,或管理和执行公共计划。[11]

为了寻找更高效的管理数据和信息(作为资源或商品)的方法,我们必然要认真地思考信息的含义,可以从科学方法论的角度和民主的、多元化的市场经济角度来思考。这两种视角都要求信息能作为知识自由地交换,并在信息系统中快速流动和得到恰当控制——正如水门事件所示。因此应该建立一个准则,要求信息管理者依据这个准则来确保他采取的任何措施都能更高效地管理信息资源,这些措施应能同时促进和增强思想和知识的自由产生和传播。至少说这一途径应能增强信息的效率和使用,而不会阻碍知识的自由流动,同时应考虑平衡这些效率的需要,以确保知识交流不会受到不必要的限制。

美国公民自由联盟(American Civil Liberties Union,ACLU)基金会通过机密数据的误用问题大胆地批评了政府潜在的滥用信息问题。美国公民自由联盟基金会的约翰·沙特克(John Shattuck)专门从事政府保密和隐私工作,在佐治亚州阿森斯举行的一次社会服务专业会议报告上指出:

> 在我们的社会,最主要的权力商品就是信息。权力可能来自枪杆子,但更多的权利来自一台电脑或一个数据资料库,特别是当信息与人有关,而这些人却不知道自身信息被收集或者无法对信息的准确性(或使用)提出异议时。这并非偶然,近年来政府权力滥用的很多重大事件都浮出水面(如窃听、政敌名录、政治监督、反间谍活动、保密和欺骗),而这些都属于信息活动。[12]

1976 年,在华盛顿举行的美国信息科学学会(American Society for Information Science)年度会议上,黑兹尔·亨德森(Hazel Henderson)夫人指出,国家正在经历从“不可再生资源的最大化消费”阶段过渡到“可循环再用资源的最小化利用”阶段。她强烈地暗示,在我们决定是否可以和如何解决自然资源问题时，我们应在不断减少的自然资源（如煤炭和天然气等）和并非一定无限可用的资源（信息）中寻求一个折中的方法。[13] 两年前，在该知名学会的主题发言中，时任佐治亚州州长的吉米·卡特（Jimmy Carter）也谈到了类似的话题：

> 我们该怎样评估知识的特性？什么是知识？知识的重要性是什么？我们该怎样评估知识的经济价值，才能在与俄国、英国、法国、德国或日本交换信息时，知道我们在这种自然资源上附加了多少经济价值？知识是一种消耗不尽的资源。当知识被使用时，不仅没有浪费，而且（事实上）还得到了增强。也许这种非消耗型资源在提高人们的生活质量方面，可以像能源一样成为某些消耗型资源的替代品。[14]

卡特州长——如今的总统明确提出了人类自身面临的最大挑战之一，就是信息资源管理。我们是否会在图1.4所示的新机器和新技术中找到答案？也许会，也许不会。很多人认为机器已经远远超过了我们有效使用它们的能力。还未设计出来的新机器会扩大这种差距，还是减小这种差距，这仍然是一个挑战。这个挑战至少部分在我们的控制之中。我们应该管理这

图1.4　答案是需要更多的机器和技术吗

些机器，还是让它们来管理我们？这个问题令电子工程师们感到可笑，但社会科学家却仍然为这个问题感到苦恼。也许新一代的信息管理者会更好地解决这个问题。

1.11　问题讨论

1. "将信息作为资源进行管理"这种观点与其他资源的管理(如人力资源、经济资源、物质资源)有很多类似的地方,但是也有一些重要的差别。我们做个对比,假设数据和信息被视作经济资源,而其他的"资源类型"(如人力、资本和财产)也属于经济资源。那么信息资源和其他资源的异同点又是什么呢?

2. 信息系统可以说是对现实的再现。在现实中人与人之间、人与自然之间可以直接互动,而与此不同,信息系统只能依靠符号来进行操作。那么,当人们声称"大多数严重的信息处理问题,都根源于没有充分的符号化以及未对符号进行充分的处理",这是什么意思呢?

3. 有些人更愿意将"信息管理"称为"信息资源管理"。他们认为信息管理有信息操纵的意味,认为知识就是权力。这两个概念之间是否存在"合理"的差别? 它们之间又是如何联系的?

4. 谁"拥有"信息? 相对于不动产和个人财产,信息是否具有产权? 请举出实例,并说明谁是信息产权的持有人。其他的产权法是否适用于信息的产权? 比如说,某一方向另一方转移信息保管权,转让信息产权和信息使用权以及国家征用个人持有的信息产权。

5. 有时人们会说现在已经是"信息经济"时代。那么如何评估有多少份额的国家财富是来自信息商品和服务的生产、加工和分配?

6. 一份来自电子资金转账委员会的报告中谈到"无纸社会"即将来临,在金融机构和其他使用电子汇款系统的企业之间有必要保持竞争。银行账户用电子存款支付账单,而不用支票或现金,这会如何影响消费者、生产商和金融机构的权利和义务? 这与现在的做法(通过"硬拷贝"来备份文档)有什么不同?

7. 联邦、州和地方各级政府一直在讨论如何划分公民的隐私权和公众的知情权。政府什么时候可以拒绝对其持有的机密信息的访问,可以拒绝的理由是,某一机构想要使用该类信息,公民或"第三方"需要该类信息，而对信息安全的考虑大于满足这些信息需求？那么，公众利益大于个人隐私利益的时机是什么呢？

注 释

[1] Horton, Forest W. Jr. , "*How to Harness Information Resources*: *A Systems Approach*,"(Association for Systems Management,1974) pp. i-ii.

[2] Caldwell, Lynton K. , "*Managing the Transition to Post-Modern Society*," (Symposium on Knowledge Management, Public Administration Review, Nov/Dec 1975). This issue of the Review also contains some other excellent material, giving a fairly broad range of viewpoints.

[3] Nanus, Burt, "*Information Science and the Future*," (Bulletin of the American Society for Information Science, Vol. 2, No. 8, March 1976) pp. 57-58. This Special Bicentennial of the Bulletin also contains some other excellent material. In the words of its editor, Lois Lunin "The history of any field of science or technology is a tale of the strivings, the searchers, the successes of many individuals in many lands. Information science is no exception. We build on the past. We act on the present. We anticipate and plan for the future. We have before us the greatest challenge any field has been offered—to analyze, to organize, to manage, and to use information for the good of all people. How we deal with the challenge may well affect the course of this nation in its next 200 years. "

[4] The author is indebted to Stephen Baratz, who, during 1976 served with me on the Commission of Federal Paperwork. The ideas put forward here were in large measure the result of a dialogue during this time, when the Commission staff was considering objectives,

assumptions and strategies for various key information-related studies. This dialogue, in the form of an exchange of memoranda, is available from the author, subject to Dr. Baratz's release approval.

[5] Richardson, Elliott, "*The Creative Balance*," Holt, Rinehart and Winston, 1976. While there have been many books on Watergate that have addressed the broad issue " information is power," Richardson's perspectives make him almost uniquely qualified to deal with the issue in the eyes of a bureaucrat-administrator, who must deal with the balance between the public's "right to know" and the individual's right to privacy. From that standpoint, this work offers useful insights.

[6] Jovanovich, William, "*The Universal Xerox Life Compiler Machine*," (The American Scholar, Vo. 40, No. 2, Spring 1975) pp. 249-250. This short article is as amusing as it is intellectually provocative. Highly recommended.

[7] Snyder, David P. , "*Computers, Personal Privacy, and the Treatment of Information as an Economic Commodity*," pp. 302-303, and "*Privacy, the Right to What?*" Editorial, pp. 221-225, The Bureaucrat, Vol. 5, No. 2, July 1976.

[8] McDonough, Adrian M. , Professor of Industry, Wharton School of Finance and Commerce, University of Pennsylvania, in testimony prepared at the request of Robert N. C. Nix, Chairman, subcommittee on Census and Statistics of the Committee on Post Office and Civil Service, House of Representatives, May 25, 1966.

[9] Ibid. Op. cit.

[10] Horton, Forest W. , Jr. , "*Computers and Paperwork*," The Bureaucrat, Volume 6, No. 3, Fall, 1977, pp. 91-100. This brief paper reviews the evolution of the " paperless society;" and indicates how hard copy paper media is being increasingly replaced by electronic and holographic media for collecting, storing and

disseminating data and information.

[11] See for example "Information for Government: Needs and Priorities," by Senator Hubert H. Humphrey, Bulletin of the American Society for Information Science, Volume 1, No. 1, June-July 1974. Senator Humphrey was for years in the forefront of the battle to develop more effective information systems to support public policymakers and the policymaking process. In his words: " To find solutions to these problems, we must do a much better job of establishing goals and setting priorities for our nation, backed up by effective systems of information collection: analysis and dissemination. "

[12] "The Privacy Report," Volume Ⅲ, No. 8, March 1976, issued by Project On Privacy and Data Collection, American Civil Liberties Union Foundation, New York, New York.

[13] Remarks by Hazel Henderson, Annual (Bicentennial) Conference, American Society for Information Science, "America in the Information Age," April 12-14, 1976, Washington, D. C.

[14] Remarks by former Governor, now President Jimmy Carter at 1974 Annual A. S. I. S. Conference, Atlanta, Georgia.

第2章 信息资源管理：原则和实践

当使用"资源"这个术语时，我们必须了解其具有多重含义的定义。首先，传统上认为资源与"所有权"相关。信息的所有权，特别当所有权没有明确的法律规定时，会产生一些社会问题。其次，公众拥有的信息资产如何合理分配最终会成为一个政治问题，特别是当这些资产与个人或者组织的利益相关时。在这里，社会的总体利益和成本问题都需要考虑。例如，需要权衡公众的知情权和个人隐私权之间的关系。另外我们需要理解传统意义上的资源使用和作为数据和信息的这类资源的使用及管理之间存在差异。

正如前文所述，首先对"无限"资源（例如空气）和"有限"资源（例如煤炭和水）进行比较，这有利于我们的讨论。"无限"资源也是有限的，但"无限资源"的有限性各不相同。在这种情况下，信息过去被认为是没有价值的事物，但现在也被认为是一种资源。随着对成本和费用看法的改变，人们对于"价值"的看法也发生改变。例如，空气污染和环境污染改变了人们对于这些资源（空气和水）的观念，这些具有无限性的无限资源变成了具有可及性的有限资源。在能源方面同样如此，不断增加的价格导致其可及性发生改变。

因此，当信息需求增加到一定程度使得供应的信息具有价格时，我们可以说知识或信息成为了一种有价值的资源。例如，在信息领域，提供信息对于信息提供者来说是有代价的。这会在法律框架中带来法律的问题。隐私权法（Privacy Act）和信息自由法（Freedom of Information Act）就是国家价值在信息所有权问题上体现的案例。有人说，个人信息可能是个人所拥有的最有价值的资产。由于"资源"这一术语传统上被用来描述物质对象，当其用到知识或信息上，尤其是当定义中的变量具有社会和精神方面的属性时，会带来定义问题的类型改变。后面我们会对一些相关问题进行讨论。

2.1　职能管理规划 vs 资源管理规划

在某些时候，管理职能可以细分为职能管理和资源管理两类主要职责。前一种管理主要是针对产品生产和分配过程的管理，而后一种是针对资源的获取、配置和利用过程的管理。[1]例如，在汽车制造领域的职能规划主要涉及汽车设计、制造、生产、装配和运输等一系列的过程。对于每一个过程，都会需要各种各样的资源，如财务的、物理的、材料的、人力资源和信息资源等。汽车制造行业的职能规划，需要包括以上所有活动以"优化组合"的模式获取、配置和分发这些资源，来支持各种职能规划。

对于这两套管理职能，效率和效用的问题都是很重要，但有时对两者进行区别又很困难。传统的区别是效率主要涉及生产率，或者说是投入和产出的关系。单位投入的产出越多，那么该过程就越有效率。这种关系可以简单地用生产率来表述。另一方面，一个组织（或者个人）即使高效地利用资源，也未必能达成其想达到的目标和结果。在这种情况下，这个过程或规划就是"没有效用的"。事实上当我们谈到信息资产时，上述两个因素在起作用。然而我们必须承认，一般说来，技术的能力已经增强了生产率（因此数据和信息获取、存储和传播的效率已经从优秀到卓越），但在信息的使用方面依然还没有取得我们想要的结果。图 2.1 以图解方式说明了资源管理职能二分的"操作环境"。

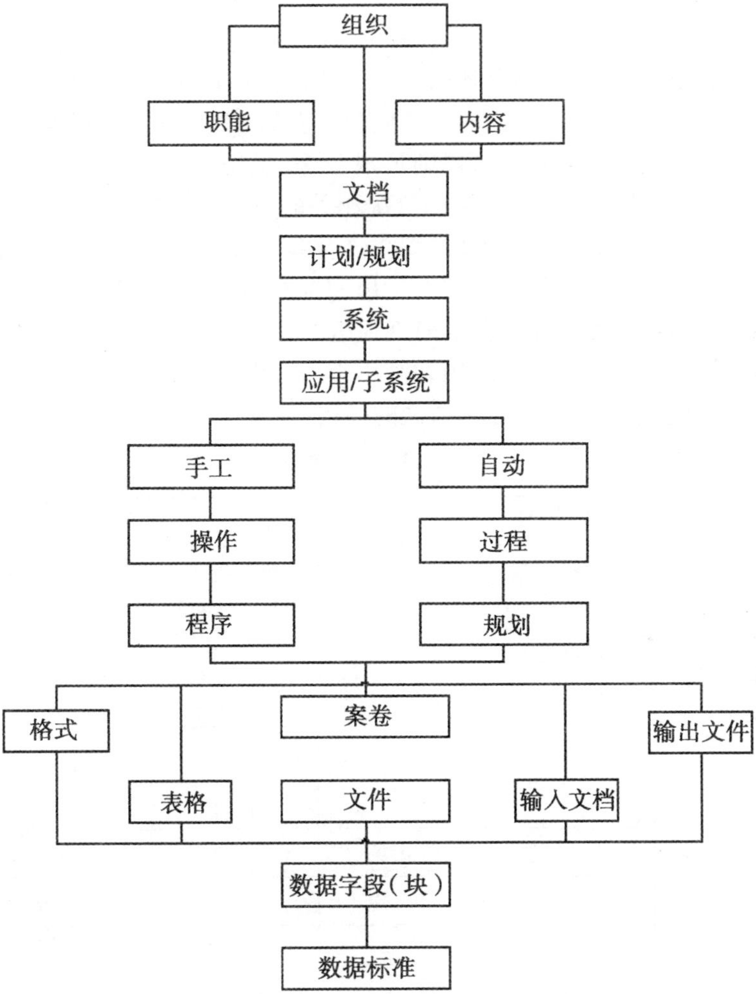
组织
职能
内容
文档
计划/规划
系统
应用/子系统
手工
自动
操作
过程
程序
规划
格式
案卷
输出文件
表格
文件
输入文档
数据字段(块)
数据标准

经阿龙·霍克曼(Aaron Hochman)授权

图 2.1　资源操作环境

2.2 什么是"资源"

首先要回答的问题是什么是"资源"。表2.1描述了一些著名的经济学家和管理学家所提出的资源概念。表2.1展示了两组可类比的观点。货币/资本资源:相关规则形成于20世纪20年代,主要涉及定义、测量、应用和使用该类别的资源相关的内容,目的是提高投资准确性。表2.2总结了资源管理规则在政府部门的发展情况。这并不是说在20世纪20年代以前,没有对货币和资本的控制和管理。而是在20年代以前,特别是在那次股票崩盘到达顶点之前,关于货币和财政资源的理论还不成体系,对于应用和利用货币和财政资源的各种方案所做的选择也没有清晰的界定和清楚的描述。

表2.1　基础资源

分类	经济学家	管理学家		管理职能划分
	萨缪尔森 (Samuelson)	巴克 * (Bakke)	福里斯特 * * (Forrester)	
基础的	自然资源	材料	材料	制造
	人力资源	人	人员	人力
中级的	资本 货物	货币	货币 资本 设备	财政
		市场	订单	营销
		思想		研发
			信息	EDP(电子 数据处理)

* 怀特·巴克(E. Wight Bakke),人力资源部,耶鲁劳资中心,纽黑文市,1958
* * 杰伊·福里斯特(Jay W. Forrester),工业动态,(剑桥,马萨诸塞:麻省理工学院出版社)1961
来源:理查德·诺兰(Richard L. Nolan),数据资源管理部(摩根保罗,美国明尼苏达州:西部出版公司,1974)

表 2.2　政府资源管理的历史沿革

资　源	管理职能	出现时间	原　因
货币/资本	财务管理	1920 年代	投资意识的提高、资本短缺和经济萧条
人员	人力管理	1930 年代	行为科学的进步和社会力量的推进（工会工作条件）
原材料	材料管理	1940 年代	关键战略物资的贮备预测
土地/建筑	空间/产权管理	1940 年代	确保合理使用办公室/工厂/实验室的空间
信息	信息管理	1960 年代	信息爆炸，对强加到纳税人身上的文书工作进行控制的需求

　　伴随着货币、资本相关资源管理规则的发展，一种资源管理新职位——财务经理出现了。财务经理负责管理资金这类有价值的资源。在一些公司，这个职位称为财务副总裁；有些公司，则是财务总监。在政府部门中，该职位一般为财务总监，当然也存在其他的称谓。尽管在政府和企业的相关部门中，职位的称谓会有所不同，但其职能基本相同。

　　第二个是将人力作为资源。人力资源管理相关的规则大约在二战结束时还未正式提出，直到 20 世纪 50 年代早期才开始提出。人力资源管理的发展是对行为科学的进步和社会推动力的响应。这些社会推动力是产业联盟及工作条件发生重要变化的结果。就货币资源来说，需要匹配与此对应的人力资源的管理职能和资源管理人员。管理职能在经历了人事管理后发展成为人力资源管理。在某些组织，仍然使用人事管理，当然有时也会使用其他的称谓。

　　到 20 世纪 40 年代，主要是为了更节俭而高效地使用日益昂贵的办公室、工厂的空间，出现了第三种资源——土地和建筑资源。在政府部门，这个新的管理职能被称作空间和产权管理。差不多在相同的时间，出现了第四种资源：原材料和设备。供应和库存管理成为相应的管理职能。

　　之后,在 20 世纪 50 年代,当我们从工业社会发展到以技术高速发展为特征的后工业社会,思想本身成为了一种有价值的国家资产。发展中国家十分渴求知识。当然纯理论研究直接转化成生产力并不容易,但美国通过应用研究和应用技术相结合的途径,实现了其国内外政治和经济的目标。在组织的结构图上,我们很快就看到出现了研究和开发管理职能。

　　到现在,为应对信息和文书工作的激增,需要更多的事实信息,更好地对数据、统计数据和事实进行组织,以提高其可及性。我们看到一个新的管理职能正出现：即信息资源管理。其相应的管理资源就是数据和事实。

2.3　　资源配置

　　资源管理的作用是什么？实际上,高级管理层的角色,就是集成各种资源产生最大化的资源选择成本效用,以利用这些资源制造和配送公司的产品和服务(或在政府机关,以实现某个计划的目标)。公司的单个产品和其完整的生产线都需要融合各种生产要素,例如货币、市场、雇员、原材料、创意和信息等。让我们再看下图 2.1。总之,为使任何基本资源得到有效管理,我们必须：

　　(1) 理解资源——理解其在组织所需资源中的角色,如何被使用,使用限制条件和使用时机；

　　(2) 获取资源——由于资源不是免费物品,获取时要讲求方法；

　　(3) 保护资源——避免资源浪费、滥用和错误使用；

　　(4) 开发资源——最大化地使用和应用资源。

　　我们总结资源管理的基本目标为：

　　(1) 通过资源的使用实现组织的目标和任务,实现资源价值和收益的最大化；

　　(2) 资源获取、处理、使用和处置过程成本的最小化；

（3）通过确定责任人和特定责任部门的方式，保证资源利用的效率和效用。

基于上述概念，信息资源的"价值"可以定义为通过对资源的利用而获得的收益（成果）。和所有资源一样，衡量信息资源的使用价值时需要考虑其成本因素。

资源配置的核心问题是在各种方案中做选择。以政府为例，选择的行为在产生公众收益的同时，也会导致纳税人的成本增加。美国总审计局（General Accounting Office）曾经说过："这些收益和成本应该广义界定，既需要考虑社会因素也需要考虑私人因素。"[2]在公共部门的各种目标（方案）之间做出选择的关键因素是：

（1）通过制定、采用和实施各种公共政策，以及策划、实施政府计划的方式，实现政府目标。所有这些都会消费或者转移各种有形及无形的资源。

（2）存在多种公共需求，其特点是：这些需求数量庞大而且会不断改变。对于资源的需求远远超出可及资源的数量。

（3）决策者必须要在各种竞争性目标、各种备选政府计划和政策中做出合理选择，以保证在其可以负担的前提下获得想要的成果。

在商业领域，各种各样的产品和服务可以生产和销售，其中每项内容都会涉及成本。同样，企业的负责人也面临选择——应该营销哪些产品和服务。

各种职能经理，都要考虑资源的最佳组合问题以完成其特定的职责。例如，一个生产经理必须采用最佳的方式结合仓储、生产空间、生产设备和人员等生产要素以装配和制造产品。财务经理必须集中管理公司的财务卷宗。营销经理必须要优化利用各种资源以宣传、推广和营销公司的产品。人事主管必须决定要雇用什么样的员工，员工应该具有什么样的技能，雇用周期和薪金水平。研发经理必须要决定在理论研究和应用研究方面分别要投入多少研发经费以开发新产品和新服务。在政府部门同样存在类似的问题。大多数的政府计划是互相依赖的，同时影响多个国家目标。这种相互依赖导致需要在两种资源配置的任务中使用评估和分析技术：第一，在一个主要的政府计划领域中进行选择。第二，在多个主要政府计划领域中进行选择。总之，资源管理的价值框架，包含 4 个关键活动：获取、加工、保存和分发。如表 2.3 所示。

表 2.3　资源管理的价值框架

资源	特定的管理职能	发生成本—活动种类				获得利益
		获取	加工	保存	分发	
原材料	生产	购买	制造	库存管理	配送物流	获取利润
货币资本	财务	吸引投资或者借款	无	使用费用支付	流动性管理	在需要时，交换其他资源
市场商誉	市场	广告、促销配送，定价				提升产品价值
雇员	人事	招聘雇用	培训	管理报酬	人员配置	提高效率和效用
创意	研发	提供有利环境		耐心保护安全	联系产品开发	开发有市场潜力的产品
数据/事实	信息	收集	综合分析	组织掩护	可访问可响应可组合	增强人员的效率和贡献

2.4　价值管理框架

在上述价值框架的 4 个领域中进行决策，有几个重要和独特的考虑维度。例如，在资源获取环节，对于给定的资源实体，是否存在适用的标准等级？是否存在同等级的其他资源替代物？对于资源加工环节，采取某个优先的行动步骤时，是否存在障碍？突破这些障碍需要花费多大成本？美国总审计局（General Accounting Office）认为：解决资源配置问题的应该会导致下述任何一组活动：

（1）继续、修改或者废弃现有的政策；

（2）采用新政策；

（3）继续、修改、扩展、缩减或逐步缩减当前计划；

（4）创建新的计划。[3]

由于管理者处于不同的组织层级中,其选择和决策的自由程度不一样,对于可用资源的看法也会有所不同。企业家可能会带给企业以前不曾拥有的资源。企业中仅有少数高层管理者,能够自由获取外部资金,或者有权力获得主要的实物资源。一般情况下,管理者所用的资源都是企业已经拥有的资源,或者是企业内部定期生成的资源。每一个管理者在他本身的组织层级上,都有机会通过协商的方式来保证其所在组织单位能够获得一定份额的企业自由支配资源。但是对于相对较低的组织层级,潜在可用资源的数量会急剧减少。总经理,即企业最高负责人,拥有企业资源管理最终责任。他负责在整个组织范围内获取、加工、保存和分配资源,以满足企业中存在冲突的各种资源需求。

2.5　技术、工具和应用

对于大多数经理来说,配置可及的人力、物力、原材料、财务和信息资源是一种要持续面对的任务。尽管上面的例子主要是针对组织的高层管理者,在组织其他层级使用的资源分配工具和技术还有：

（1）资本投资；

（2）建设进度制定；

（3）财务资源规划；

（4）财务资源预算；

（5）运输进度制定；

（6）工厂位置；

（7）交通模式分析；

（8）研究试验设计；

（9）计算机模拟；

（10）仓库传送带位置；

（11）生产排程；

（12）销售区域分配；

（13）机器购买计划。

表 2.4 列出了附加的工具和技术。实际上，一种"全新"的管理科学——运筹学在逐步发展，以帮助经理们完成他们的资源配置任务。配置问题是运筹学要解决的重点问题之一。当给定资源可以用不同方法整合以获得想要结果的时候，或者当没有足够的资源以完成所有必要的活动时，就产生了资源配置问题。当可用资源短缺时，运筹学是最有效的方法体系。在上述情况下，人们必须用最可能的方式来优化资源使用。例如，人们想要用最少的资源输入以获得最大的资源产出。

表 2.4　管理资源的其他工具

资源/职能	技术
财务 （货币）	——资本投资决策中的贴现和收支平衡分析 ——投资回报分析
生产 （原材料）	——经济订单数量公式以平衡采购成本 v. s. 库存成本 ——自制或采购决策
人力 （人员）	——罢工、旷工和人事变动导致生产中可预见 　损失，利益权衡和工资包
信息	——缩微胶片 v. s. 硬拷贝 ——抽样 v. s."全覆盖" ——内部生产 v. s. 外部采购

资源配置的另外一个工具就是规划系统。规划系统是一种管理装置，可以帮助需要进行资源分配的经理，以支持其信息和其他决策需求。没有规划系统，想法和计划就只能是一纸空谈，预算成为了一种敷衍的官僚机制。规划系统同时属于信息系统和经营管理系统。作为一种经营管理系统，它提供了一种控制资源使用的机制，来完成组织的目

的和目标。

在 20 世纪 60 年代,正式的规划系统在政府和企业中得到广泛应用。在那个时期,预算系统和规划系统越来越多地集成在一起。这一点尽管在实践中还不多见,但至少在理论层面上已经有所体现。早期的规划概念主要是和绩效预算相关。后来,出现了计划预算。这两个术语现在还在使用。1965 年,当林登·约翰逊(Lyndon Johnson)总统指示联邦政府的行政部门引入集成的规划—计划—预算体系(programming-planning-budgeting system,PPBS),集成的规划和预算系统就成了主流的观点。

1965 年 10 月 12 日,美国预算局[现在称行政管理和预算局(Office of Management and Budget)]发布的第 66-3 号公告中称,规划—计划—预算体系的意义在于"帮助解决相关问题,即每个机构中的计划和预算系统应该提供有效的信息和分析结果,帮助部门经理、机构负责人和总裁,在各种有冲突的需求中更好地判断资源需求、决定资源的使用和分配"。

一般意义的资源管理理论和原则也不过如此,传统资源领域发展出来的多种不同的方法、学说、"公理"和假设,在信息资源领域并不完全适用。然而我相信,相关理论向信息领域延伸是不可抗拒的趋势,同时也需要更深入地研究、测试和实验,以决定其在信息领域如何扩展和应用。此外,我相信把通常意义的资源管理原则扩展到信息资源领域,需要采取四个步骤。第一,需要充分理解信息资源和其他资源的相同点和不同点。第二,在组织的最高级别上,建立一个独立的管理职能。保留一个高级职位,全权负责高效地管理组织信息资源。第三,分配相应的权限和职责。最后,开发和应用必要的政策、程序和管理系统,以"运行"信息资源管理职能。下面让我们看看每一个具体的步骤。

步骤一：理解信息的本质

在提到数据和信息资源领域时,我们缺少集中的、权威的、有影响力的学术理论,也缺少清晰、详尽和明确的信息政策方面的案例,更缺少相关的操作程序以辅助决策者。例如,以成本效用为考量基础时,如何选择可行的数据处理介质替代方案;或者如何评估一种新的或者升级的信息系统,如何平衡预期收益与投资成本之间的关系。

　　总之,当前数据资源没有被很好地认识,对于如何理解和管理数据资源,也没有很好的知识积累。观察发现,管理者并没有把数据当做一种资源来"计划和管理"。计算机硬件提供商是信息技术知识的一个主要来源,但能够理解,他们在对客户的宣传中仅仅突出"以硬件为中心"。我们应该采取的第一个步骤就是要对数据进行思考,不仅作为一种抽象的"思想",也应该作为某种"可接触的、物理的、实体的"物质。事实上,就像我们前面指出的那样,信息有两个层次,一是抽象的思想,二是一种物理的商品;如果我们想要有效地管理信息,我们必须要同时关注信息的这两个层次。但是改变思维通常也是最困难的一步,因为这意味着我们要从根本上重新思考对于信息的传统认识。

　　让我们通过与某种矿物资源(例如煤炭)类比的方式,来说明信息资源的使用。如煤炭:

　　(1)拥有购置成本;

　　(2)存在不同等级,某些种类煤炭的开采,可能会更加困难和昂贵;

　　(3)有不同等级的含量纯度;

　　(4)需要提炼和处理以提升其价值;

　　(5)从最初获取到终端用户要经过若干环节;

　　(6)存在与之竞争的合成物——某些廉价,某些则更昂贵;

　　(7)能够以原材料的形式,或经过提炼加工处理后的形式购买和使用;

　　(8)在其生命周期中的每一个阶段,遵循某种增值原则。从获取到使用的各个环节中,也存在转移定价的原则与技术。

　　当然,与所有的类比一样,矿物资源(例如煤炭)与信息资源也存在重要的差异。例如,矿物资源在使用时是"被消耗的";信息通常不是这样的,虽然信息也会"过时"。尽管存在差异,我仍然相信其相似点占主导地位。

步骤二：建立管理职能

　　现在让我们试着建立一个将信息作为资源进行管理的案例。首先是管理控制的要素。我们是否可以想象，某公司行政主管，或者政府机关的高官，可以采用任何方式雇佣、调动、升迁、解雇其职员？这是不可能的。或者是否可以想象，物业主管可以允许我们任意获取和使用办公桌椅或打字机等办公用品？当然也是不可能的。对于财务资源来说，情况也是一样。我们有各种形式津贴、配给和授权，告诉我们可以获取和花费的资金数量。在联邦政府，总务管理局（General Services Administration）早就颁布了关于管理和审计借贷机构的相关规定，以规范各种动产和不动产的使用和管理。

德鲁里（Drewry）提醒我们，传统上在政府部门，数据和信息作为资源时，就是指实体的文书管理——案卷、文件、报告、凭证性资料等。她说，例如"一份案卷的行政价值在于它使机构活动或整个政府部门的活动能够连续运转。"[4]所有文件都在一定时期内拥有某些行政价值，否则它就不会被创建出来。她还提到，那些未完成行政活动的案卷和文件是有行政价值的，因为如果其丢失会阻碍上述活动的延续。而对于已完成活动的案卷和文件会迅速失去其行政价值。文件可能对联邦政府、个人、公司，或者州立（或其他级别）政府具有法律价值。对于行政价值的案例来说，法律价值存在的时间取决于其涉及的权利和法律问题的种类。对于涉及政府法律法规、条约和其他国际协议的文件来说，文件具有持续的法律价值。

德鲁里提到，关于文件的研究价值必须考虑到，文件不应该仅仅为了偶然的原因而保存，应该考虑人们的"某种求知欲望"。因为未来可能有人对文件所包含的信息感兴趣。我们需要有更多实际的理由来决定文件是否具有研究价值。[5]

历史上，当我们发现资源失去控制时，显然采取的措施就是建立一个管理职能以处理相关问题。相关管理职能的负责人其首要职责就是依照相关原则和惯例，对资源进行定义、测量、包装、管理、使用和处置。我们的目的是，这些原则和惯例能够帮助形成一套资源管理的规则。

但是我们看到，就信息作为资源管理而言，仅在少数情况下，设置了专门的管理职位来处理出现的问题。在组织中，传统意义上的数据和信息管理（或处理）被看做是一种间接成本。因此，它们不被计入预算人员、审计人员、中高层管理者的评估和分析范围。采用这种传统方式对待信息资源的一个重要后果是，掩盖了信息活动快速飙升的成本。另外一个后果就是，在信息资源与其他资源之间做出权衡决定，这种对可选方案进行考量的管理的效率和效用被掩盖了。

步骤三：分配权限和职责

在步骤一中，我们通过要求经理和其他人员把信息看做一种可管理的、物理存在的商品，提高了他们对这个问题的认识。在步骤二中，我们建立了一个管理职能以处理相关问题。在某些组织中，这可能意味着在组织架构图中创建一种全新的职能。在另外一些组织中，可能意味着对现有职能的重组。还有的组织，在应用信息资源管理原则方面已经走在业界的前面；对于这些组织可能只需要重新命名一个已存在的职能单位即可。

少数组织已经具有较好的基础，他们目前做的是巩固和强化管理链条上组织方面、技术方面、人员方面的连接。但是对于大多数的组织来说，他们需要一种逐步结构化的方法。在步骤三中，我们将给指定的个人和职能部门，分配特定的权限和职责，以执行相应的职能。在之后其他章节中，我们会更详细地讨论组织定位的其他选择，分析每一种定位的优点和不足之处，讨论谁应对新职能的管理负责。

步骤四：研发必要的政策、程序和系统

在一些情况下，我们可以利用已有的规则作为基础。目前可能已经存在一定数量的相关指南。例如，计算机的管理、资料室的运作及缩微计划的策略等。但是在其他一些情况下，可能只有很少或者没有可以参考的规则。在大多数情况下，我们需要集中组织范围内的各种规范指南。实际上，集中信息资源管理相关的各种分散的政策、规定、规章和指南，是实施信息资源管理原则的一个最重要的目标。

在后面的各个章节中，我们会依次论述政策、程序和系统等相关领域问题，开始是对信息是"商品"的更详细的论述。在下一章中，我们将对知识、信息和数据进行区分。这种区分对进一步发展相关指导至关重要。在之后的一章中，我们将讨论信息分类的方法。紧接着，我们会论述信息资源管理周期中的每一个相关过程，包括信息计划、信息预算

和信息会计等。

对于制定相关的政策和程序，一个非常有用的思路就是参考其他被管理的资源，如财务资源、物质资源和人力资源等。对于这些资源的细分研究，通常会给数据资源的研究提供某种参照。例如，人力资源领域相关术语"招聘和挑选"，在信息资源领域就有"收集"或"资源评估"相对应。同样有"存储和检索"等信息资源术语和"仓储、储存、储备"相对应。

笔者无意为这个阶梯渐进的变革过程提供某种按部就班的指南，而是希望提供一种指引。显然，每个组织背景的紧迫性，决定着其资源问题解决的形式、节奏、优先级和层次，非常仔细地计划才是明智之举。毕竟，创建一个新的管理职能并不是每天都能发生。我猜测，即使在最理想的组织环境中——高层管理者积极支持、中低层管理者理解并遵守相关准则、雇员和其他普通成员愿意在其日常工作中做出必要的改变，整个过程还是要用数年时间。实际上，五年到十年的时间，是一个比较合理的估计。对于那些墨守成规、或没有找准方向的公司来说，不可避免地需要更多的时间。当遇见强烈的抵制，或者无法推进组织做出必要的改变，可能组织在实施重大发展和变革计划前，还需要先满足一些前提条件。

2.6　如果我们不去管理信息资源会怎样

如果不去管理信息资源，我们会有什么样的惩罚？第一，我们正在面临着微型计算机的革命，即使是在组织架构中最底层的员工，也正在要求使用更强大、更昂贵的硬件和软件，原因是由于他们的信息需求非常迫切，同时单位信息处理成本正在持续下降。不管我们是否在谈论硬拷贝文件、存档设备、缩微技术、数字化设备、光学扫描方法，或是更先进的全息技术以及其他技术等，这些都是现实世界中真实存在的。因此，我们已经有能力来对数据进行增减和碎片化，使其能够被个人完全掌控。

　　例如，当信息经理/信息使用者在面对下述压力时，如何才能使信息资源管理不失控：

　　（1）印刷和复制厂的负责人告诉我们，对他的绩效评估应该基于单位印刷数量；工厂运行的时间越长，单位印刷成本就越低。

　　（2）行政文件主管告诉我们，在存储公司的文件时，他必须要判断存储文件的最小空间和低廉成本。只要一个文档的单位存储成本小于从系统中删除文档的成本，该文档就应该继续保留。

　　（3）案卷主管告诉我们，他的评估标准应该是案卷的使用频率：如果每月使用小于一次，该案卷可以被转移到某个文件仓保存，如果大于一次，该案卷应该继续保留。

　　（4）小型的从事重复工作的部门经理告诉我们，间接成本通常要比直接劳动成本更高；因此，通过增加数量，就可以通过摊薄间接成本的方式，降低重复工作的单位成本。

　　（5）在计算机房、图书馆、收发室和其他一些地方出现了上述的情况。

　　"信息爆炸（information explosion）"可以有多种阐述方式。除了上述基于"规模经济理论"讨论的案例外，另外有一个我最喜欢的案例是，考虑下面的连锁事件：一份报告送到了公司的收发室。如果只有一份的话，报告会立即被复制一份。其中的一份会被送到资料室，资料管理员决定是否还需要更多的备份（他不知道该报告原始数量有多少，也不知道有谁已经得到了它们），之后资料管理员会把其整理归档。另一份复印报告会被送到公司的主管那里。公司的主管发现其中几章对于公司直属办公室很有用，所以报告被送到了印刷厂制版，并复制了更多的拷贝。当某个分析人员看到这个报告，他觉得公司的不同部门可能对其中一些数据感兴趣，所以他使用穿孔卡片或者其他数字化设备，把那些数据输入计算机数据存储中。同时，缩微部门发现报告篇幅庞大，某些人就决定把它进行缩微拍摄并保存。

　　之后那份报告的一个附件被送到了公司，同样的事情又循环而重复发生。然而，在这个时候，某些当时阅读和处理过原始报告的人员可能已经离职或者转到其他岗位。新人在阅读附件的时候，他们的决定可能会有所不同。这样就不可避免地导致数据的分散和割裂。由于没有人能够有效地定位、识别、关联和组织原始数据，也就会不可避免地导致数据不兼容、重叠、重复和不一致等问题的发生。在组织中各种情况错综复杂，某些冗余可能是必需的，但并不是所有的冗余都是必需的。

很显然，仅使用传统的方法控制和管理数据与信息是不够的。传统方法可能会提供临时的解决方案，但是不能持久和从根本上解决问题。什么原因呢？我认为原因主要是传统管理数据和信息的方法，无法在一个正式的资源管理框架中开发相应的工具以管理信息。总之，我们现在需要把信息当做一种可管理的、可预算的资源来对待——这种方法将帮助我们"全面和真实地"识别和计量数据与信息的成本。

如果组织对待数据和信息不采用正式的资源管理方式会出现什么结果？下面是来自企业的一些例子。

（1）公司内的下层员工由于上级部门过度的信息需求而增加负担。

（2）高层管理者、董事会和股东感觉沮丧、不满和困惑。因为信息和文书处理成本在持续攀升，消耗越来越多的经常性开支。

（3）对数据的要求在公司各个部门之间没有得到很好的协调，会导致数据重复和重叠的问题。各部门也不愿意分享他们的数据。

（4）公司内不同层级的不同部门在收集类似的信息，不同部门发布的信息经常不一致；导致公司的整体信誉受到股东和顾客的质疑。

（5）公司的沟通渠道——包括正式的和非正式的渠道，都被大量不相关的数据堵塞。

（6）决策失误；公司运营面临不必要的风险并损失市场机会；销售和利润下滑。

通常情况下，公司的高层管理者对上述问题的反应方式，我把它称为"膝跳反射"，只治标不治本。他们试图通过人为地削减部门发布和使用文件、报告、表格的数量，控制快速膨胀的间接费用预算。这些尝试可能会使问题一时得到缓解，但是不能从根本上解决问题。为什么呢？因为文件和报告（就像种子一样）会持续地增长（如果不能得到持续的修剪整理，或者更好的办法是连根拔起）。

　　相反的，我建议应该把信息作为一种关键的、对组织健康运行至关重要的资源来对待。信息资源需要像管理和控制其他资源一样，拥有同样的管理规则和制度。

2.7　信息管理不是信息操纵

　　本节讨论的焦点在于，现在我们应该更关注如何管理信息而不仅关注如何操纵信息。或者说，关注信息是否能够切实帮助组织达成目的和目标并获得想要的成果。

　　埃利奥特·理查森（Elliott Richardson）用相当简洁的方式，并列提出了信息操纵与信息管理的问题。在跟踪了水门事件一个接一个信息滥用的案例之后，埃利奥特进行了如下汇总：[6]

　　（1）"信息窃盗"：在民主党全国总部进行窃听；非法闯入刘易斯·菲尔丁（Dr. Lewis Fielding）的办公室以获取艾斯伯格（Ellsburg）的精神病文件；雇佣间谍在政治对手的阵营中盗取信息。

　　（2）"信息曲解"：对于选民来说，这是非法社团竞选活动导致的结果；信息曲解也体现在对总统录音记录的有倾向性的剪辑过程中。

　　（3）"信息捏造"：包括在新罕布什尔州（New Hampshire），捏造来自参议员马斯基（Muskie）的信件，信件中使用了单词"Canuck（法裔加拿大人）"；捏造电报，暗示已故总统肯尼迪（Kennedy）与迪姆（Diem）的谋杀有关；计划利用国家安全为借口掩盖非法闯入。

　　（4）"信息滥用"：试图让国税局（IRS）利用所得税申报表来调查政治对手的情况；试图利用联邦调查局（FBI）的案卷来进行"阴谋设计"；提议中央情报局（CIA）破坏对手的情报收集功能。

　　（5）"信息失实"：使用政治话语修饰谎言，就像尼克松（Nixon）总统大胆断言的那样，"我的努力绝不是为了隐瞒真相，而是为了揭露真相"；精心策划以使公众相信，水门事件的非法闯入事件正在被彻底地调查；把一系列相关事件所做的伪证，说成是总统新闻秘书的"无意识的幽默"，把之前所有关于水门事件的声明都说成是无效的。

（6）"信息隐藏"：支付封口费；试图遗漏磁带损毁的内容；损毁和破坏文档；试图运用行政特权来封锁消息。

（7）"信息抑制"：竭力阻止调查信息的公开；试图使用"国家安全"为借口掩盖真相；阴谋阻碍司法公正。

另外，我相信我也有相同的担心，那就是"管理信息"在一定条件下，可能被看成是对于个人自由的威胁，一种对创造性工作的限制，或者是在我们的民主社会中对思想自由传播的一种障碍。拥有信息就拥有力量，"管理信息"和"操纵信息"之间的界线很容易被模糊。对于有些人来说，他们怀疑"管理信息"会回到受严格统治而失去个性的社会中，即只有少数精英才拥有思想，或者重新采用集中的海量数据存储，在 20 世纪 60 年代后期这些想法曾经饱受争议和批评。对这些人来说，或至少对其中很多人来说，再多的解释也是不够的。他们认为，在我们相互制衡的多元社会中，（信息）重复、重叠、冗余不过是我们要付出代价的一小部分。

就像在前言中指出的那样，我们已经认识到了现代信息处理技术的巨大力量。问题是技术是否会把我们带入信息过载（information overload）的更深泥潭？还是我们将会控制技术的力量、发展方向和应用方法以实现国家的战略目标和保持国家的领先优势？我认为，应该把信息当做一种资源，同时借鉴其他资源领域已有的管理规则，这是控制和使用信息资源，以帮助人们合理决策和解决实际问题的前提条件。

2.8　问题讨论

1. 在什么情况下信息可以变得有价值？在给信息定价的时候需要考虑什么因素？能否基于保险公司是否愿意进行保险来对其进行定价？

2. 有这样一种体制，资源管理功能通常被认为包含五个部分：信息识别、信息分类和定义、信息存储、信息获取、信息分配和分发，以支持组织的目标和任务。分析传统的原材料是否能用上述框架来进行管理，并与信息资源管理进行对比，分析其相同点和不同点。

3. 在资源分配方法论中有时使用一个流行的词语是"交换"。例如，美元可以用来换取人们实施某些项目；或者用劳动换取金钱；或者用时间换取更好的质量。在对顾客购买习惯的市场调查中如何利用"信息资源"来减少"人力资源"的使用？

4. 如何对你公司保存了 20 年或 30 年的一份特殊文件或者一组文件的利用价值进行评估？能否基于文件存储空间的费用？能否基于文档可能被利用的次数？能否基于信息在某个特定的场景会被使用？或者是综合上述几个因素？是否还有其他的评估因素？

5. 如何对你所在的机构计划开发的一个特定的信息系统的有用性进行评估？如果你负责对系统相关影响因素如对收益/用途、对应成本等进行可行性评估，你应该如何考虑？

6. 如何理解当经济学家和财务分析人员提到的特定信息成本需要"资本化"？能否举个例子说明？如何理解另一个相关术语"花费"？什么时候我们愿意花钱购买一条信息？请举例说明。

注　释

[1] For a good discussion of the basic concepts involved here, see the two volume report "Guidelines for the Management of Data Resources" prepared by Task Group 17 of the Federal Information Processing Standards program of the Institute for Computer Science and Technology, National Bureau of Standards (preliminary draft dated Sept. 20, 1977). The authors list five basic functions, regardless of the resource being managed: identification, classification, and description of the resource; inventory of the resource; acquisition of the resource; allocation and distribution of

the resource; and support for management policies and goals. A companion volume is also available, entitled "Executive Guide to the Management of Data Resources."

[2] General Accounting Office, U. S. Government, "Evaluation and Analysis to Support Decisionmaking," September 1, 1976, pp. 4-5. In its preface, the GAO says "For a number of years, GAO has been expanding the scope of its work and capability of its staff to review the results and effectiveness of Government programs." This important publication deals with the resource allocation problem in the context of public policy decisionmaking; and talks of the "evaluation and analysis continuum." Both the theoretical and practical aspects of planning an evaluation study, conducting it, appraising results, and communicating results, are dealt with.

[3] Ibid. Op. cit.

[4] Drewry, Elizabeth B., *"Records Disposition in the Federal Government,"* Public Administration Review, Vol. 15, 1955, pp. 220-221.

[5] Ibid. Op. cit.

[6] Richardson, Elliott, *"The Creative Balance, Government, Politics, and the Individual in America's Third Century,"* Holt, Rinehart and Winston, New York, 1974, pp. 105-106.

第3章 知识、信息、数据

在认识信息资源管理之前必须清楚理解知识、信息和数据间的关系。图 3.1 简单而清晰地描述了"事实的生命期（life cycle of a fact）"。在生命期的第一个阶段，事实产生并出现。在这个阶段，它是未被评价的原始事实，离开背景几乎毫无意义。例如，什么是数字？除非在提问时有可依照的语境或参照物。

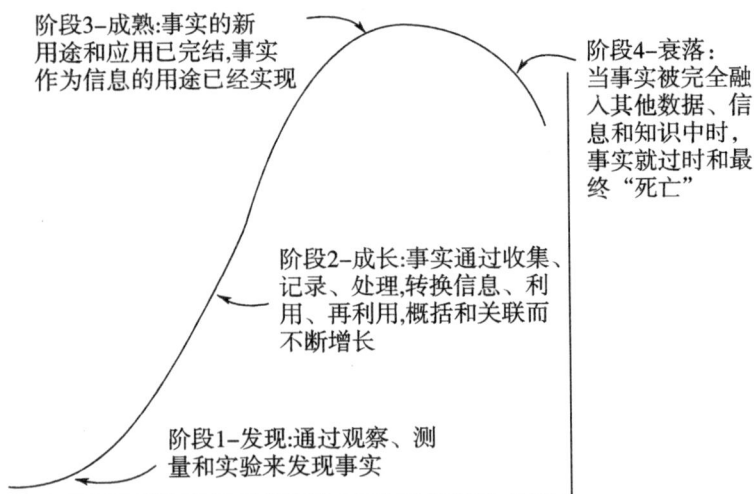

阶段3-成熟:事实的新
用途和应用已完结,事实
作为信息的用途已经实现

阶段4-衰落:
当事实被完全融
入其他数据、信
息和知识中时,
事实就过时和最
终"死亡"

阶段2-成长:事实通过收集、
记录、处理,转换信息、利
用、再利用,概括和关联而
不断增长

阶段1-发现:通过观察、测
量和实验来发现事实

图 3.1　事实的生命期

当这个事实成长时，便进入了生命期的第二个阶段，有人开始评估事实的重要性，并解释其含义。因此，我们常说信息是被评估过的数据。第三阶段为成熟阶段，各种支离破碎的信息被聚合在更宽泛的语境下。然后知识帮助我们把主观的看法或半真理变成了真理，并帮助我们形成相关原则和一套规则。最后是衰落阶段，事实"死亡"后被完全归入或淹没到知识库中。

不少理论家将事实生命期的四个阶段并入到不同的理论体系中，下面将回顾几个比较重要的理论。首先是贝尔电话实验室（Bell Telephone Labs）的克劳德·艾尔伍德·香农（Claude Elwood Shannon）提出的在交流背景下定义和测量信息的理论[1]。理论内容如下：

（1）信息是指新的内容。如果一个人将你的姓名告诉你，他没有传达信息，因为你肯定已经知道自己的姓名，除非是傻子或弱智。

（2）上述的信息提供者并未帮你解决任何不确定性问题。数据和事实如要成为信息，必须有助于消除不确定性。

（3）正如前两点所述，信息不仅仅是事实和数据。

（4）数据和事实填充记忆，而信息给智力提供基础。

（5）数据和事实只能回答 6 个疑问词中的 4 个：何时、何地、何人、何事。而只有信息能够回答如何和为何的问题。

赫伯特·西蒙（Herbert Simon）也提出了知识、信息和事实之间关系的理论[2]。尽管西蒙没有正式地讨论他与香农观点的关系，但其观点是以香农观点为基础的。以下是西蒙理论的基本内容：

（1）事实和信息相互争夺注意力，双方都可能会赢，因为思维可能无法将二者区分开来。

（2）受训的思维比没有受训的更能有效地区分二者。

现在有人要补充其他理论家的假设，或许进一步可以得到以下的认识：

（1）在感觉、认知、识别和洞察产生的早期，以及产生后的处理过程中，所有获得的事实都可以成为信息。

（2）知识是信息的序化形态，或是信息接收之后的领悟与理解。因此信息是比知识更为狭义的术语。

（3）两个或是更多的事实将会由思维关联来产生信息。这两个事实已经存在于记忆中，或者一个在记忆中而另一个正处于进入记忆的处理过程中。

（4）在这个假设范围内，根据归纳和演绎的逻辑推理论证，从语义学和认识论角度来看，上一条内容中的第二个事实就是信息。

（5）信息的价值在于其能够帮助解决不确定性。如果这种不确定性未能得到任何程度的解决，那么信息的价值为零。如果彻底消除了不确定性，则信息则完全实现了其价值。

（6）在这个理论框架下，信息提供者所担负的责任就可以被定义、测度，否则仅采用心理的而不采用经济的方法，这对衡量信息的价值是不利的。

（7）一个人手中的数据对于另一个人而言可能是信息，反之亦然。

（8）比较典型的是，在组织的等级体系中，较低层级的信息在高层级上将变为数据，部分原因在于数据的汇总和聚合与更高层级的责任是一致的。部分原因来源于解读的差异性，因为信息的意义和相关性在某种程度上是依附于情境和背景的，并非来源于绝对不变的条件和环境。

解决不确定性的假设看起来有些华而不实。实际上，大多数学者通常罗列一大堆的标准来测量信息的价值。相对于仅仅解决不确定性，可以肯定的是信息的用途相当广泛。举个例子，供你参考的信息分类的范围是什么？再者，我们阅读书籍并不是为了帮助我们解决一些不确定性问题，而纯粹是为了逸乐。表 3.1 是关于信息的一些思考。

表 3.1　对信息的思考

序　号	内　容
1	信息对某些人而言或在某些地方是无法被理解的数据。
2	信息是有价值的资源。
3	信息是经组织的、可理解的、有意义的数据处理结果。
4	信息具有心智特征。
5	信息是所有的感官刺激。
6	信息是我们思考和行动时大脑中的素材。
7	信息是一种我们认为真实的事实和知识。
8	信息是可交流的讯息内容。

（续表）

序号	内容
9	信息可以被理解为交流过程的一部分。
10	信息完全是依赖于情景的,脱离情景则毫无意义。
11	信息理论是特定人工处理的抽象。
12	信息是现实的呈现。
13	人类是信息最终和唯一的用户。
14	人类生产信息。
15	机器生产数据。
16	信息具有物理特征。
17	信息具有抽象特征。
18	信息是书籍、文章、技术论文、录音带、备忘录、计算机打印输出和所有存储数据。
19	信息是商品。
20	信息是资源。
21	信息是一种资产。
22	信息在使用中不会被耗尽。
23	信息是一种国家财富。
24	信息是一种经济资源,可在市场进行买卖。
25	信息是一种组织资源。
26	信息是一种个人资源。
27	信息是力量。
28	信息是金钱。
29	信息等同于知识。
30	信息不等同于知识。

3.1　社会科学定义

史蒂夫·巴拉茨(Steve Baratz)指出在社会科学领域，尤其是心理学领域，在根据使用情景对术语进行定义方面已经开展了大量的研究工作。我们同样需要对信息这一术语进行定义。从社会科学家的讨论结果来看，这些关于"信息"的定义所包含的内容都是与情境高度关联的。也就是说，信息是我们在思考与行动时在头脑中的某种东西的简单抽象。我们从来不会以抽象的方式思考"东西"这个抽象术语，除非是在脱离现实世界和真实情境时。哲学家做了大量工作来思考置于情景中与情景外的信息，不断尝试对信息导致行动和行为产生的刺激作用进行概念化解读。哲学家对信息问题概念化的方式并不单一，但他们了解他们概念的局限性，也就是说，这些概念应用在特定情景中，他们在想要描述的过程中可能会漏掉一些关键。即使是这些概念中最简单的形式如"抽象概念和刺激反应论"(Stimulus-Response theory)也会显示出刺激因素(可读数据)的不同类型特征。

当以属性方式来定义信息时，我们也许会漏掉大量可被认知的特征，而这些特征已被最简单的人类行为或行动理论所认可。这是因为关于知识或智慧交流和吸收的专门理论总会被抽象问题本身所替代，而人们往往没有认识到理论本身就具有抽象性，而抽象性会限制信息过程的概念化，正因为如此，事实上，人们在日常业务中对特定人工处理的抽象大多是不假思索的。

按信息经济学的定义，信息就是商品，这就是信息概念的抽象化。当经济学定义被使用时，它本身就是一种抽象，既包含了它自身的含义，又附带着它自身的缺陷。当用收集、记录、处理、存储和传播等过程来描述信息术语时，这种定义虽然对计算机领域来说很适用，但用于定义信息是不够的。用信息处理过程来定义信息容易让我们受到计算机领域的限制，而且对理解情景信息是不利的。商品是描述客体的恰当方式，而比特(bit)并未说清楚一个比特的信息是如何取得价值的。市场以及其他机制将价值赋予商品。然而,我们通过市场以商品形式处理信息,常受限于从卖方而不是买方来思考问题。

在买方(需求方)这边,尤其当买方是联邦政府时,自动化数据处理作为一种抽象形式得到广泛关注。当买方是决策者时也是一种特殊情况。他或她对信息的价值观不同,当他们离开了特定情境,其价值观将随之变化。所以这种蕴含价值观的信息就表现出了价值。既然我们引入了情景这个术语,我们还要谈论一下价值的情景,其对于个人来说简单而抽象。当人们在描述信息需求时,价值将被附加到信息上。即便在最好的情况下,信息需求者仍可能需要获得信息专家们的帮助。也是在最好的情况下,专家们可能只需数次点击按钮就会获得这些信息。但通常情况并非这样,信息专家仍需通过查找来收集信息。在这个过程中,大量信息被搜集,这些信息在某个时间段内包含一定价值,但在其他时候或许毫无价值。当"需要知道(need to know)"转变为"乐意知道(nice to know)",后者则是指信息已被获悉或失去了价值性。

关于信息的经济学或商品定义的争论说明了两个问题:① 相关术语提供的复合含义并不能很好反应信息原本的用途和目的;② 关于商品这个术语在解释描述信息概念时还隐含一个不足,即信息含义会被蓄意更改。

后一个问题可以做进一步探究。使用商品一词是从一种特定观点(信息读取理论)转向一个层面的抽象含义,即信息是可以被收集、记录、处理、存储和传播的事实和数据。但另一个抽象层面被模糊了,即信息的初始问题——信息是对知识和情报的交流与吸收。

在商品概念中存在明显的外延扩大倾向,在附加的含义之上又添加了额外含义,从而导致混淆不清。这是理论家通常会犯下的错误:最初提出的问题总是不被质疑。

3.2　信息是符号数据的本质属性吗

邓恩(Dunn)与其他作者强调信息不仅是客体或事物也是一种活

动和过程[4]。信息处理是指赋予含义或告知内容的过程。在这一观念下，信息不再是符号数据的属性，也就是说，"符号越多，信息也越多"这个假设不成立。任何符号数据元素只能代表一个或一组含义。而信息，不仅包含个人目标、个人价值观、个人逻辑和感知，还包括以数据元素、文件、报告、案卷和消息等形式存在的一系列客观对象，这些是个人收集、存储、传播和交流有意义或有价值的符号数据过程的有机组成部分。

个人信息处理的一个重要特征是使用符号。个人对世界的理解、描述和解读都需要使用各种符号。从某种意义上说，信息问题的根本成因是符号的使用。符合被组织、概念化、附加重要性和赋予意义的方式，会对制定决策和解决问题的效力带来重要影响。

3.3　概念使用分析

迪纳(Diener)从概念使用的分析视角将信息在一般意义上划分为三类：数据、信息和知识[5]。他认为数据是可以感觉的和感知的现象，而信息和知识是概念化的现象，因而处于感知的认识层面。在这种认识思路下，数据通过视觉、听觉、触觉、味觉和嗅觉等感知方式进入到人脑的处理过程中并以神经化学形式进行编码。而后数据"或以原始形式被检索，或者被用来作为思维处理的原始材料。关于这些感觉形式的解读即概念化，是社会文化形式定义的现象，可以被有数据体验的群体共享"。在信息和知识辨别方面，该作者也提出在信息领域中引入"what、when、where、who"四种疑问式，但只有知识才能回答 how 和 why 这两个疑问式。

迪纳同样认为对信息价值的评估不存在任何客观标准，他坚称信息实际上只存在于观察者的眼中。这种观点存在的问题是，在组织机构中调查人员会发现每个用户都是信息价值的仲裁者，不管他需要的信息是否有用。这种论点会与其他认识产生冲突，其他观点认为信息必须作为一种可管理的客观资源，如果每个用户都被允许独自判定所使用信息的价值,我们最终会以一种数据无序和混乱的状态收场。为什么呢? 举一个简单的例子,在信息资源领域是否应给予组织中每个信息用户这种最终评价权利? 特别是当我们在其他资源领域(金钱、职位、人员等)不会这样做的时候。

3.4　知识管理的当前趋势

在公共管理和信息科学领域,不少主流理论家在发展资源管理理论时正使用知识管理的概念。例如,考德威尔(Caldwell)说过:"知识的高效组织和广泛分享可以促进公共机构更容易达成公共目标,同时减少错误出现概率,也可以帮助知情的公众在公共权力使用不当或不明智时提出行政诉讼。"当知识被有效组织时就是力量,而知识的组织和管理对于推动社会不断向前发展是必不可少的。与现状相比,对知识的组织和管理是促进社会更为稳定和持续发展的重要方面。[6]

贝里(Berry)和库克(Cook)提出了一种对知识、信息和数据关系阐述最为清晰的理论。[7]在 1976 至 1977 年间,他们提出了知识理论:"知识是在政府部门中构建知识资源所涉及的众多概念的基础。"他们针对在计算机、数据激增中产生的普遍问题,针对制定管理决策解决信息通道阻塞的问题做了大量论述。从中可以清楚发现,他们的核心观点并不认为知识与其他政府部门可利用的经济资源(人力、物力、财力等)处于同等地位,而是将知识资源提升到了一个独特地位,处于比其他资源更高的层次。他们不喜欢孤立看待数据和信息。在这篇论文中,他们提到"政府部门试图理解和扩充的真正资源不仅仅是其数据,而是知识。将数据视为资源的价值观延伸到以知识为资源的观念,这可能是一个复杂过程,但是我们认为这样可以为部门带来真正收益。"贝里和库克假设的原理图见图 3.2。

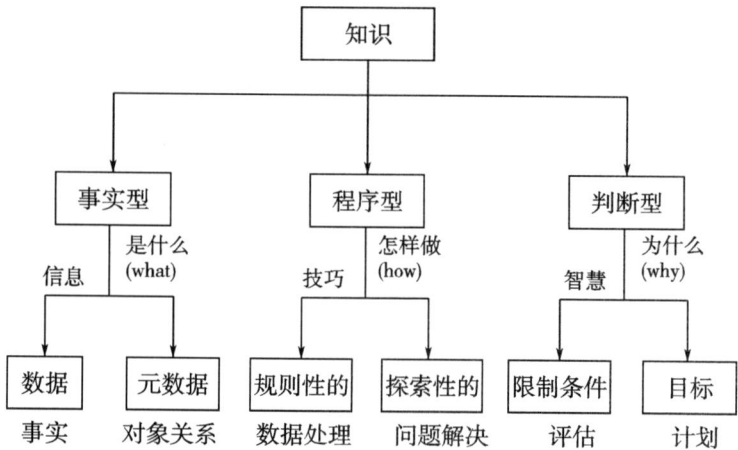

图3.2　知识分类体系

　　我还想从一个重要方面对所争论的问题发表一些看法。我认为数据、信息和知识本身都非常重要。我将举出的并不是一个知识比数据更重要，或者比信息更高级的案例。它们三个对组织解决实际问题和制定决策都有自身独特的作用和贡献。在某些情况下，它们之间会存在对应或共存关系，例如，实际上组织没有经费或没有时间去开发知识。通常情况是时间耗尽或资金用光，或是二者都耗尽，我们将只能接受没有达到预期结果的情况。特别是当信息或数据被简单呈现出来后，工作团队发现还需要针对一些具体问题做"进一步研究"。表3.2描述的是数据与信息的对应关系。

表3.2　数据与信息的对应关系

数据	信息
形式和媒介	
字母顺序的	数字的、统计的
口述的	文字的
硬拷贝	缩微胶片
缩微胶片	数字的

（续表）

数据	信息
硬拷贝	数字的
电话	信函
夜间电报	电报
白纸黑字	彩色的
简短的	详尽表达的
人对人	纸对纸
36 26 36（数据）	$36''26''36''$（信息）
稀有的	常见的
样本的	总体的
与地理	与非地理
相关联的	相关联的
包装、收集和传播	
普通文本	编码化、符号化文本
书籍	书评
全文	摘要、大纲、概要
主流杂志	二流杂志
硬皮精装书	平装书
装订本的	活页式的
源头捕获	改写抄本
叙事的	编码的，符号的
定性的	定量的
表格式的	文本式的
图形的	叙事的
完全传播	选择传播
有目的查询	浏览
年度订阅	月度订阅
处理、存储、检索和管理	
离线的	在线的
批处理	实时处理
分时的	随机存取
集成式数据库	分布式数据库

（续表）

数据	信息
集中式收藏	分散式收藏
标准数据定义	不标准数据定义
对话	独白
质量与意义	
来源明确	来源模糊
编辑过的	未编辑的
校验过的	未校验的
现行的	陈旧的
相关的	不相关的

　　简言之,我们可能有三个层次的分类,即知识资源、信息资源和数据资源,它们有其各自的适用范围。但是贝里和库克的研究依然非常有用,我们需要看得深远一些。他们将知识划分为三个类型:事实型、程序型、判断型。事实型知识有两个子类,即数据(data)和元数据(metadata)。数据是原始的、未作评估的事实;元数据是关于数据的数据,或是数据之间的关系。同样参看图 3.2。

　　程序型知识与组织业务活动的技巧、方法和途径有关。同样它也被分为两个子类:规则性和探索性。规则性的程序型知识与技巧相关,这些技巧是指在一般情形下都能运用的特定和成型的决策规则;也就是说,规则性知识的运用是常规的、可重复的。另一方面,探索性的程序型知识是以探索发现为导向的。具体表现为,决策制定规则尚未被清晰表达,或在实际使用时出现过于困难和不够经济等情况。在探索性知识的语境中"从实践中学习"(learn by doing)是常见短语。从长远来看,一些探索性方法论会以经验、试验、检验以及科学验证收益等形式转换为规则性方法论。

3.5　信息和知识是历史记忆

　　我们不能忽视档案学家和历史学家对数据、信息和知识的定义。

档案学家和历史学家把信息看成资源已经有很长时间了,但他们的定义在前面章节讨论时已将其归入信息收藏的第三个主要类别,也就是文献。在这种意义上,他们把信息当做书写形式的工具,用于记录那些可以留给人类后代的文化遗产。他们没有特别关注数据、信息和知识之间的专门差异;实际上,如果说明相关材料的使用可能会对以后的历史学家有价值,那他们会乐意保存无限量的数据、信息和知识。他们乐于指出历史书中某些久远的、被遗忘的、模糊的事件和事实对当今世界可能存在的意义。

档案学家的问题已经被现代信息处理技术所缓解。然而,在技术投入使用之前,档案学家也会满足于沾满灰尘的手写稿,因为计算机带来了一些新的和难以预见的问题。计算机打印出的资料也必须要保存吗?"要看情况而定"显然不是令人满意的答案。

最后,贝里和库克的第三个知识分类,即判断型知识,也被细分为两个类别,即限制条件和目标。这两个术语的传统含义被归入组织理论和语言理论中。限制条件是指法律、条例、规章、政策等相关法规;作者引用了伦理准则和十诫作为解释案例。目标与组织的发展方向及其存在目的相关。在私有部门,盈利是常见目标;对政府而言,服务公民是一个目标。非盈利组织也许会有"慈善"或者利他的目标,宗教组织会有一些神学目标。

贝里和库克的陈述(和理论相反)中有一个小缺陷,即他们显示出对计算机的偏爱。他们过多强调了对计算机的应用,这会失去对政治的敏感性并导致忽视信息是权力的问题。伴随着对计算机特点的深奥陈述,他们指出其理论必须"推销"给高级管理层,该理论不会是普通的情况介绍。但是我在这里的批评是善意的,我认为他们在这个领域已经做出了巨大贡献。

在最近的报告《面向图书馆与信息服务的国家计划:行动目标》中,图书馆与信息科学国家委员会(National Commission on Libraries and Information Science, NCLIS)指出:

信息,不管是原始的实验数据,还是高度加工过的数据

（即我们所称的知识），都已被当做国家资源看待,像水、煤等
其他自然资源一样对国民福利和国家安全至关重要。在美国
图书馆和信息机构中,大众的、智力的、学术性的和研究性的
资源是国家的强大优势之一。但是如许多自然资源一样,知
识资源在增长和使用上的不协同,将面临浪费和低效使用的
风险。在发达社会中,文化的实质内容主要通过记录型知识
传给后代子孙。这类资源主要组成部分是：书籍、期刊和其
他文本；声音和图像资料；以及可以被计算机单独处理的信息
和数据。近些年,这些文件由于文字、图像和声音等技术的发
展而不断多样化。例如,国家信息资源的重要部分都在胶片、
磁带和计算机文件当中。随着国家知识增长和文件数量不断
增加,我们对其依赖也不断增加,获取信息的需求将变得非常
重要。[8]

　　问题就是国家有太多的信息遗产被保管机构存储和管理起来,而他
们所处位置过于遥远,且相关系统也难以使用。简言之,原因就是档案
学家在自己的岗位上都趋向于认为所有的信息都具有历史价值,他们所
持的观点是"当前事实"的真正意义只有在某种历史背景下才能够得到
确定。但是,并不是所有信息都能被视为具有历史性和知识性的！可以
肯定的是它们中的绝大部分都只有次要价值,并且很快就会被淘汰。

　　协调档案学家与现代信息技术专家的不同认识是非常困难的,或
许通过观察可以较好说明这一点,尽管这种方式过于简单：档案学家
想要保存所有的东西；现代信息技术专家只想保存极少的一部分。萨
拉塞维克(Saracevic)指出这既是一个定量问题,又是一个定性问题。

　　文献领域一度将这个问题定义为知识组织的问题,在另一些时候
信息检索又将其定义为检索和传递中的问题。一个定义并不排斥其他
定义；它们是相互补充的。然而,这两种定义主要关注的是信息爆炸中
对信息数量泛滥的控制问题。

　　从质量角度还可以尝试对这个问题进行界定。从这种观点来看,
信息交流困难的增多并不是因为信息没有得到充分组织、检索和传播,

也不是因为我们无法从数量巨大的信息中获得高质量信息(数据、文章和文档)。例如,分离麦粒和麸皮是较为困难的,虽然我们精通这二者的处理过程。

在接受信息定性的定义之后,20 世纪 50 年代晚期和 60 年代早期,按照巴特利记忆研究所(Battelle Memorial Institute,BMI)信息学家的建议创立了众多信息分析中心。当然,如果这种观点不被广泛接受,我们只会拥有少数的研究中心。这种观点导致创建百科全书系统建议的提出,该建议赫伯特·乔治·威尔斯(H. G. Wells)于 20 世纪 30 年代就提出。最近又导致曼弗雷德·科亨(Manfred Kochen)提出小世界理论理论。然而,当前这些建议却未实现。

当前,文献和信息检索为控制不断增长的信息数量问题提供了一些成功经验。现在到了解决信息质量问题的时候了。也许信息科学将会解决这个问题。然而,围绕交流问题的定性定义将极有可能促成一门新学科的发展,这个新学科可能出现在特定的科学、技术领域和普通的社会领域。之前在图书馆学领域和文献学领域出现的情况,也会发生在信息科学领域吗? 另有一些人将会把这种理念深入发展下去。[9]

3.6　跨学科的方法

当萨拉塞维克暗示需要发展一个新的学科时,我认为他是正确的。我相信须要从传统的单一学科视角去定义、概念化和管理信息,转变为现代化的多学科视角。

关于对信息的研究,有不同的理论、假设和理念,它们的发展演化并不仅仅针对信息领域,会同其他资源相关理论的进化史所展现的一样,融入其他领域的理论。例如,人力资源管理理论的发展过程,我们已经看到并能不断发现心理学、工业工程、工商管理、公共管理、政治学、管理科学以及其他社会科学领域的专家学者所做出的贡献。在计算机的发展进化中,语义学、哲学、物理、化学、工程学等许多领域的贡献被我们熟知。统计数字显示大多数创新都来自于交叉学科背景的研究人员，如生物统计学家、计量经济学家、各种领域的数学家和许多工程专家。这个名单可以很容易地扩充加长。

因此，并不意外的是，我们现代信息管理者需要像其他专家一样，必须知道一定数量的与信息处理相关的所有学科领域的理论、方法论、工具及其应用。我们不需要成为所有领域的专家，但是，在所有支持信息处理的学科领域中我们仍将需要技术专家，如同我们复杂社会中的所有技术一样，信息技术正不断变得专业化、技术化、极细分化和复杂化。因此，许多不同的职业、方法和工具被用来驾驭新技术，没有哪个单独的团体能够独断专行。如果能够凭借良好或亲切的方法把管理建立在一种自由宽松的基础上，信息资源的所有价值和潜能将得到开发利用并可以帮助组织实现发展目标；在不考虑如何将他们融入到整个组织背景的情况下，信息学科、信息行业和所享的权益将倾向于最大化实现它们的目的。

3.7　信息学科

什么才是"信息学科"？它与其他学科是什么关系？怎样做才能将它们汇聚在一起？在我看来，在"信息太阳系（Information Solar System）"中或许有 8 个或 9 个主要行星。（见表 3.3）通常每一项中的数据和信息——或者事实、数据和符号——是它们的题材、关注点和兴趣点。简言之，信息是它们的公分母。它们是：

（1）计算机以及相关的自动化技术；

（2）统计和概率的理论与实践；

（3）通信与电信；

（4）出版、印刷和复制；

（5）图书馆与图书馆学；

（6）缩微胶片与微型化技术；

（7）信息科学；

（8）系统与管理科学；

（9）信息艺术。

以上每个行业都是为了提高数据和信息的收集、处理、存储、利用及传播的效率与效用。专业、行业、学术界和用户群体都将它们表达为国际化和国家化，有时候是本地化的形式。它们大体上是以纵向方式单独地集成。在我看来，正在消失的是这些学科之间的横向界限，而在它们之间的讨论会、理事会及相关媒体会促成更多直接集中的对话。

图 3.5 是一个简单的"里程图"矩阵。虽然它未包含信息宇宙中的所有行星，但强调几个信息行星的合作与跨学科本质是有益的。所有学科都具有一个共同点：数据、信息都是它们处理的原始材料。它们输入或输出（或有时二者皆是）的都是信息，与它们相关的产品与服务也都是信息化的。单独来看，它们都已发展出重要的理论、概念、技术、方法论、工具和应用，并在纯科学、应用科学、学科、商业、政府、在家里或者其他地方随处可见。表 3.3 中列举了一些更具有说明性的实例。

通过互动，各学科相互补充。在跨学科模式中，能够促使，至少也是潜在性地促使各学科在解决一些社会问题上做出更大的贡献。我认为，在某些协调制度框架内，需要的是各学科之间更为紧密的互动联系。

在表 3.3 中，每个交叉位置显示的是：一个理论、概念、技术、方法论、工具或者关键应用，它们被共同开发然后被应用于纯科学、应用科学、各专业、行业、政府、艺术等领域，在家里或者社会的其他部门。读者或许不费劲就可以将这个矩阵从二维扩展至多维。

我的一个论点是我们当前没有把足够的精力、资源、创造力和想象力用于完善这个多维矩阵表格，从而制定前瞻性和规范性的行动步骤。或者，在界面上发展出具有应对性、探索性和实验性的坐标轴。在我看来两个路径应该同时进行。

信息的多学科定义说明，有志在未来成为信息管理者的电脑爱好者必须要打破硬件至上的桎梏。图书馆员必须超越杜威十进分类法和卡片目录；文书工作的管理者必须接受时间和行动训练，接受案卷分类方案和文件处置计划表的培训，必须深入了解信息经济学、收益/成本

表 3.3　信息太阳系

	计算机 & 自动化	通信 & 电信	出版、印刷 & 复制	缩微 & 微型化	统计 & 概率	图书馆学	管理 & 系统	信息科学	信息艺术
计算机 & 自动化									
通信 & 电信	大规模数据传递 自动信息交换 网络 实时控制 人造卫星								
出版、印刷 & 复制	照相排版 自动化排版 法律起诉 页面排版	远程编辑 多版本 国家公文 复制件传递							
缩微 & 微型化	计算机输出缩微胶片 直接文本集	视频传播 文档影像	缩微出版 缩微报告 压缩件汇集						
统计 & 概率理论	微型计算 随机存储 布尔代数 线性规划	实时控制 网络结构	报告生成器	超缩微卡片 超缩微型 多功能检索					

（续表）

	计算机 & 自动化	通信 & 电信	出版、印刷 & 复制	缩微 & 微型化	统计 & 概率	图书馆学	管理 & 系统	信息科学	信息艺术
图书馆学	题内关键词检索 自动目录 机器可读 书目查询	多设备访问	书籍目录 书目系统	馆藏缩微胶片	文献计量分析				
管理与系统科学	数据库管理 过程控制 管理信息系统 源数据加工自动化	电子传输 激光技术	过程控制印刷	图片缩微方法	回归分析模式/模拟语言	机器索引 自动化获取与编目			
信息科学	信息选择传播(SDI) 合成语言控制论 机器翻译	数据缩减 & 压缩	阅读理解 & 精选参考文献	全息技术	相关性 访问技术 信息理论	资料交换中心 文档中心	光学字符识别能力 存储 信息标准		
信息艺术	计算机图形 计算机辅助教学 启发式程序 音乐计分	电话演讲 电话会议 可视电话	音频、视频、图片、录像带	缩微照相	空间与轮廓投影	乐于提问	信息当作资源 信息预算	知识管理	

分析的内容,并掌握响应式的、经济型的信息服务等技能。这些知识缺口对一些人来说容易克服;也有一些人几乎不必经历职业和个人生活的巨大改变就会迅速跨越它。其他人将踌躇和观望,在建立一系列新知识系统后,才会转向成为未来的信息管理者。还有一些人,不可避免的不会成功跨越;出于种种原因,他们会发现这种跨越实在是太困难了。

3.8　多元的信息管理

　　学术界似乎在劝诫我们可以将信息视为一种资源来看待,这种认识依据包含:
　　(1) 有知识的人是资源;
　　(2) 是人而不是机器在组织知识;
　　(3) 既然在民主制度中会有很多实现知识组织的方法,那么信息的管理也必然是多元化的。
　　信息复制和冗余可以被认为是在民主信息体制中确保多元化的方法。因为情景可以使商品产生价值,信息的商品化可以使信息不只是作为一种抽象来对待,这种抽象脱离了信息实际使用的情景。巴拉茨(Baratz)再次指出对信息商品进行组织以适应相关情景是一个增值的过程。信息在一定情景中才会产生意义。然而,带着日后分析和利用的期望,通过计算机处理来组织信息,并不会产生出有意义的信息,同样在文档系统中秘书也没有为她整理的案卷内容赋予含义。相同的是,图书馆或者图书过滤系统中的卡片目录没有为图书馆的相关内容带来价值。信息增值的情景仅在信息组织处理过程与信息用户需求相一致的时候才产生。当信息组织不能满足用户期望时价值就会削减。

3.9　数据太多？

斯塔福德·比尔(Stafford Beer)先生是英国一位著名的控制论专家，他坦率和直接地区分了数据和信息的差异。他说："我想告诉你们数据是多余的东西。数据是一种最新的污染类型。"比尔相信只要我们以数据处理思维行事，那么面向社会规范的信息和知识管理将根本不会有任何作为。数据处理在技术操作上是很容易的，这也是计算机公司和电信机构希望我们如此行事的原因。数据被确认为是 20 世纪 70 年代非常畅销的新商品。"但请让我重复，"他说，"数据本身没有价值。"他指出，"具有价值的是将数据转化为信息的机器，和将信息用于激发社会活力的机器。社会已经成为一个复杂的有机体，并且需要一个更完善的神经系统。这项任务就是对信息科学和技术的发展进行管理控制。"[10]

简而言之，比尔在抱怨所谓的信息超载。他接着说："普通公民在寻找知识时被淹没在本应该免费的信息之中。"然而，出版业仍以旧方式不停地推销自己，以期得到更多回报。公司不断购买价格昂贵的市场调研报告，因为这是普遍做法，而容易被忽略的实际情况是每项交易现在可以进行电子化监控，所以数据处于饱和过剩的状态。这不再是采取适应性行为的问题，也不再是"发现事实（发现信息）"的问题，而是信息管理的问题。对于政府来说，对信息的安全保障问题确实存在，但也存在跨部门和及时性的信息组织问题。

需要与比尔辩论一下，信息是否应当被看做一种"免费物品"这个问题。你最近是否拨打过 411 电话呢？或者是否计算过撰写一份政府报告或填写所得税表格时收集所需信息的成本呢？亨利(Henry)给我们带来了更为批判性的思考。他说："在知识管理的视角下，在官僚式决策过程中，知道'是什么'比'有什么'更为重要。尽管已经是陈词滥调，但知识就是力量。因此，我们发现自己正研究这些公共政策的动力学原理，这些政策包括版权法（Copyright Act）、行政程序法

（Administrative Procedure Act）、信息自由法（Freedom of Information Act）、国家环境政策法（National Environmental Policy Act）、公平信用报告法（Fair Credit Reporting Act）、联邦咨询委员会法（Federal Advisory Committee Act），还有与计算机、安全以及公民参与组织决策相关的各种机构政策。这些政策的共性特征是它们都依赖知识是力量的假设，而且，政策都试图重新分配知识，为绝大多数公民提供更多能对政策制定过程产生影响的知识。"[11]

亨利指出，实际上，从信息理论立场出发，比尔反对公共政策制定的动力学理论。比尔声称知识本身是通过类似"隐秘盒子"的社会网络来分配的。隐秘盒子是指"一个具有内部自制的、自组织或自调节能力的可被识别的社会机构"，例如某个公司、某个专业或者某种社会服务。每个隐秘盒子构成一个封闭起来应对外界压力的系统，在这种结构中，外界压力来源于社会中的其他机构和利益团体。越多的盒子"关上它们的窗子"，在专业机构层面就会有越多的政策变得独立化。

魏岑鲍姆（Weitzenbaum）将没有思想的计算机视为一种反作用力进行批判，这股反作用力将我们引至不可逆转的相反知识情境中，因为我们不能有效地改造数据资料库中蕴藏的知识。他说：

> 更糟糕的是，因为计算机知识系统除了自身进化之外在本质上是不可改变的，又因为它们会导致依赖性和无助性，在经历某个阶段的发展后，将会被淘汰，所以在计算机知识系统的跨代发展过程中蕴藏了巨大风险。人类，同样也会将知识代代相传。但是人生终有一别，代代相传的知识传播是一个过滤和自然增长过程。人类不仅会传递知识，也会不断地生产知识。也许人们为古代文明的支离破碎感到伤悲，但我们知道人类文明的光辉同时存在于文化进化和人脑之中。对超大和非常复杂的计算机系统使用不当可能会导致整个文明传承的断裂乃至停滞。计算机系统可以很好地利用没有价值观的世界解决文化兴衰的问题，这个世界是由早就被确认且不可改变的事实累积而成。[12]

基于狭隘的信息效率模式暗含着信息作为商品的争论,而像比尔和魏岑鲍姆这样努力促使计算机能力与信息用户相匹配的做法,让我们陷入了一系列未预料的问题当中。关于探索人工智能发展的合法性争论变得显性化,并由公共政策表现出来。既然计算机与用户处理信息的方法之间缺少融合性,那么一个简单的逻辑推理就是尝试生产那些会"思考(人工智能)"的计算机。而许多至关重要的道德和法律问题正强化对更高效信息系统的探索——不仅是如何将民主理念植入到机器中。

既然已经谈及数据、信息和知识三者概念关系中一些政治、经济、社会学、心理学、哲学、语义和认识论层面的内容,在下一章我们将更加细致地解释信息是一种资源的具体含义。

3.10　问题讨论

1. 给出实例来描述"一个人的数据通常是另一个人的信息",同样举出反例:"一个人的信息相对另一个人是数据?"

2. 你是否同意如下论断:所有的信息都是与特定情景相关的;数据的组成要素和信息的组成条目在孤立状态没有任何意义和重要性?

3. 在种种问题中有这样一个问题"如果信息具有价值或有用性,那么信息必然和使用目的、结果或目标有关。"你是否同意这样的假设,为什么?

4. 在最近的调查中,绝大多数受访者认同"数据应该被管理";许多受访者赞同"信息应该被管理";但只有很少一部分人支持"知识应该被管理"的观点。如何解释关于数据/信息/知识的不同观点? 观点之间的差异会是一个短暂的现象吗?

5. 在前面的章节中我们提出了权衡信息集约型方案和人力集约型方案的说明。那么在这个平衡方案中时间、成本和精确性等变量的作用可能会是什么?

6. 为什么美国的档案学家声称"所有的信息都是历史"? 为什么计算机程序员认为"很少部分的信息是历史"? 在这两个极端观点之间

是否有中间立场?

注　释

[1] Shannon, Claude E., "*A Mathematical Theory of Communication*," (Bell System Technical Journal, Vol. 27, July, 1948) pp. 632-656. Information scientists generally credit Dr. Shannon for developing innovative approaches to define and measure information during his year as a research engineer at Bell Telephone Labs. The National Archives and Records Service of the U. S. Government bases much of its theoretical material used for communication workshops, and other training material, on Shannon's theories.

[2] Simon, Herbert, "*Administrative Behavior: A Study of Decision-making Processes in Administrative Organization*," (2nd ed., New York Free Press, 1959). Dr. Simon's works are particularly helpful in illuminating the role of data and information in the decision-making setting.

[3] Baratz, Stephen S. Op. cit.

[4] Dunn, Edgar, Op. cit.

[5] Diener, Richard A. V., "*Value: Data, Information, Knowledge*," paper presented at 6th Mid-Year Meeting, May 19-21, 1977, Syracuse University, American Society for Information Science. The essence of the argument 1 have with this author goes to whether information is treated in a personal context or an organizational context. If the former, then I have no problem with "unlimited, unbridled information acquisition"; but if the latter, I would say the organization should have a say in the limits, costs and other constraints on information acquisition because the individual's role is as a part of an organization, not as a free spirit or "private citizen".

[6] Caldwell, Lynton K. , Op. cit.

[7] Berry. J. F. and Cook, C. M. , *"Managing Knowledge As a Corporate Resource*," (NTIS Document ADA-29891, May 28, 1976) pp. 1-9. These authors are to be commended for their "courageous" exposition of a difficult theme whilst in a bureaucratic setting in Washington, D. C. , that may not have been fully sympathetic with their aims. I had the pleasure of exchanging views with them in 1976 and 1977 when they were developing their papers and I was employed at the Paperwork Commission.

[8] *" Toward A National Program for Library and Information Services: Goals For Action*," (The National Commission on Libraries and Information Science, Washington, D. C. , 1975) pp. 1-3. Unquestionably, the libraries—both individually and as an honored institution—have a key role to play in information resources management. It is to be hoped the library community will continue to move forward aggressively, through forums such as the National Commission and the White House Conference, to push their cause in the highest councils of Government and the professions.

[9] Saracevic, Tefko , *" Intellectual Organization of Knowledge: The American Contribution*," (Bulletin of the American Society for Information Science, Vol. 2, No. 8, March 1976) pp. 16-17. "The problem of quality," as Saracevic puts it, is squarely the challenge of the information resources management. Data Base Management, in contrast, addressed "the problem of quantity. "

[10] Beer, Sir Stafford, *"Managing Modern Complexity*," (The Management of Information and Knowledge, Committee on Science and Astronautics, U. S. House of Representatives, 91st Congress, 2nd Session, January 27, 1970) pp. 43-44. The parent work, a small yellow cover pamphlet of less than 100 pages, is somewhat of an "information classic" in its own right. It is well

worth the modest purchase price.

[11] Henry, Nicholas, "*Bureaucracy, Technology, and Knowledge Management*," (Public Administration Review, Symposium on Knowledge Management, Nov/Dec. 1975) pp. 572-576. Henry's exposition of the "information is power" theme is effectively done in the bureaucratic setting. Like Simon, he evinces a perceptive understanding of the shifting power base phenomenon, based on an admixture of strong personalities, economic power, technocratic power and an elitist, doctrinaire attitude of power figures.

[12] Weitzenbaum, Joseph, "*On The Impact of the Computer on Society*," (Science, Vol. 176, 12 May 1972) pp. 612-613. This author raises a wide array of computer/technology/privacy/future of mankind issues that can and should be usefully debated. I cannot help but believe, however, that his "message" is much like the "late-in-life-turned-missionary" scientist who suddenly feels it is his poor Frankenstein (the computer in this case) that will ultimately be blamed for the demise of mankind-ergo. "I must sound the alarms before it is too late." I think he gives us too little credit. Consider computer fraud and embezzlement, consider wire tapping and electronic surveillance; man's ingenuity is surely keeping up with the machine!

第4章 信息资源——分类法

　　本章详细研究了构建信息分类实用方案或体系的方法。与烹调书中不可能有万能食谱一样，从亚里士多德（Aristotle）到约翰·杜威（John Dewey）的一些分类方法都因为这些暗礁而失败。虽然没有哪种分类法明显优于其他方法，也没有迹象表明很快会有突破，出于本书的目的，在本章的最后部分，将提出一种方法。该方法将信息资源分为四个主要大类，即来源、服务、产品和系统，并在每个大类的下面细分为多个子类。然而，首先对分类目标进行广泛考察是有益的。这种目标关注的不是罗塞塔式的分类（Rosetta typology），而是分类法在信息资源管理中所发挥的作用。

　　在讨论信息管理中分类体系结构的功用时至少有九个注意事项。它们将分类法的使用情况归纳如下：

　　（1）一种检索工具；

　　（2）一种阐明和揭示数据元素间关系的工具；

　　（3）一种辅助呈现现实的工具；

　　（4）一种数据净化的方法；

　　（5）一种帮助缩减数据、文档或文献至可控量的工具；

　　（6）一种帮助发现隐藏含义和意义的工具；

　　（7）一种促进信息在传送者和接收者之间传递的工具；

　　（8）一种促进理解和领悟的简单工具；

　　（9）一种概念化的辅助工具，通过更高层次的抽象，提供知识内在固有的等级属性。

　　让我们逐一分析上述陈述，首先是作为检索工具。这可能是大脑里想到的最原始、最明显的分类法功用。分类法是最基本的组织方法。可以不言自明的是,一个或多个分类法是在原本混杂无意义的数据和信息中发现意义的不可或缺的工具。或许,回顾过去,我们可能会相信人类最早尝试知识分类的方法并非以"查找"为目的,因为即便是亚里士多德发现信息分类是非常有用的工具,但那时的知识存量在数量和质量上还没有到难以管理的程度,亚里士多德设计了十个信息类别:

(1) 物质;

(2) 数量;

(3) 质量;

(4) 关系;

(5) 地点;

(6) 时间;

(7) 情况;

(8) 状态;

(9) 行动;

(10) 感情。

迅速阅读这个列表后,会发现其与现在的一个主要分类法的相似之处,该方法由罗杰特(Roget)提出。罗杰特的分类法[1]使用了八个大类,43 个子类,以及 1 040 个独立标题。

分类一:抽象关系

　Ⅰ 存在

　Ⅱ 关系

　Ⅲ 数量

　Ⅳ 次序

　Ⅴ 数目

　Ⅵ 时间

　Ⅶ 变化

　Ⅷ 可能性

　Ⅸ 原因

　Ⅹ 权力

分类二:空间

　Ⅰ 一般空间

　Ⅱ 维度

　Ⅲ 结构、形式

　Ⅳ 运动

分类三:物理学

　Ⅰ 物理

Ⅱ 热度

Ⅲ 光

Ⅳ 电力和电子

Ⅴ 机械

Ⅵ 物理性质

Ⅶ 颜色

分类四：物质

Ⅰ 一般物质

Ⅱ 无机物质

Ⅲ 有机物质

分类五：感觉

Ⅰ 一般感觉

Ⅱ 触觉

Ⅲ 味觉

Ⅳ 嗅觉

Ⅴ 视觉

Ⅵ 听觉

分类六：智力

Ⅰ 智力能力和过程

Ⅱ 意识状态

Ⅲ 思想交流

分类七：意志

Ⅰ 一般意志

Ⅱ 条件

Ⅲ 自愿行为

Ⅳ 权威,控制

Ⅴ 支持和反对

Ⅵ 所有关系

分类八：情感

Ⅰ 个人情感

Ⅱ 同情感

Ⅲ 道德感

Ⅳ 宗教情感

文艺复兴时期,当图书馆同时在新世界和旧世界中涌现时,开始出现一种直接的、简单的和实用的,以作者或主题为基础的书目结构和分类法。信息分类从亚里士多德甚至从杜威时期开始经历了一个漫长的发展道路。例如表 4.1 中列举出关于"信息"一词的关键词条目,让我们不禁赞叹国防文献中心(Defense Documentation Center,DDC)的分类法体现出的信息艺术和信息科学的庞大与专业化,国防文献中心是政府最大的文档存储库。

表 4.1　国防文献中心主题词表

信息采集	信息输入	信息处理软件
信息采集比例	信息输入质量	信息处理支持
信息活动	信息输入要求	信息处理系统
信息审计	信息关联	信息处理技巧

信息带宽	信息链接	信息处理工作量
信息资料库	信息管理	信息处理器
信息库	信息管理存储	信息处理器测试
信息中心	信息管理系统	信息程序
多个信息中心	信息地图查询	信息率
信息数据	信息矩阵	信息仓储
信息数据流	信息调制	信息要求
信息呈现	信息检测	信息资源
信息呈现编码要求	信息组织	信息检索
信息呈现要求	信息输出	信息检索活动
信息显示器	信息叠加	信息检索器件
信息动力学	信息问题	信息检索研究支持
信息入口	信息过程	信息检索系统
信息交换	信息处理	信息检索系统制造
信息交换系统	信息处理活动	信息科学
信息交换论坛	信息处理设备	信息学科群
信息抽取	信息处理环境	信息学科识别
信息抽取程序	信息处理装备	信息来源
信息抽取技巧	信息处理测量	信息存储
信息反馈路径	信息处理神经网络	信息存储设备
信息域	信息处理问题	信息存储需求
信息流	信息处理程序	信息存储检索
信息流问题	信息处理比率	

4.1　辨别关系

　　如果要关联或收集存在密切关系的信息单元，分类法是至关重要的。这个功能的重要性原因主要体现在以下几个方面。第一，它帮助我们识别类似或相同事物中出现的重叠或重复的情况。第二，它可以在众多的数据、文件或者文献中细化不同的事物,由此帮助我们建立起有用的界限和界定(统计学家称之为"分类间隔")。直观上我们可能猜想这些关系究竟是什么,但是在信息分类法成形之前,这种猜想终究只是猜想。为进一步识别重复和重叠问题,分类法在这种背景下的使用将会帮助我们在分类集合和子集合中识别空白或遗漏元素。

4.2　呈现现实

第三个认识是把信息分类视为对现实情况的描述。有人可能会说合理利用分类法的一个正确标准是对现实呈现的精确程度。然而精确与否,信息本身最基本目标之一就是对现实的描述。人脑不能仅通过物理的感官来理解现实,还需要一定程度上的思维抽象。由于现实情况本身是个动态和不断变化的概念,这就要求信息分类结构本身要能够根据实际变化作出灵活应变。数学家和物理学家可能算是最"幸运"的信息分类法应用者,因为他们接触的都是数字和符号,从相互关系的角度看这些符号可能是极其复杂的,但其概念的表达方式又是相对简洁的。相比之下,大公司或政府部门利用计算机信息管理系统制作的管理和运行报告会更加复杂,因为现实世界中大多数变量及关系是非常复杂的。

4.3　消除不确定性和不一致性

谈到把信息分类法作为筛选处理工具来使用,很多信息检索系统的设计者和图书馆员都会得出一个结论,他们的信息分类方法最有价值的目标不是去发展一些与美学和审美有关的方案,而是编辑和处理陈旧的、不可靠的、不完整的、不正确的以及过时的数据元素。简单来说,就是要在第一时间防止这样的数据进入检索系统当中。从这个意义上来讲,分类方法中设置了某些参数,并作为筛子将"不纯净"的信息净化为"纯净"信息。如果我们的分类方法太笼统,很多条目会被漏掉并脱离我们的视线。相反,如果用的"网"太细密,我们会捕获过多的信息,甚至包括那些不需要捕获的数据。因此,笼统分类和过度分类都是应该避免的陷阱。

4.4　消除信息过载

信息分类法可以帮助我们缩减可管理的数据、文档和文献的总量,否则这些信息是难以控制的。实际上,我们只是把大问题分解为一个个小问题。这样可以促进整理工作,从不相关、不切题和无意义的信息中挑选出相关、恰当和有用的信息。心理学和生理学方面的大量研究已经记录了人类眼睛、耳朵和大脑能够同时抓取的有限变量的数量。例如,这些实验中最简单的一个与我们能够准确记忆和重复的数字数量有关。

4.5　辨析语义

信息分类法的另一个目的与语义学相关,换言之,可以作为一个工具来解释词语的含义和意义。在这个领域,可能最简单的例子是主题词表的概念,大多数人提议将同义词集合用这样一种方法进行索引。将相同标题下意义相近的语言、观点、表述以及术语关联起来,我们便能够以分组形式更好地区分这些术语含义的细微差别。将它们并列在一起有助于更好地理解其含义与意义。不像词典那样,主题词表并非为了在某一处列出一个词的所有含义,而是侧重揭示语境信息而不是词语定义本身。它以一个词的含义开始,而不是从某个词开始,然后将与这个含义相关的多个词放在同一个上下文位置,与一本书中包含了不同的句子近似。一个有效的语境通过弱化词组中单个词的多重含义，从而展现出组合词的相关关系。因此，模糊不清的、不相关的或相互矛盾的理解和含义就会被消除。

4.6　简化过程

信息分类方法是通过简化处理过程来促进理解的。将有限的词语、术语或概念通过排序和标注进行特别处理，分至数量有限的类别或目录当中，这样可以简化理解。索引、参考书目、目录和文件目录是这种分类目的的最好案例。例如，我们可以使用电话公司的黄页，即使它不包含索引，但是附加的索引可以增强它的实用性，通过索引可以缩小首次查找的类目数量，索引中较为常用的交叉引用语词和术语通常作为受控关键索引术语的替代词、同义词和近义词。

4.7　高度序化的心理过程

最后，信息分类法被认为是概念化的辅助工具。分类法把数据和信息从较为抽象的形式转变为更为具体、更易感知的媒体及表达形式，由此提高认知活动的有效性。如果信息被意识和感知所引导，而不仅是被整个大脑中概念和抽象的情景所引导，那么思维能力在理解和领会信息流方面将更加高效。将混乱无序的数据和信息系统化地归入不同的分类目录中可以消除许多异常情况和随机性，并可删除大量无差别的、无关联的数据和信息。

4.8　分类的早期尝试

通过对分类法设计的技术问题进行研究，我们发现近代影响知识和信息分类的两大主要派别分别存在于档案和图书馆领域。首先是麦尔维·杜威(Melvil Dewey)在 19 世纪 70 年代,开始研究十进位分类法,并称为"杜威十进分类法"(Dewey Decimal System, DDS)。第二个主要推动力是由查尔斯·卡特(Charles A. Cutter)主导的,他认为杜威发明的十进制信息分类体系不灵活。他把字母顺序的记号法引入到分类体系中并发明了更加高级的方法。格思里(Guthrie)指出不管是文献还是数据,信息分类基本顺序都被认为是有等级的[2],也就是说需要按照不同的一级标题、二级标题和三级标题来查找文档。然而,这种方法忽视了可能存在两种不同且重叠的等级体系之间相互引用的问题。因为在特定体系中某些关系是非常重要的,所以破坏或无视该重要关系的阻力是非常强的。格思里指出一个外行在使用新的标题系统来处理文件问题时会打破已有的线性关系。

莫蒂梅尔·陶布(Mortimer Taube)是一位更权威的人士,他服务于美国原子能委员会(Atomic Energy Commission, AEC),并提出了一种确定文档"单元词(uniterms)"或"描述符(descriptors)"的技术。这些单元词可以按照需要被重新排列组合,以方便查询者通过其感兴趣的词语组合形式来查找自己想要的文档。这个方法的优点在于随着现代信息处理技术的发展,比如电脑和缩微胶片,许多调查、查询以及鉴定等繁琐事务都可以通过自动或半自动方式进行处理。通过对陶布(Taube)、阮冈纳赞(S. R. Raganathan)和弗雷德里克·琼克(Frederick Jonker)研究成果的综合应用,很多现代信息储存和检索系统以及方法论都得到了较大发展。

4.9　系统化的方法

阿德里安·麦克多诺(Adrian McDonough)使用了系统化分类法,这种分类方法是面向私有部门和公共部门管理中典型问题的。他认为系统分类方法中应包含以下 15 项标题,并指出"它们可以作为系统领域中收集知识的重要节点。"[3]

1. 系统研究的主要方法；
2. 问题研究的顺序；
3. 数据处理的顺序；
4. 系统的言语（文字）层次；
5. 系统的图示层次；
6. 系统的数字层次；
7. 系统的计算机层次；
8. 标准类目；
9. 工具；
10. 供给；
11. 文档和文件；
12. 系统部门的组织；
13. 学科背景；
14. 连接器；
15. 管理系统文献。

表 4.2 将麦克多诺的分类法细化到了二级标题层次。以其分类方法的编码方案为基础，可以挑选出不同的概念和工具，并将它们在特定管理问题背景中的应用联系起来。这个分类方法的主要用途是为分析真实的管理问题提供协调方法。他把这些管理问题分为了五个主要类别：一般的、口头的、图示的、数字上的和计算机相关的。这个方法同时也为常见问题编制了一份标准目录列表。之后可以通过选择这些分类条目和它们的组合形式，为特定目标提供通用框架和相关支持资源，例如，在商业主题和管理体系中设置的课程。相似的使用情况也会出现在系统设计员的分类工作中。

表 4.2　目标管理问题分类

100 外部环境	124 仲裁
110 政府	125 调解
111 法律	130 市场营销（消费者）
112 隶属	131 竞争和定价
113 税收	132 贸易协会
114 许可	133 广告
115 处罚	134 经营
120 工会工人	135 调研
121 联络	140 社区
122 合同谈判	141 劳动力供给
123 抱怨	142 杂事

（续表）

143 税务	220 市场占有率
144 参与社会事务	221 市场容量
150 供应商等	在 221 中略去的子类
200 查询与选择目标	300 组织机构
210 预测	400 财务会计
211 重要领域识别	500 物理设备
212 趋势	600 生产计划与控制
213 新领域	700 人事
214 推断的可能性与局限性	800 材料
215 偏好	

经阿德里安·麦克多诺授权，《信息经济学与管理系统》

　　麦克多诺编制了一个术语"亲和系数(affinity factor)"用来描述其分类方法中各部分的关系。实际上，亲和系数是一座桥梁，可以将相关的静态分类体系转变为一种业务工具，从而帮助选择、确认和解决动态管理问题。例如，以他的分类法为基础，"税收"这个术语在几个宽泛和通用的标题中多次出现，但是编码方案可以把与税收相关的多种管理问题背景汇聚起来。这些背景情况可以借助编码的组合形式被清晰地勾勒出来。

4.10　受控词表

　　关于信息资源分类问题的一个更加传统的方法是使用基于索引项的受控词表。这是被历史学家、档案学家、图书馆员文件管理者使用的用于序化文献和文档收藏的一种经典方法。例如，联邦公报中内容索引的问题，联邦政府各个部门的官方出版物包含各种条例、规章和其他信息(如会议安排)，这些内容影响公众的方方面面。政府部门使用的词表通常与非专业人士使用的存在本质不同。因此，需要开发一种受控的术语词表来帮助非专业人士和信息专家在登记的内容中高效查找所需信息。索引项被用来描述登记内容中的特定部门规章和通行的行政规定。一个更加复杂的因素是这些出版物的用户存在多样性。

在非专业术语研究的基础上，这些索引术语需要被用来表征和组织常规技术性概念。在联邦登记分类当中，引入了 19 项较为宽泛的主题标题，见图 4.3。在受控词表的 19 个标题中各索引术语的使用是交叉参照式的。例如，索引术语词表中的第一项是"会计"，是由联邦公报办公室(Office of Federal Register, OFR)于 1977 年 3 月 7 日发布的。在 19 个分类标题中会计这个术语出现在两个上位类标题下，即商业(02)和政府(08)中。与所有主题词表一样，这个分类方法是可变的，联邦公报办公室就负责更新这些索引术语词表，并针对这些术语的准确性、时限性和语义的持续有效性问题，定期地收集公众和官方的评论意见。[4]

表 4.3　联邦公报主题词表

会计(02,08)	谷物
sa 统一账户系统	市场配额与土地分配
xx 商业与产业	油菜子
土地分配	价格支持计划
see 市场配额与土地分配	剩余农产品
添加剂	蔬菜
see 食品添加剂	x 商品
燃料添加剂	农作物
调整援助	xx 农业
see 贸易调整援助	农业调研　(01,17)
行政实践与程序（08）	xx 农业调研
x 实践与程序	农业统计　(01)
成人教育（04）	x 统计资料
x 继续教育	xx 农业
函授与继续教育	农业（01）
xx 教育	sa 农业商品

（续表）

广告（02）	农业调研
	农业统计
xx 商业与产业	农业贷款
	农民
咨询委员会（08）	肥料
［仅使用某部门内部咨询委员会的管理文档］	食品援助计划
x 委员会	食品
未成年子女家庭补助	外国农业
see 未成年子女家庭补助	林业
帮扶行动计划	灌溉
see 同等就业机会	流动劳动力
老龄化（13）	农药与虫害
sa 医疗保险	牧场管理
补助保障金	农村地区
x 老年人	未成年子女家庭补助（18）
年长公民	sa 公共援助计划
农业商品（01）	x 未成年子女家庭补助（AFDC）
sa 特定商品	xx 儿童福利
商品交换	公共援助计划
农作物保险	航空运输（19）
水果	［客运与货运飞行器管理机构］

注：see 代表权威术语；x 代表未用到的术语；sa 代表较为专指或相关术语；xx 代表上位类
或相关术语；主题分类中的数字代表术语字顺表中的顺序。

4.11   基于交流的方法

通过对比麦克多诺提出的面向问题解决的分类方法和以联邦公报

为例的传统信息分类方法，约瑟夫·威尔金森(Joseph Wilkinson)提出了另一种分类方法，这种方法基于管理者所需信息主要通过消息进行传播的假设。在威尔金森的方案中，如表 4.4 所示，例如，每个消息或报告都以 8 项特征为基础进行分类。[5]

表 4.4　面向报告的信息分类方案

	特　征	典 型 分 类
1	目的	操作报告
		控制报告
		规划报告
		管理工作报告
		合法一致性报告
		动议报告
		提案报告
		行动报告
2	范围	公司范围报告
		分部报告
		部门报告
		销售区域报告
3	概要	明晰报告
		概要报告("关键项"报告)
		例外报告
4	发生	预定或定期报告
		需求报告
		触发报告
5	时间范围	历史报告
		短期预测报告
		长期预测报告
6	描述方式	"硬拷贝"报告
		"软拷贝"计算机显示
		口头报告（可能需要视觉辅助）
		陈述式报告
		图形化报告

(续表)

	特　征	典　型　分　类
7	用户	表格式报告 管理人员报告 所有者报告 雇员报告
8	运转职能	政府机构报告 会计报告 产品报告 销售报告

经约瑟夫·威尔金森博士授权

4.12　基于组织任务的方法

此外,另一种信息资源分类方法由查尔斯·博斯利(Charles E. Bosley)于 1973 年提出。博斯利强调了基于组织单元及其分配的任务,以及特定办公室承担的各项职能进行信息分类的必要性。比如,他指出,以国内机构中体育局、渔业局和野生动物局为例,这些部门的职能是"自然资源管理"。但是,在这些机构的信息系统和数据库中存储的一些信息被描述为"关于化合物的研究数据",所以这些信息的使用是基于"数据"而不是基于"管理"的分类。另一方面,例如人事部门的信息系统是按照"人事"的职能角度进行分类的。通过分析联邦政府的信息技术使用情况,博斯利列出了 7 项主要结论[6]:

(1) 作为整体的联邦政府的唯一信息技术使用标准似乎仅针对行政管理而言;

(2) 虽然联邦政府绝大多数部门都使用了一些信息技术,但还有将近 1/3 的部门尚未使用;

(3) 联邦政府部门大都会主动地去利用信息技术,但通常是在与其他部门合作以分配相同利益和目标的时候;

（4）大约 1/3 的联邦信息系统包含了有关公民、商业和私有组织的隐私信息的案例文件；

（5）保障隐私信息的活动大都由各个部门依靠自身主动性来开展；

（6）80％的联邦自动化系统信息通常仅限于政府及其部门使用；

（7）各组织机构为公众提供的大多数信息都采用数据和参考资料形式。

4.13　信息资源类别划分

在这里，我们将"信息资源"这个术语分为四个大类，并将每个大类再分为两个或者更多的类别，但在较少情况下才需要分到第三级类别。

第一类是信息来源。信息来源是可以满足用户信息和数据需求的个人或者组织（某一场所）。这里，我们不会将一份特定文档视为一种来源，更多是看做一个信息产品。因此，信息来源可以被理解为"哪里（where）"和"谁（who）"的疑问形式：从哪里或者从谁那里可以得到我想要的信息？以企业主管的信息源为例，可能包括私人秘书、特别助理、老板、同级人员、下属人员；一个办公室图书馆、技术信息中心或者一台电脑；财务、营销、产品或者销售部门等。出版商也是一种重要的信息源。表 4.5 描述了部分不同的信息源情况。

表 4.5　信息源

1.	公共图书馆	7.	资料交换中心
2.	学校图书馆	8.	参考和文摘服务
3.	科研图书馆和中心	9.	图书出版商
4.	办公室图书馆	10.	期刊出版物
5.	信息分析中心	11.	地图出版商
6.	信息传播中心	12.	管理顾问

（续表）

13.	计算机中心与系统中心	32.	磁带图书馆
14.	博物馆与档案馆	33.	视听图书馆
15.	新闻媒体工作站与公司	34.	留声机唱片图书馆
16.	政府机构	35.	国际信息网络
17.	监察专员	36.	消费者信息署
18.	专业团体与贸易协会	37.	少数民族信息中心
19.	电话公司(信息)	38.	就业与工作援助中心
20.	文档中心	39.	药品与酒精康复中心
21.	信息署	40.	重要文件登记处
22.	统计中心	41.	执照与许可证办公室
23.	教育培训中心	42.	护照与签证办公室
24.	公共信息办公室	43.	专利与版权办公室
25.	社区关系办公室	44.	游客中心
26.	旅游局	45.	商品交易会
27.	历史协会	46.	交通、天气、特殊事件局
28.	市场调查公司	47.	失物招领处
29.	会议与研讨会	48.	商品贸易局
30.	文件中心与仓库	49.	退伍军人、高校学生帮助中心
31.	专门书籍汇集	50.	区域资源图书馆

第二类是信息服务。信息服务可以帮助用户满足自身的信息需求和要求。传统信息服务包括：机场和火车站的公共协助办公室、出版局、图书馆参考服务——如何查找信息或帮助用户查找定位信息、咨询和规划服务、缩微照相服务、摘要与索引、查询与追查、当前提醒活动、精选检索服务等。信息服务可以被理解为"什么（What）"的疑问形式，选择什么工具方法才能找到想要的信息？表 4.6 选择性地列出了可以被商业化利用的信息服务形式。

表 4.6 信息产品与服务

会计 & 记账	海底电报	百科全书 & 辞典
精算服务	书法家	展示管理
增加 & 计算器 & 储备量	寻呼、传呼 & 发信号	传真发送
宣传与印刷	复写纸	代笔服务

广告服务	制图员	政府信息
空中摄影 & 调查	录音带 & 录像带	图形设计师
信息分析服务	目录编译工具	信息办公室
应答服务	注册会计师	信息检索系统 & 装备
协会管理服务	图表	国际会议
试听设备 & 用品 & 服务	城市 & 城镇指南 & 地图	投资咨询
审计	剪报社	职业信息
自动数据处理	通信系统、设备及用品	键控穿孔服务
自动电动打字	排版、胶版印刷	讲演处
自动手写机器	计算服务、设备及用品	立法研究
蓝图	会议服务 & 设施	图书馆研究 & 服务
保税信使	拷贝 & 复制	平版印刷供应 & 装备
图书经销商、印刷商 & 出版商	通信服务	杂志 & 期刊订阅服务
广播	信用报告	邮件列表，机器 & 服务
经纪信息	递送服务	管理咨询
公告 & 目录指南	示范服务	地图
商业形式、系统 & 咨询	展示设计者 & 制作人	市场调查 & 分析
买卖交易	经济 & 社会科学研究	
买方信息服务	教育咨询	

第三类是信息产品。信息产品是帮助用户满足自身信息需求和要求的一类商品。在信息资源的背景下，私人企业中产品和服务的传统差异在这里被用到。

第四类是信息系统。信息系统是为用户收集、组织和传递数据与信息的结构化过程和步骤。信息系统的基本数据收集通常是指输入，而系统产生的报告和其他产品则是输出。同样，流向用户和从用户流出的信息流整体被称作一个信息系统。在这里，后者的情形被称为整体信息系统更有益处。这个系统可以用疑问词"如何（How）"来描述：我应该如何处理信息？信息系统显然是非常有价值的信息资源，即使它们实际上是达到目标的工具，目标当然是信息产品和服务。基于同样的原因，信息源也是达成目标的工具。

概括起来，在四个信息资源主要分类中，有两个是工具导向的：信息源和信息系统。另外两个是结果导向型的：产品与服务。最后，这四个术语是部分重叠的。为了避免混淆，在使用这些术语时要格外注意特定的背景。但无论如何一些模糊是不可避免的。

有一点清楚的是，面对如此大量的信息资源，组织机构必须要做好控制它们的准备。系统方法的实践者会告诉我们需要一个信息资源管理系统。实际上，在这之前，我曾指出系统方法是控制不断增长、扩散的信息和数据的最有希望的途径。[7]

重要的是要记住信息分类是一个动态的概念。当得到了新发现，并且当我们已经走完了事实生命期（life cycle of a fact）的四个阶段后，数据将逐步变为信息，而数据和信息都将转化成知识体。这是一个连续的处理过程，因为它的连续性，我们的分类方法必须也要按照"外部实况"的变化进行定期的审查。好的分类方法的标志是，在某种程度上，它具有灵活和高效反映现实变化的能力。过于僵化和不灵活的分类方法是弊大于利的。现代信息处理技术在这个方面为分类方法论起到了帮助性作用。将硬拷贝和文档移动到软媒体时，比如计算机数据库维护中，以效率为导向的添加、删除以及分类结构改变等问题会得到较大缓解。

4.14　案例：美国标准预算分类法

多年来不管是联邦政府的哪个部门来管理和运行计划项目，这些项目都被归入职能分类法的不同类别当中。预算系统设计者在很早之前就不再尝试通过建立单一方案来满足所有使用需求。从历史发展来看，拨款账户中的预算和相关财务数据被作为预算分类工作的基础。立法机构通常将拨款账户作为一个"工作包"用来授权行政主管为特定用途支出款项。问题是立法机关委员会形成了历史性的传统制度结构，而拨款账户本身的结构也随之成形。这些委员会不会考虑与整个国家、各个州和地方的优先事项和主要计划项目是否一致。此外，委员会重新确定他们各自角色和职权的过程也非常缓慢。

1976 年 8 月,美国审计总署(General Accounting Office,GAO)发布了一份报告,报告审查了标准联邦预算分类法(又称为"职能分类法")的修改建议。虽然没有一个最优方式来完善预算分类法,但让我们产生兴趣的是总审计局制定这项议案所用到的准则[8]。在当前功能类目结构只能部分缓解问题时,这个方法便可以提出对应修改建议。修改建议的提出需要遵循三项重要标准:

1. 突出强调国家关注的主要现行领域。例如,能源之前被合并入自然资源与环境这一主题下,当它已经明确成为国家的优先事项时,就需要将其单独列类。

2. 如果可行则将项目的职能与各种目的分开。例如,当前分类结构将教育、培训、就业和社会服务合并到了一个职能分类中。美国总审计局按照它们不同的目标将其分为四个项目类别。总统的建议是将教育从现行的卫生、教育和福利部门中分离出来,建立独立的教育部,这种推动力将带来深远影响。

3. 以一致性为基础对职能和下级职能进行聚合(分类法是一个两级的多层结构)。例如,审计总署(GAO)建议扩展当前"利息"的职能(也就是财务上的利息获取和利息支付),使其能够容纳与政府融资相关的活动,并重新命名为"联邦政府财政业务(Financial Operations of the Federal Government,FOFG)"。

预算分类是华盛顿特区(Washington, D. C.)每年都会遇到的问题,这绝不是一项"学术"事务。实际上,几百万美元投入到了庞大的信息系统中,这个系统用来在联邦政府和部门两个层面处理预算、会计、规划和项目的数据。除了还需要投入多少成本才能改良这些昂贵的自动化系统等相关问题之外,还有其他更加重要的实际考量。例如,特定的人员薪水与福利支出在其他名称下是否会被披露或隐匿,取决于其在广泛的公众、媒体和国会听众面前的能见度是多少。因此,在分类体系中,总统通过支出类目位置调整的相关决定来强调或不强调特定的支出类目。

当然,类目的变化影响着文档、表单、报告、文件、计算机、案卷以及整个数据、文档和系统结构的排列。绝大部分的变化并不会简单地改变。

在 20 世纪 60 年代，行政管理和预算局（Office of Management and Budget，OMB）研究了传统拨款账户分类方法与新的规划—计划—预算体系（Planning-Programming-Budgeting System，PPBS）相融合的问题，后者是以项目结构为基础并面向产出的。专业人士提出了将"实体项目"用于构建模块的建议，据此数据将会通过多种不同方式聚合和再聚合。如果基本模块单元在循环开端就被定义好，那么借助每个阶段的一套新描述符号就可以让它在各个信息系统中被统一使用，以促进再聚合活动。至少在理论上这种想法是有意义的，因为它确实遵循了"系统方法"，并且是介于"两个阵营"间的一种折中形式。第一个阵营是拨款账户群体，被认为是其支持者的有国会、总审计局中的特别部门，以及各部门中保守的预算编制者；第二个阵营是支持"规划—计划—预算"的群体，由新的项目预算方式、机构管理分析人员、计算机和系统分析人员以及相关团体组成。

最后，构建模块的方法被抛弃了，其原因还有待商讨。一些人认为通过改变信息系统机制来适应改革的成本很高。其他人则对这个问题没有兴趣，因为在这个领域中的某些改变似乎没有必要（毕竟，除了计算机分析员还有谁会对分类法感兴趣？）。还有其他人认为相关研究是总统紧密控制预算的权力手段。国会因未能发挥在越南战争期间的领导权而饱受来自各方面的批评，或许它感到拨款账户方案能够有效控制行政部门权力的僭越。既然它根源于委员会的组织结构，这就意味着在部门运行层面或多或少存在一个直接的、一对一的业务关系。分类体系中的任何改变或许都会毁掉或削弱这种关系。

在这里引用这个例子的目的是强调一个事实，即分类方法并不仅仅是一个管理便利问题，正如效率专家所言。在美国政府的预算分类法中，这样的常规思考通常直接与实质问题和权力关系有关。分类方案设计者如果没有考虑这些问题，就会陷入争论之中并遭受各方批评。在这个例子当中，源于矩阵和间质性分析的分类法最终以国家权力制度中机构间的对抗为结束。

然而，并不是所有分类设计者都会面对这些问题。所以，让我们通过概括几个简单的分类构建原则来总结一下本章内容。

1. 任何分类方案都是动态的而非静态的信息管理工具。通过发展一个包含二级或三级类目的多层级体系可以为大多数系统带来额外的灵活性。

2. 分类只有在能为高层领导阐明问题时才是好的，它们并不仅是为了通过将信息划分到不同的类别而让数据处理技术员的工作更为轻松。

3. 在大型组织中，长期的习惯和信息处理基础结构的大量投资将促使分类最终都要经历一个一致妥协的过程。管理高层应尽力引导分类体系监管人认识到只有较为恰当的分类体系，不存在更好的高级分类体系，因为最简单的分类问题通常会被误导。

4.15　问题讨论

1. 为什么语义学家和词典编纂者认为数学家是幸运的，因为符号是他们的语言，而其他学者和专业人士必须使用文字？

2. 为什么针对知识和信息的分类设计完全统一而不变的分类方案显得不切实际，所以一致性、适应性和冗余性的问题需要"每时每刻去应对"？这些问题是图书馆学家、计算机系统分析师、目录学家和其他专家每天都会面对的。

3. 在一个主题目录下图书馆员是如何过度分类馆藏文档和文献的？过度分类的结果是什么？馆藏分类不足是如何产生的？分类不足的结果是什么？

4. 句法通常被定义为组成短语、子句和句子的语词的协调安排。一个句子也许语法是正确的，但在语句构成上是有缺陷的。句法给计算机控制排字带来了哪些问题？

5. 在早期的等级分类方法中，交叉引用的问题常被忽视。莫蒂梅尔·陶布(Mortimer Taube)提出的"单元词"概念是如何帮助解决交叉引用问题的？

6. "冗余方法"意味着使用不必要多的词汇去定义一个主题或给词汇赋予含义;某种程度上是故意冗余。为什么这个概念对分类学家、分类工作者和目录学家非常重要?

7. 关于使用受控词表去管理特定数据和信息集合而不是用"自由索引"或非受控词表的好坏之争还在继续。作者、设计者和创作者在决定用什么分类方法时需要考虑哪些因素?

8. 数据元素字典(Data Element Dictionaries,DEDs)近来被产业和政府领域广泛使用,但是在大型组织机构中对名称、术语、定义和符号的标准化仍然是一个非常困难的现实问题。为什么? 如果我们假设数据元素字典是一个"技术"需求,为什么还会有障碍呢?

注　释

[1] *"Roget's International Thesaurus,"* (Thomas Y. Crowell Company, Third Edition, 1962.) The challenge to the thesaurus preparer, of course, goes to the very core of our chapter topic, but, happily, at the individual and organizational "level" we are not confronted with such an awesome task. Nevertheless, the character of the task is essentially the same. Dictionary-makers and thesauri-preparers are the first to attest to the dynamic quality of their profession.

[2] See a very good review of these early schemes by Chester L. Guthrie, Chapter 6, Federal Contributions to the Management of Records, in *"Federal Contributions to Management,"* Brown, David S., (ed.), Praeg 1971, pp. 126-152.

[3] McDonough, M. Adrian, *"The Information Economics and management Systems,"* (McGraw-Hill Book Co., Inc. 1963) pp. 158-170. This author must be credited with a truly seminal contribution to information management. While the general thrust of

this work lies in the need to "reclassify" the white collar office worker from the "non-productive column" to the "productive column", the need to treat information as a commodity is also central to his hypotheses.

[4] See *Federal Register*, Vol. 42, No. 44, Monday, March 7, 1977, "*Thesaurus of Indexing Terms-Request for Public Comment.*" The "challenge of the *Federal Register*," like the Thesaurus, lies ultimately in its pragmatic utility as a decision-aiding, problem-solving tool. The fact that its primary subscribers are lawyers, information specialists and Washington, D. C. bureaucrats, does not speak well for its effectiveness to the average citizen as a finding aid. Considerable work needs to be done to refashion this important public document before it comes close to realizing its full potential. The same may be said for its Canadian counterpart, *The Gazette.*

[5] Wilkinson, Dr. Joseph W., "*Effective Reporting Structures,*" (Journal of Systems Management, 1 November, 1976) pp. 38-42.

[6] Bosley, Charles E., "*Federal Use of Advanced Information and Communications Technology,*" (Appendix 4, Preliminary Report issued by Congressional Research Service, Library of Congress, October 30, 1973.) This important report should be in every information specialist's library.

[7] See "*Budget of the United States Government, FY 1979,*" available from the Superintendent of Documents, U. S. Government Printing Office. Three or four companion documents are available, including the Budget Appendix, The Budget In Brief, and The Special Analyses.

[8] See GAO Report entitled "*Mission Budgeting: Discussion and Illustration of the Concept in Research and Development Programs,*" PSAD 77-124, dated July 27, 1977.

第5章　信息资源管理系统

　　信息资源管理系统可以看做一个以有序的、系统化的方式完成数据资源管理的框架。没有系统的话,数据资源管理过程将是以一种脱节的、临时的、难以控制的方式进行的。前面曾经讨论过,系统面临的挑战就是如何管理数据和信息资源,使之能够有力、高效地满足人们决策和解决问题的需求。因此,系统对设计者、用户、数据提供者和其他相关人员提出挑战:相互协同工作,确保系统成为一种积极的力量,而不是成为产生障碍的原因。

　　信息资源管理系统是一种非常特殊的系统,我们会在一开始与其他信息系统进行区分。在对信息管理的语义和实质性层面进行讨论后,接下来讨论信息管理的两个主要问题——通信过程以及用来处理数据的"硬件"管理。

　　接下来,将列出一些有助于系统设计的关键点以及一些隐患问题等。通过回顾一些大型组织的经历来发现在哪容易出现问题,以及如何将这些问题消灭在萌芽阶段。

　　最后,将用相当的篇幅通过流程图表的方式来讨论信息处理,因为理解信息处理问题对于有机地构建信息资源管理系统是非常重要的。后续的章节将会以规划信息要求为起点,继续阐述资源过程的每个阶段。附录 B 也可以在必要的时候作为参考。

　　下面让我们回顾一下一些定义。术语"信息系统"一般从两个层面上进行定义,从宏观层面,它经常用来表示由覆盖组织的所有交流方法组成的联合式的网络系统,从微观层面,也是常用的定义,被定义为"与特定的一个或多个操作相关联的一系列信息处理步骤组成的单个的网络系统"。信息处理步骤包括收集、记录、处理、传输、存储、检索、传播，有时还包括处置等一系列连续的阶段。

接下来，资源管理系统这个术语包括所有收集和处理特殊资源(人员、资金、设备，或者所有与主题相关的内容以及信息本身)的方法和过程，以及用便于管理的方式进行数据格式化。在商业和政府领域，人员、资金、设备这几个术语很常见，是指能实现政企组织使命的资源，但不幸的是，信息本身经常被遗忘。

记住这些关键术语和定义，对后续将要讨论但此处没有谈及的内容会有所帮助。例如，关于"信息系统"，我们说它不是一次性的、临时的数据和信息的集合体。一个一次性报表尽管可能会涉及风险管理、研究和开发管理、智能管理、市场管理或投资管理，但还是一个信息产品或服务。关键的差别是"一次性"，而多次连续地形成的数据和信息集合就是"信息系统"。而对于信息资源来说，我们包括了所有的信息资源、服务、产品和以组织运营和活动为功能导向的单个的信息系统，例如，人员信息系统、工资信息系统、库存信息系统、项目管理系统、市场信息系统、制造信息系统等等。理解的核心是需要认识到我们希望关注这些功能为导向的信息系统的实质和内容，同时关注信息系统的特性、定位、目标、使用和其他关键属性。理解众多信息系统各自的功能并不至关重要，我们仅需要关注信息管理系统在信息资源管理整体方案中的定位。

后者的观点引发很多困惑。一旦一个人开始同特定的受众讨论信息资源管理，将信息的实质或内容和"关于信息的信息"作区别会使我们左右为难。信息科学家们用一个很好的短语来解释这种区别，"关于信息的信息"是指信息元系统或仅指元数据。

5.1　为什么需要信息资源管理系统

对信息系统的语义和定义进行了探讨之后，接着讨论为什么需要信息资源管理系统？原因有很多。首先在现代组织中，信息资源在总部和分支机构中是散乱独立的、碎片化和分散的。事实上，对于任何一个从事信息资源管理的组织来说，最基本的第一步就是要使信息资源可控，完成信息资源全面的、系统的、综合的库存管理。手头掌握这样一个具体数据的基本情况后，概要分析每个信息资源、服务、产品和系统，我们才能开始合理化地构建各种类型的管理系统。对此我们要很清楚，因为有些人认为只要把组织的所有信息系统加在一起，就可以将其标上"信息资源管理系统"的称号。这样不仅不会有进展，也是行不通的，这样只是一个不兼容、不一致并且重叠的信息流大杂烩。但无论在宏观数据（macrodata）元素层面还是在微观数据（microdata）元素层，都应该将这些信息流里重复和重叠的信息仔细地加以区分。

5.2　两个主要的维度

为了能够更好地理解信息资源管理，我们必须要认识到它有两个显著不同的维度。一个主要关注于信息处理的管理，另外一个是对信息处理过程中被利用的信息资源的管理。第一个维度主要涉及组织决策、分析和交流过程中确保有充足的信息；第二个维度则是与支持信息处理的需求、地点、设备、人员等各种资源相关。简言之，信息处理的管理关注组织成员如何更好地使用数据资源、利用信息支撑技术进行决策和分析。在此，我们关注信息收集、数据如何输入以及信息是如何帮助组织达到最终目标等几者之间的关系。见图 5.1。

就数据资源管理（the management of data resources）而言，其主要关注以下几方面的内容：

（1）信息的六个有机属性：范围、测度、主题、时间、来源和质量（后续会详细地讨论）；

（2）数据处理软硬件使用效率；

（3）数据处理软硬件对于信息处理（和最后的通信处理）产生的效果。

现状：

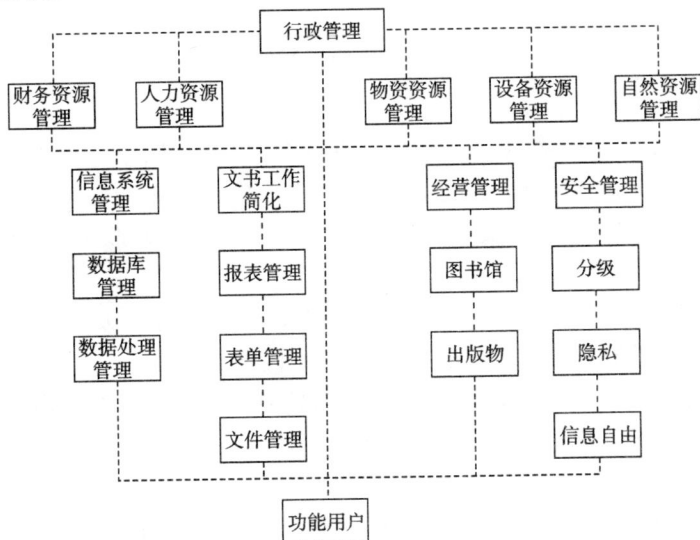

实施数据资源管理后：

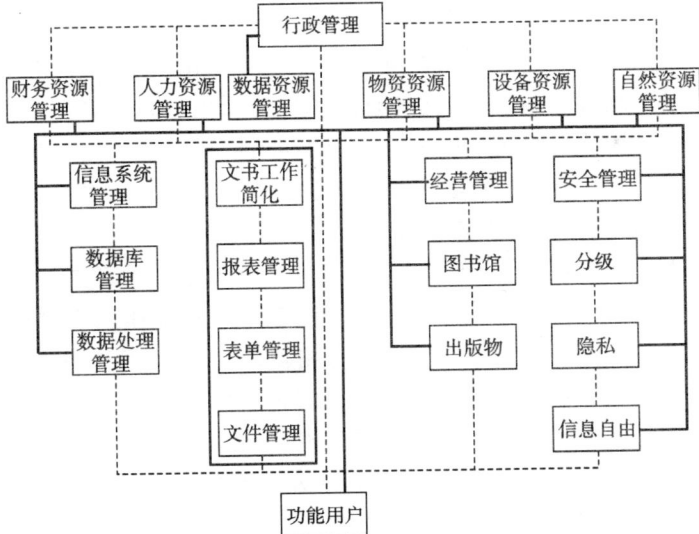

经阿龙·霍克曼(Aaron Hochman)授权,第 17 工作组,联邦信息处理标准项目,1977 年

图 5.1　资源管理环境

5.3　个人与组织

关于以上两个维度的大量问题在当今组织机构中都会出现。其中许多问题涉及个人目标和组织目标之间的相互作用。例如,其中一个问题就是数据生成源、服务以及系统产生的很多数据都只是针对组织中的个人。

另外一个问题就是组织信息处理具有很多与个人信息处理相同的特性,同时,也表现出一些特有的性质。首先,在一个组织中没有独一无二的"自我",它是由所有组织成员的一系列协调活动组成。由于每个人的目标、价值观等不同,人们常说组织的观点不仅仅是个人观点的合成,这就导致了正式的或非正式的信息处理流、系统等开发,这些系统(不是经常)只是有时执行和强化了正式的信息处理。

许多人认为组织中信息管理的一个基本功能是帮助"管理"冲突——减少冲突,使之可管理,并且支持决策。组织信息处理可以像个人信息处理那样,进行结构化并有意识地适当地进行设计。当组织内部和外部环境相对稳定的时候,正式的和结构化的信息处理模式是有帮助的。但是,当这些环境是动态变化的时候,即当目标和任务处于不稳定的状态,或者由于主要人员的变更或长期存在的政策冲突导致的组织的无秩序化,组织的正式信息系统可能会功能不全。

由于这种个人和组织信息处理之间微妙的相互作用,组织中信息资源管理系统的开发需要注意几个关键因素。首先,需要关注个人以及组织内使用的各种数据之间交互的特征。例如,个人处理和使用不同类型数据的程度如何? 更进一步来说,是否有足够的知识能力并得到充分的培训来使用、维护以及与其他人交流数据,以及在必要的时候是否能消化吸收或找到新的数据类型?

其次,需要关注的是组织内信息和其他数据的交互是否足够好。例如,在正式和非正式系统之间相关的信息是否容易传递?

再次,在组织的管理者和成员之间的信息处理是否是协调的? 例如,个人在组织中共享信息是否快捷方便? 或者说在独立的部门中是否有大量的不必要的、重复和重叠的信息处理?

最后,组织中数据收集、使用和价值之间的关系如何? 收集的信息使用了吗? 使用这些信息能产生价值吗?

5.4　系统的目标

上节提到的收集、使用和结果以及它们之间的关系将引导我们讨论系统的开发。当然,第一步就是要明确它的目标。一个联邦机构给出了四个目标:

(1) 给机构的管理者提供各个层次的数据,确保在达成机构目标的过程中可获得资源,并能有效利用资源;

(2) 在规划目标和计划中提供有用的信息;

(3) 为项目提案和资金需求提供数据支持;

(4) 确保遵守法律法规、议会决议,以及其他与资源相关的外界需求。[1]

不管是否赞同以上系统目标,很清楚的一点是,我们必须解决存在于信息生命周期中不同阶段的要求不尽相同的信息资源管理问题。

5.5　PPBS 模型

最近几年,计划—项目—预算体系(Planning-Programming-Budgeting System,PPBS)的实践多少有些不受欢迎,但在政府资金管理体系中的基础地位还没有变。不可否认,PPBS 是一个经济资源管理系统,也正是由于这样一个事实,才得到众人的关注。

根据对资源跟踪的程度,PPBS 概念可以由四个或者更多的部分组成。包括信息资源在内的所有资源,一定都要在经济环境下进行考虑,至少在以下四个阶段进行处理：计划、项目、预算、核算。有时,还会包括评估和审计两个阶段。信息资源管理系统的主要目标,就是要集成这四个(或更多)阶段,跟踪每个阶段计划和利用的资源成本,以及为实现组织目标(利润、福利、服务以及其他)消耗资源所带来的价值。就像前面说过的,在很多情况下,信息会因时间的流逝而过时,不像其他资源那样会在其利用过程中被正常地"消费"掉。

PPBS 表明,任何一个资源管理系统的开发都必须：

(1) 在资源利用实际情况和资源利用计划之间做出精确的、完全的比较；

(2) 管理者行使被赋予的保管权,对资源切实高效地使用负责任；

(3) 用标准的语言定义常用的术语和缩写,使用标准的符号和代码,以便能够在不同系统之间对照；

(4) 将输入与输出清晰地关联起来；

(5) 仔细权衡在资源生命周期四个阶段即采集、成长、利用和处置中,资源利用的期望收益和成本支出；

(6) 切实高效地达到组织目标,同时使决策者所需的信息量最小化。

5.6　系统的开发

接下来,主要关注信息资源管理系统的设计和开发。国防部助理秘书处的阿龙·霍克曼(Aaron Hochman)提出了信息资源管理系统开发的六个"基本管理原则"。[2]

第一,他提醒我们在管理上某个小方面的进步不一定会提高整体管理水平。这条原则的关键因素是认识到组织的最终目标和组织内的子管理项目或子元素的最终目标是对立的,一个信息资源管理系统必须要将组织的主要目标作为重点。

第二,职能的履行效果是与数据和信息管理的效果直接相关的。信息资源管理系统提供信息访问功能,减少信息获取的时间和精力,这将提高系统用户完成工作任务的效率。同时，所需信息的可用性可以实现信息的再利用，避免重复进行数据的采购和开发。

第三，信息资源管理的效果关系到按时并以易于理解的方式向用户提供信息的效率。信息资源管理系统的目的是为系统用户提供必要的信息支持服务。系统消费者对系统的接受和使用程度依赖于系统对用户需求的响应性。这种响应性与访问的能力、检索的时间以及所提供信息的有用性都是直接相关的。需要认识到，如果需要用户在多个层面都进行检索工作，那么信息检索系统的用户可能就不愿意使用系统。

第四，信息是一种关键的资源，应该与其他资源一样得到同等重视。数据和信息是任何系统的基本要素，不管对管理系统、武器系统、数据系统还是其他系统。数据和信息和其他资源一样都有同样的生命周期（例如，确定要求、设计、开发、认证、编目、获取、存储、维护、利用和处置）。数据和信息在使用过程中不会被消耗，是可以再利用的，在这点来说，与其他资源不同。这种再利用需要利用数据资源管理，特别是在业务成本中数据和信息的成本占绝对主导的情况下。

第五，信息可以基于商品、基于系统或基于二者的联合体进行管理。基于商品的管理独立于应用，主要关注于数据是什么。基于系统的管理关注于数据如何使用。信息资源管理可以提供不同形式的数据管理之间必要的相互联系。

第六，计算机是一种为了节省劳动成本的设备。必须要确保人们花在计算机上的投入最小化，简而言之，不要说你能为计算机做什么，而是要说计算机能为你做什么。

5.7　问题与缺陷

通过指出联邦信息资源管理系统中的一些不足[3]，埃德加·邓恩（Edgar Dunn）帮助阐述了信息资源管理系统开发和使用中的问题与缺陷。尽管主要针对联邦统计系统，但可以从更为广义的角度来看待他的建设性的评价。例如，他指出，全面利用信息资源的一系列障碍是缺乏"清晰的参考功能"。他指出,这种参考功能通常被认为是文档中心的任务。在某种程度上来说,如果一个机构只提供很少的参考帮助,那么"参考服务就落到了公开发布为主要任务的机构身上。数据产生、维护都是各自独立负责的,形成联邦统计系统文件分散独立的特性,导致参考服务的缺失。由于联邦统计项目的分散性,这种参考问题变得非常复杂。没有一个机构是负责针对全部文件进行参考服务的"。

邓恩(Dunn)指出,联邦信息资源管理的另外一个不足在于联邦统计系统不支持数据元素间的相互关联,不支持"数据集(data sets)"用于确认和衡量相关性活动之间的相互关系。在一些需要跟踪和分析经济绩效的重要领域,通过特殊程序的建立,把数据集变成国民核算账户、特殊指数系列等方式,这种不足已经得到了部分解决。但是对大多数用于分析和规划的数据来说,这还是很不足的。各个层次和各种目的的数据利用事实就是如此。这个问题困扰着联邦政府内外做研究分析的人,例如,那些为了分析经济增长和稳定模式而建立经济增长和稳定性模型的人。这对管理者建立战后重建和再评估模式来说已经成为一个主要的障碍。

邓恩还让我们注意到了档案需求和文件管理需求之间的内在冲突。他指出,这个问题引起了拉格尔斯委员会(Ruggles Committee)的兴趣,"并且,他们据此对案卷管理的问题进行更广泛的关注。统计机构主要关心数据的发布。他们经常不能为日后的处理和分析进行正确地记录文件。更糟的是,他们有时会销毁一些有用的文件。之所以出现这些问题,是因为现有的系统对如何识别文件的保存价值没有标准可以依据,没有经济或组织上的机制来维护文件。关于文档的重要性就由公务人员来决定,而这些公务人员对文件的价值知之甚少。同时,人事部门认定、严格政策界定的机构任务与文件保存任务之间要进行资金分配的竞争,公务人员据此进行资金分配。"

5.8　系统化方法 vs 定制化方法

　　贯穿先前讨论的一个主线就是采用系统的、综合的而非零散的方式进行系统开发的必要性。例如,用那种硬封面装订的书卷来替代灵活的、可更新的机械设备有几个不足之处。这种方法对于信息资源管理而言,可以称为定制化方法而不是系统化方法。使用定制化方法,会经常发生目录在印刷之时就已经过期的情况。当试图去建立一种可更新和维护能力的时候,会发现变化是如此的频繁,并且数量也是非常之大,因此最多能提供些微的效果。其次,这种目录不管是用"公司范围"、"国家的"还是"广域的"等来形容,实际上都是以某种方式进行限制的。例如结果是,它们包含定量数据而不包括叙述和定性的数据;或者他们包括管理的和业务类型数据而不包括科学或技术数据,或者他们处理的是二手资料而完全忽略了原始资料等等。或者最后,他们只专注于自动的计算机系统而在实际上排斥手工系统和文件。

　　还有对于定制化方法的其他批评。例如,一个信息资源管理定制化方法的典型产物就是单独发行。单独发行,从定义上来讲,就是不提供某些服务特性,例如不提供针对选定材料的全部或部分文本摘要。也许对于定制化方法的更严厉的批评就是人们干预数据文件,并与之互动的重要能力缺失。

5.9　应对压力

　　从历史角度去看,回顾联邦层面进行综合的信息资源管理系统方法的开发,至少在理论上是可行的,但在经济上的争论经常会起到反作用。例如,在原子能委员会(Atomic Energy Commission)和美国航空航天管理局(National Aeronautics and Space Administration)的案例中,在它们存在的开始十年间,从来没有进行单独的、机构范围内的信息资源目录清点。

　　这些机构的高级顾问曾经考虑过进行这样的工作,但官员们还是主张不批准这样的开销。如果再逼得紧了,他们最后还是会表示在经费投资上存在最大的问题,同时,在信息技术、信息处理和检索方法论等领域也存在问题。这些问题主要归结为标准格式、数据元素的统一定义以及相关的一些问题。他们认为,在这些机构存在的初期,信息资源管理系统也就仅仅是一个类似骨架的框架,没有器官和肌肉之间的联系。

　　另外一个机构,美国环境保护局(Environmental Protection Agency,EPA)在 1970 年末创建初期也遇到这样的问题。但 EPA 决定对信息资源目录进行清点,包括技术的和非技术的。结果证明,在联邦层面第一次形成了一个焦点——通过清点后,环境数据的使用者可以得到一站式服务。这个系统:

　　(1)可以直接给用户/查询者提供大量的数据和信息;

　　(2)为用户/查询者提供二手信息来源,作为直接提供信息产品和服务的辅助性服务;

　　(3)可以按照预先定义的参数响应用户/查询者的需求,如对需求的优先级、所需信息的范围、响应格式的模式和媒介等等。

　　简而言之,EPA 的综合目录能够起到联系整个信息资源环境网络的中心交换点功能。这种交换机制担当一个通信交换设备功能,实现用户/查询者和他们所查找的信息源之间的快速、直接的交互。

5.10　三个信息世界

　　在此,有必要重申,信息资源管理概念集合了传统上被划分开的三个"信息世界"。第一个信息世界是图书馆和档案馆的文献世界;第二个是信息中心、资料交换中心、文档中心和文件中心的"硬拷贝"文档世界;第三个是处理"易消亡"数据的计算机、通讯设备以及自动信息系统中的"软拷贝"数据世界。

区别三个信息世界的一个主要变量是收集和存储信息的时间段，另外一个变量是存储介质。图书馆和信息中心的工作很大程度上围绕书籍、期刊和杂志、文档和技术报告、胶片以及其他一些内容展开。现代化设备提供了大量的微缩介质、文档和参考的功能和服务、个性化检索方法。收集和存储信息大多数都有时间性。例如，书籍通常需要花费好几年时间去准备，在出版发行之前的六个月至几年，研究工作就会过时。连载类的刊物一般需要准备的时间较少，但到正式出版时研究也会过时。同样重要的是，用来检索和获取文献的各种工具在出版时也有一定程度的陈旧和过时，这些包括书目、摘要、目录、索引和其他参考指南等。相对来说，"软数据"信息资源很大程度上处理的都是封装形式的当前信息（"数据的元素"和"信息的条目"是最常用的两个不同类的用语）。可以回顾第一章中介绍的数据、文档和文献的概念。

这里的重点就是三种数据集合必须要以相同的概念框架联系在一起，以保证用户使用信息功效的最大化。之所以提出这种假设，是因为许多用户并不预先知道查询过程中，他们找的信息是"硬的"或者是"软的"。当然，科学家们在实验室内日复一日、年复一年的工作，对其本专业的主要的和二手的信息源都非常熟悉。但是，当一个人从核心科研团队，转向商业人士或政府官员后，很明显地这种预知会逐渐变少。结果，大量的时间被用来解决不同的研究方法带来的问题，包括信息专家的时间和努力。这造成大量的浪费，更不用说丧失机会和行动错误等。[4]读者可参照表1.2。

5.11　问题解决的背景分析

在前面几个章节，我们预览了如何把没有经过评估的原始数据转换成"加工后"的信息，最终完成知识库的迭代和系统化过程。需要指出的是，这些过程不会得出信息资源有价值或没有价值的结论。有时，我们在确认问题、所需信息以及如何利用信息上发生了错误，就会走上弯路。接下来，要在信息资源管理系统的背景下深入地讨论这个过程。

在解决问题和决策过程中，有若干决策点来决定信息是有价值、无价值或者是消极的价值。这些决策点以及可能的结果见图5.2。每个点上合适的决策、评估或者活动决定了信息正面的价值。如果要保证最终结果是正面的，就要求每个决策点都是正面的。从任何一个决策点产出的正面结果都移动到下一个决策点，并可能会转变为负面的结果。一旦产生了一个负面的结果，其后续所有的决策结果都倾向于负面的或中性的，最终结果也就缺乏正面的价值。

在这一系列负面事件开始发生时，那个步骤重新进行设定才能改变这种消极的路径。对于每一个产生正面结果的步骤来说，其前面的步骤一定都是积极的。这些步骤或决策点如下：

1. 确认问题。最基本的第一个步骤就是准确地、完整地确认问题。在当前这个环境中，"目标"这个术语经常可以与"问题"这个术语进行互换使用。如果没有进行目标或问题的确认，则目标和问题都是未知的，后续的步骤或决策点都不会出现。注意，问题是可以被正确或错误地确认的。一个被正确确认的问题可以进入到下一个决策点，而一个错误确认的问题将从积极一方转到消极的一方。一个确认的问题或目标也可能导致第二步中未定义问题的产生，如此一来，后续的步骤都是基于一个未定义问题的，这些问题最终将产生一个反作用或中性价值。这同样适用于一个错误确认的问题或目标。

2. 定义问题。尽管问题被确认，但在其被完全理解并采取后续动作来解决它之前，它必须被充分地得到界定。如果想得到一个正面的结果，需要在确认问题之后有一个清晰的定义。一个错误定义的问题或目标将为后续决策点设定一个错误的前提，最终导致一个负面的或无价值的结果。

3. 评定问题。当一个问题被正确地确定和定义出来后，在采取适宜的步骤应用方案之前，问题的大小、特性和结果等必须要进行评定。一个被准确评估的问题可以为开发和实施解决方案提供契机。一个被错误评定的问题可能导致解决方案大于所需（不经济）或小于所需（没有实效)。

4. 定义需求信息。现在我们更多地涉及信息资源管理任务了，不过，首先我们还得将其置于一个更为宽泛的问题解决环境中。在问题被确定、定义和评定后，通常要有更多的信息需求，这个需求主要是为设定和开发解决问题的多种方案提供一个更好的理解和基础。信息定义过程主要用于定义与问题或目标相关的信息。定义步骤受问题评估步骤所制约。错误评定将导致所定义的信息种类和数量过载或不足。同样，信息定义也会规范所需数据的定义，如数据的类型、数量和特性等。如果不自觉地定义了不相关信息，数据将和问题及目标不相关。定义信息这个步骤的目的是要充分定义必要和相关的信息。"必要性"主要指问题或目标的重要性；"相关性"主要指主观和实质的关系。

5. 定义数据。现在我们要试图在技术层面上区分数据和信息。信息来源于数据。本步骤定义了产生必要的、相关信息的数据。尽管前面的步骤中已经清晰地定义了必要的和相关信息，但由于数据和信息之间的关系不是很清晰，所以在本步骤中仍有可能产生不相关或不必要的数据。定义数据还存在着相关和解释过程超载的风险，随后会导致不充分信息的产生。

6. 确认数据源。当定义完产生所需信息的数据后，需要明确这些数据的正确来源。不可靠的来源会产生非法或误导性的数据。尽管相关性数据在前面的步骤已经得到了定义，但从非法数据源获得数据可以使原本积极的一系列事件转向消极。

7. 收集数据。在定义好数据以及确认有效的数据源之后，就进行数据收集。这个过程可能会收集到部分所需的数据或者是错误的数据。尽管数据已经被充分地定义，但还是有可能不太容易从确认过的数据源或者从任何数据源中获得所要的数据。这种需求可能导致最好的结果或者产生质疑。因此，有必要在开始进行数据收集之前，对数据源和数据要求进行协调。有些数据不得不从需求中退出，有些已经定义的数据不得不用其他类似的数据进行替代。

8. 确认并验收收集的数据。在收集的数据中，存在错误或遗漏的可能。因此，在使用数据前，必须对数据进行编辑、确认和校验。完整的、准确的、可信的并且具有现实代表性数据才能称作有效数据。如果检测到有失效的数据，可以随时进行更正，可以从收集的数据中轻易剔除。但需要注意的是，删除或剔除数据并不一定会保证余下数据的合法性，如果剔除了一些非法数据，可能会导致余下数据非法或者不可用。在某些情况下，非法数据的识别以及它们对于合法数据的作用还是能够为所收集信息提供高程度的利用。

9. 吸收、关联、解释和评价数据。信息是通过对相关数据进行组织、关联、解释和评价等过程产生的。没有进行充分的或者是不准确的关联和解释，会产生错误的信息。这个过程以及数据对于结果来说是很重要的。通常都是假设如果收集的数据是正确的，那么后续的使用过程也都会沿着正确的路线进行。

10. 信息整合到知识结构。信息都具有内在的或潜在的价值。但它的真实价值只有当它被用于提高人类的知识、理解力和福祉时才能真正体现出来，这时知识才能有效地应用到问题解决和目标实现中去。另一方面，错误的信息会导致"相反知识（counterknowledge）"的阻碍。这种相反知识所带来的负面效果比在开始阶段因为知识匮乏带来的后果要严重得多，至少后者还有机会去改善和理解知识。但是，前者涉及"知道不正确的某些事情"这个问题。行为学家和心理学家告诉我们，忘记曾经错误认识的事情是多么的困难。这里面存在很大的阻力，因此相反知识经常会导致优柔寡断和无作为的局面，毕竟忘却一件事情是痛苦的、尴尬的和棘手的。相应地，这一步也就成为整个过程中最重要的步骤之一。前面的步骤已经产生了正面的效果，那么这一步才有可能产生正面的效果。但是，从错误数据产生的错误信息、错误问题定义导致的不相关信息要求等等都会产生相反知识。在某种程度上，通过一定量的"预防性维护"可以避免，也就是说，对前面步骤产生的结果都进行严格的审查和质疑，而不是盲目地接受并集成融入到知识框架中。

11. 应用知识。只有在被应用到实际的、最佳解决方案中，且这些方案或行动有正面的结果时，信息价值才能真正得到体现。在本步骤

可能的结果

决策活动	有效价值	起反作用的价值	反作用或中性价值

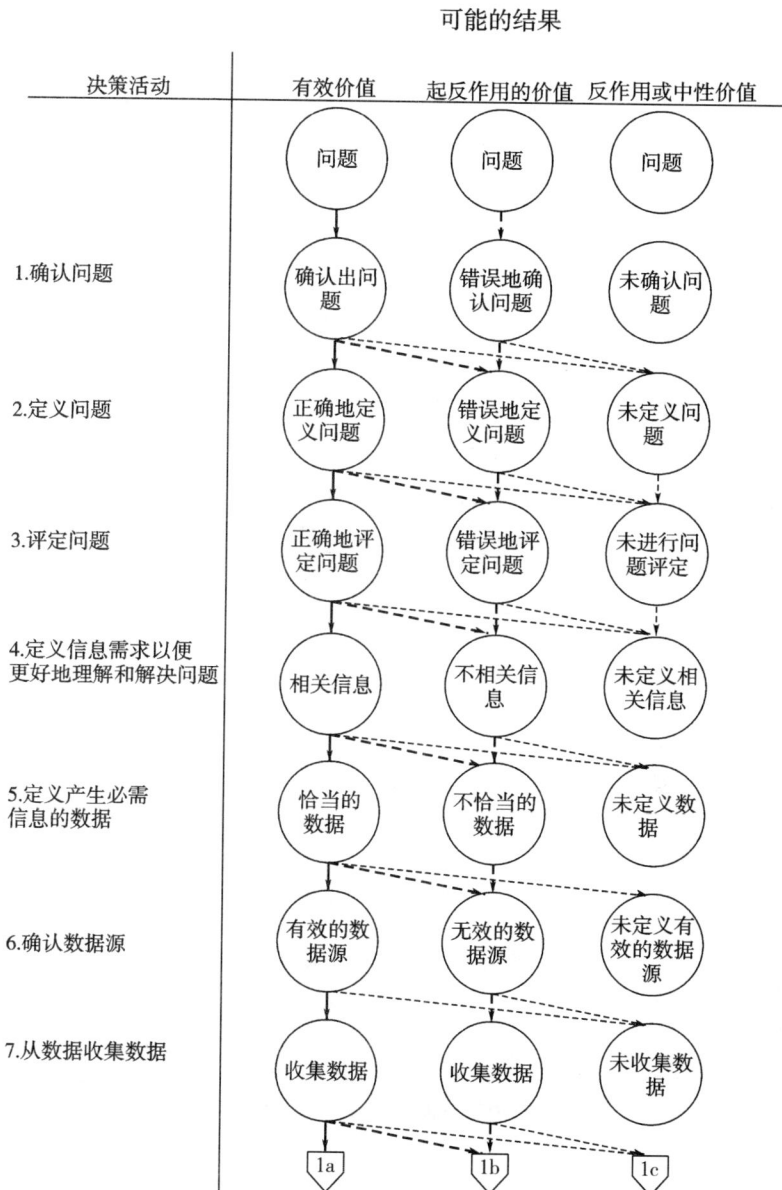

图 5.2　问题解决环境中的信息

可能的结果

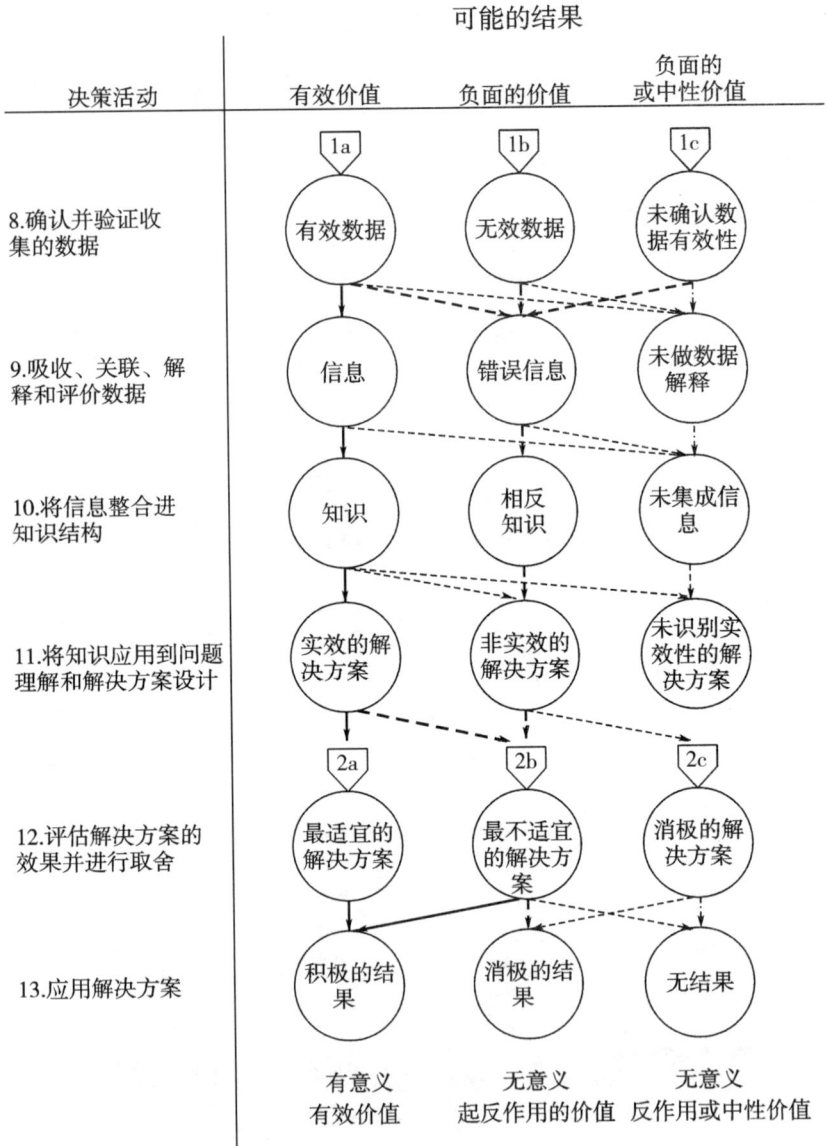

决策活动	有效价值	负面的价值	负面的 或中性价值
	1a	1b	1c
8.确认并验证收集的数据	有效数据	无效数据	未确认数据有效性
9.吸收、关联、解释和评价数据	信息	错误信息	未做数据解释
10.将信息整合进知识结构	知识	相反知识	未集成信息
11.将知识应用到问题理解和解决方案设计	实效的解决方案	非实效的解决方案	未识别实效性的解决方案
	2a	2b	2c
12.评估解决方案的效果并进行取舍	最适宜的解决方案	最不适宜的解决方案	消极的解决方案
13.应用解决方案	积极的结果	消极的结果	无结果
	有意义 有效价值	无意义 起反作用的价值	无意义 反作用或中性价值

图 5.2（续） 问题解决环境中的信息

中,知识被应用到问题或目标的理解,并可能进行更为精准的重新定义,对过程进行迭代至此步骤。如果可以的话,可以开始进行可选解决方案的规划和设计。从相反知识中或者知识在问题理解中的不恰当应用,都会产生不切实际的解决方案。

12. 评估解决方案的后果。在此进行可选解决方案的评估,结合成本和其他限制条件,确定选择哪种方案和行动进行开发和实现能得到最优结果。

13. 应用解决方案。如果应用解决方案,这一系列决策和活动的最终结果会得以实现。对于问题的解决或目标的实现来说,最期望的结果就是正面的效果,正面的效果依赖于有积极价值的信息。但是当后续决策阶段产生负面效果或者因为犹豫不决、无作为而没有产出时,信息也可能会产生负面的或中性价值的结果。也可能如格言所说,"什么也不做就是决策(doing nothing is deciding)",在这样的情形下,结果可能会蛰伏很长一段时间而不表现出来,也有可能会恶化。"解决方案就寓于问题的寻找之中",因此就会有第三种可能——最终的正面的效果。

5.12 小 结

对于许多人而言,前面所有的材料看起来都太单调乏味、过分细密,并且有些冗余。表面看上去或许如此。但在他们作为一个新系统的设计者或评估一个已经存在的系统或弥补系统漏洞时,信息资源管理系统的设计者还是应该把上面的一系列流程记在心里。事实是,为什么信息资源管理没有被充分地有效利用,其最重要的原因就是我们没有用这种纵向的方法去缩小原始信息流和想要的结果之间的差距。回答不了这些难题会产生太多死水一潭的信息流:谁在真正使用信息,为了什么目的?(顺便说一句,一般来说,"你为什么需要信息?"这样的问题是得不到答案的,倒不如问"告诉我你如何使用信息?")

这是系统真正应该包括的内容。否则,我们就应该创建数据流,让数据达到自己的"水准"，有时或许不需要人为干预，数据就能达到"水准"，大多数时候不能达到。但是，大多数情况下都不是这样的。一个信息资源管理系统为我们提供了一个更好的机会，使合适的数据在合适的时间提供给合适的人。

5.13　问题讨论

1．至少从理论上说，信息资源管理系统可以设计成既管理信息过程（信息交流），也管理支持信息过程的信息资源（即设备、软件、人员等等）。许多人相信两者之间有直接的关联。也就是说，数据资源的质量、应用的效率以及应用数据的技能和经验都对信息过程的质量和效果有直接的影响。你觉得呢？给出实例。

2．继续上面的问题。你相信这种信息过程可以像其他产品如管理装配线那样管理吗？举一个例子来支持你的观点。

3．信息效率和信息效用之间是有重要区别的。对比两个概念并给出例子。例如，如果我们成功地通过复印机缩减了单位在纸张上的开销，这属于上面两个概念中的哪个？或者说，如果我们保持数据流和数据库不变，但得到了更多的产出率（如：每小时下线更多的汽车），那么我们得到的是哪个？

4．某些情况下，信息可以说是企业中重要的资源；某些情况下，它们是次要的，但还是基本的。某些情况下，信息起不到任何实际的作用。针对以上三种情况，给出一个商业业务活动上的例子，给出一个政府机关的例子，给出一个专业实践活动中的例子。

5．现代管理学家、工程师和其他人有时会使用"系统方法"这个短语来表示一个组织是一类系统，某个阶段，一个部门产生的决策或物品，通常都不是用于出售的最终产品，而仅仅是作为下一个阶段或部门的投入。因此，一个信息系统可以说是由多个子系统构成的混合体。假设支持这种理论，对于信息系统设计者来说可以学到哪些经验？

6. "使用类型"的提出最终依赖于组织区分信息的能力,将用来操作一个程序(或直接支持某种产品的制造)的信息和管理者用来管理、评价和控制程序或产品的所有其他信息进行区分。你相信这种能力理论上和实际上都是可行的吗? 用实例支持你的观点。

7. 这里有一个具有争议性的观点:信息资源管理"系统方法"一个严重的缺陷是决策者和问题解决者从一开始就不知道他们需要什么样的信息,他们想去"发现到底有什么信息",于是就缩小了下一步活动过程、备选方案和路径的范围。因此,如果一个人在信息收集之前不能准确地说清楚到底想要什么,是不是信息管理的整个想法就会难以实现? 请说说你的看法。

8. "需要知道(Need to know)"和"乐意知道(Nice to know)"这两个短语经常被用到信息使用者试图向高层解释信息的场景中,你认为它们之间存在区别吗?

注　释

[1] Department of Defense Directive Number 7000. 1, "*Resource Management Systems of the Department of Defense*," (August 22, 1966). The Department of Defense was one of the first Federal agencies to establish a central information management control office to deal with the information explosion. They must be given much of the credit for shifting the control focus from control over information handling hardware and software to control over the articulation of information requirements. They recognized early that the problem of overlap and duplication throughout DOD could not be dealt with exclusively through greater standardization of data element codes and communications symbols, but would have to back up to the "front end" of the process and zero-in on the early planning processes.

[2] Hochman, Aaron, "*Principles and Concepts of Data*

Resource Management System Development," (Undated paper) {and in communications with the author who directs the DOD Logistics Data Element Standardization and Management Office, ASD (I&L), Alexandria, Va. 22332) pp. 91-98. At about the same time the Commission on Federal Paperwork was developing its themes with regard to information resources management, an important task group operating under the aegis of the Federal Information Processing Standards program of the Institute for Computer Science and Technology of the National Bureau of Standards, Task Group 17, was hard at work on a companion theme: data resource management. Two draft volumes were ultimately produced and when this work was being completed, these volumes were under draft review. They were, volume 1, *"Executive Guide to the Management of Data Resources,"* preliminary draft September 20, 1977, and *"Guidelines for the Management of Data Resources,"* preliminary draft, same date. Interested persons may obtain either volume, or perhaps a final publication, from Mr. Hochman, chairman of Task Group 17.

[3] Dunn, Edgar S. Jr. , *"Social Information Processing and Statistical Systems—Change and Reform,* " (A Wiley—Interscience Publication, 1974) pp. 206-220. Dr. Dunn unjustly received much of the brunt of Congressional and media criticisms when the debate concerning the National Data Bank received so much attention in the late 1960's. His writings on this subject continue to deserve the close and serious review of scholars and others interested in the "right to privacy vs. the public's right to know" arguments.

[4] Horton, Forest W. Jr. , "Interdisciplinary Approach Sought for Information Management," (Information Action, 9th Year, No. 1, Feb. 1977) pp. 1. The case for a multidisciplinary approach to information resources management is set forth in this short article.

第6章　规划信息要求

　　本章将从对架构和过程的论述转到对实质性内容的论述。之前的章节提供了一个框架,介绍了相关概念,定义了关键术语,并清晰地说明了系统方法的定义。所有这些都为说明信息的实质性内容做了准备和铺垫。信息过程的第一个步骤就是规划信息要求和用途,或者与本章标题所表达的含义一样,即信息要求的规划。

　　用一种可能过于简单的方式定义,规划就是决定未来将要采取什么行动的过程。像有些作者所定义的,规划是当前决定未来将要发生的事件。规划和预测的根本区别在于,预测不会试图改变未来,而规划不是这样。例如,人们预测天气但是不会试图改变天气——除了可能会进行人工降雨实验。规划只有作为决策制定过程的一个有机组成才有可能成功。唯一使规划能够成为过程一部分的方式就是通过三阶段的管理循环(规划、项目和预算)。

　　项目必须要基于规划,预算必须要基于项目。实际结果必须要依据之前规划(预期结果)来衡量。必须要使用反馈机制以修改最初的规划。我在之前的著作中说过,如果项目和预算工作流程仅仅从输入源、人员、政策和战略出发,而不是从实体化的、预先达成共识的规划出发,那么组织运作的主流观点会不可避免地认为规划过程无关紧要。从另一方面来说,如果项目和预算是经过认可的规划的结果,那么规划部门将会得到尊重,规划职能将会和组织状态保持一致,成为组织的一个必要组成部分,而不是一种装饰品或奢侈品。

6.1　授权收集信息

识别支持项目所需的信息，是规划流程中不可缺少的组成部分。对政府而言，首先要满足的要求就是，针对信息和附加操作信息，确保规划程序符合相关法律规定。组织中更高级别的管理者可能会参与审查上述要求。对于组织中层来说，负责规划程序的管理者和职员会决定对于他们或更高管理层有用的资源类型。图 6.1 显示了相关的流程图，然而，政府内的详细信息流程是一种极端复杂的流程，这在附录 B 中有说明。具有信息流程相关研究经验的人无疑会批评本书的表述过于简化和简单。甚至会认为本书理想化和概要的观点无法适应现实中的各种变化。然而，在附录 B 中包含了详细的信息流程是出于如下考虑：

（1）使读者对于信息流程面临的问题和复杂性有一个总体的感觉，包括真实或潜在的信息巨大冗余的情况；

（2）识别关键的"节点"，包括加强信息流程管理和信息输出使用的控制；

（3）强调信息资源流程，从整体来说与其他资源的情况不同，例如人力资源、原材料（库存等）、不动产资源（例如办公室、工厂和实验室空间）等，不存在系统的、集成的关于政策和流程方面的理论学说。

回到第一个步骤，即立法授权相关的问题，最基础的问题就是：我们能否预料到规划程序中涉及的任何问题？不幸的是，在政府内最担心的就是"不知道"，这会导致议会、上级、同级和下级机构都很难堪。而在私人企业中，担心的则是增加风险和丧失市场机会。

一个无可争辩的假设就是：关于问题的清晰定义，与组织目标的明确结合，对于资源可用性、限制的清晰认识，对于决策制定环节中如何使用信息的清晰认识，这些因素加在一起，会帮助我们找到如何减少信息要求的途径。

罗恩（Ronen）和萨丹（Sadan）提醒我们，政府收集信息的成本，比

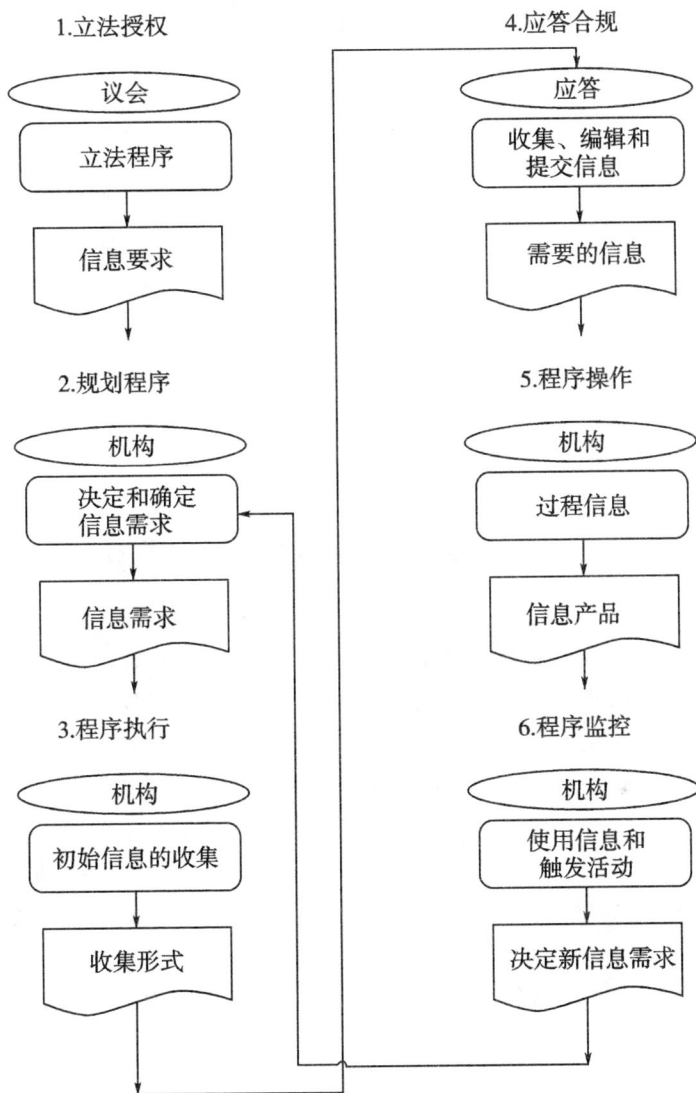

1.立法授权

议会

立法程序

信息要求

2.规划程序

机构

决定和确定
信息需求

信息需求

3.程序执行

机构

初始信息的收集

收集形式

4.应答合规

应答

收集、编辑和
提交信息

需要的信息

5.程序操作

机构

过程信息

信息产品

6.程序监控

机构

使用信息和
触发活动

决定新信息需求

图 6.1　信息流

私人企业基于政府要求提供信息的成本,更需要精确的定量化。然而,对于信息"不采用任何量化分析"的好处是"我们能够这样做"。这些作者写到，"我们不得不弄清楚，数据是如何被使用的，数据如何影响决策，什么是决策改变的最终影响（由于信息的原因）。"这些作者指出，通过一种"群体共识的生成流程，国家数据的重要用户代表着公共和私营部门的利益，他们在相关委员会——如数据改进委员会（Data Improvement Committee）——中注册，通过他们的声音来要求数据，并获取数据带来的收益。他们要求更多数据的态度越坚决、理由越有说服力，他们可能获得的收益就越多。由于缺乏一种机制以精确确定成本和收益，通过协商达成共识的方法可能是一个最佳的方案，至少看上去这是唯一可行的方案。换句话说，因为没有通过量化分析确定成本和收益而导致的损失，一定会超过对成本和收益精确测量所导致的成本。尽管如此，看起来这个过程还是有改进空间的"。[1]

6.2　识别完整真实的信息成本

联邦文书委员会（Commission on Federal Paperwork）很早就确定了要加强和改进政府的信息要求的管理流程。该流程用来评估私企和公众需要承担的相关信息搜集的预期成本与责任。美国国家标准局（National Bureau of Standards）任务组的一个联合委员会经过努力制定了一个信息规划指南。该任务组提出了决定和规划数据、信息要求以改进和实现组织目的和目标的六个关键步骤。这六个步骤是：

（1）审查已经确定和批准的程序目的和目标，保证其符合法律法规的规定；

（2）识别所需的关键决策，例如计划预计产出和预计生成的信息产品（收集的信息如何被实际使用）；

（3）为满足信息要求的建立，在不同选项中对各种"备选方案（alternatives assessment）"进行评估；

（4）对步骤三的每种替代方案进行估计，确定期望发生的总成本；同时考虑政府内部的成本和公众要负担的成本（外部成本）；把项目生命周期中的成本分成三个主要阶段：规划阶段、操作（实施）阶段和评估阶段；

　　（5）在评估成本和收益后，选择最佳的方案；

　　（6）准备一个信息整体规划，包含机构整体的计划、预算和程序文档；在规划中包括：对于经济的整体影响的分析；对于受影响的相关群体所受冲击的分析；要收集和保存数据的一般种类；对于特定个人和组织单元分配的特定职责；价值/负担分析包括"外部"（公众）的成本和"内部"（政府）的成本。私人部门满足数据和信息要求的能力；最后，要有一份时间阶段的实施计划，其中要包括关键里程碑和完成每个主要事件（决策、输出和信息产品）的关键节点。

6.3　决策过程中的信息使用

　　很多研究指出了信息使用者制定决策的种类和所需要使用的信息性质之间的关系。例如一些作者试图建立"决策集（decision sets）"或"决策模块（decision modules）"和其所依靠的支持信息集合之间的关系。决策（至少是"go/no go"类型的决策）是通过使用信息得到的相对有形的"产品"。对于风险的量化或失去机会的度量来说，对其识别、观察和确定都是十分困难的事情，但信息和系统科学家已经对被称为风险理论（risk theory）或"风险和不确定性"理论（risk and uncertainty theory）的课题进行了大量的研究。这些相关论证开始于一个问题："如果没有获得准确、完整、及时和相关的信息，会有什么惩罚？"

　　关于在决策制定中的信息使用还有另外一个关键考量，那就是少关注一些信息系统的技术架构方面的问题，而应多关注信息使用者的行为模式相关问题。其主要想法就是通过研究和分析使用者的行为，获得信息需求和使用方面的线索——这些线索对于信息系统分析非常有用，因为它考虑了个人的特性和特质。在通常的信息系统设计中是以"硬件"为导向的，一般会忽略这些因素。例如，一些人使用信息非常少，他们只是出于本能很偶然地使用信息。通常他们不会寻找确定的数据证据，除非因误用信息而受到了较为严重的惩罚——如制定了错误的决策、承担了风险或者错过某个机会。另一种类型的信息使用者，我们称之为"信息囤积者（information hoarder）"，他们好像从来没有得到过足够的信息。有人会说，这样的人可能只使用了他们囤积信息很小的一部分。尽管如此，他们的生活方式——生活模式、工作习惯、朋友的选择——所有这些都会受到至少一个明显的信息需求影响。

总之，几乎每项任务都需要收集和处理信息，例如政府方案运营或私企制造产品。信息资源成本会在总成本中占据相当一部分比重。对于个人和组织的信息收集者而言，数据成本也是一个较为沉重的负担。在考虑可替换的方法和手段以满足信息需求的时候，管理者起初可以在几个不同领域中进行选择。而其选择会在很大程度上对组织的整体成本产生影响。

6.4　我们正走向何方

在深入讨论信息要求规划流程细节之前，我们需要明确下一步的方向。为什么我们要规划信息需求？一旦得到信息后我们要做什么？信息的一个直接和简单应用是可以开发一个管理工具，帮助管理者回答以下问题：为什么产品 B 是产品 C 两倍的"信息和文书工作强度"？或者在政府中，为什么方案 B 比方案 C 需要两倍以上的信息和文书资源处理工作？

在图 6.2 中，我们看到建立一个信息成本与总成本的简单比例关系是可能的，可以称之为"信息/文书工作的强度比"。在图 6.2 中可以看出，如果成功规划了信息要求，就可以对其成本和预算进行控制（在后续章节我们可以看到相关描述）。

1. 公式

$$\frac{信息成本 + 文书工作成本}{总计划成本} = 信息 / 文书工作强度比$$

2. 强度比……分析结果

产品	排名	信息/文书工作强度比
B	1	1:3
C	2	1:6
A	3	1:7
D	4	1:8

为什么?

3. 预算审查中可能权衡的因素

在信息资源和其他资源之间

- 项目(或产品)的直接信息费用比
- 项目(或产品)的信息强度
- 强度来源(如人员系统 vs 硬件系统;复杂指令)
- 数据频率
- 信息收集数量

在信息资源中

- 现有的信息 vs 新开发的信息
- 中间的信息 vs 原始的信息
- 衍生的信息 vs 完全的/特定的信息
- 概括的信息 vs 详细的信息

图 6.2 规划信息要求

当然上述比例本身告诉我们的东西非常有限。然而,它们可以提供给我们前进的起点、策略和途径,也可以使我们能够提出更加相关和中肯的问题。总之,它们可以帮助我们提出更好的问题,而不是直接给我们答案。对于下一步的方向,在揭开序幕后,让我们回到规划流程本身之中。

6.5　三个主要角色

对于任何信息要求规划的讨论来说,有三个主要角色不管是对政府、私企还是其他环境都十分重要。为了使后面的内容更加容易理解,所使用共通的名词解释如下：

（1）信息收集者。在私人企业中,通常是一个运营单位（例如,一个工厂、一个完整的部门、一个产品线或者其他）；在政府中,由联邦、州或本地机构负责信息收集。

（2）信息提供者。在私人企业中,信息提供者同样是给其他单位提供信息的一个组织单位。其过程会涉及内部定价和收费流程。在政府中,信息提供者是负责给其他机构提供信息的机构,同样涉及机构间的计费流程。对于政府来说,信息提供者可能是由公众担任,如一个居民,一个企业或者其他。

（3）组织整体。在私人企业中,是指经营者、合作者和法人整体。在政府中,是指各级政府机构,如联邦、州或本地政府。

在信息规划的每一个阶段,管理者都要考虑各种选择以减少所需要的信息。在每个阶段中,需要采取相关步骤以减少或消除多余的信息收集成本。我们后面会回到这三个角色讨论中。但首先,让我们从零开始详细了解信息要求过程本身。我们看到,信息需求在政府的案例中最终会和法规条件相关联,而在私人企业的案例中会和组织目标相关联。在图6.3中,我们继续对信息要求决策过程进行详细研究,前提就是信息需求是真实存在的,但是它们的形式和形态却是模糊不定的。

在继续讨论信息流的过程（information flow process）之前,我们必须先关注下图6.3中节点“K”,因为理解需求首先要讨论一下信息的“解剖生理学”。现在我们要实现之前的承诺。在“六个数据因素”这一节中,作者将会把六个因素减少到三或四个,例如“及时性、准确性和完整性”。有时也会增加相关联的内容。

1. 立法授权

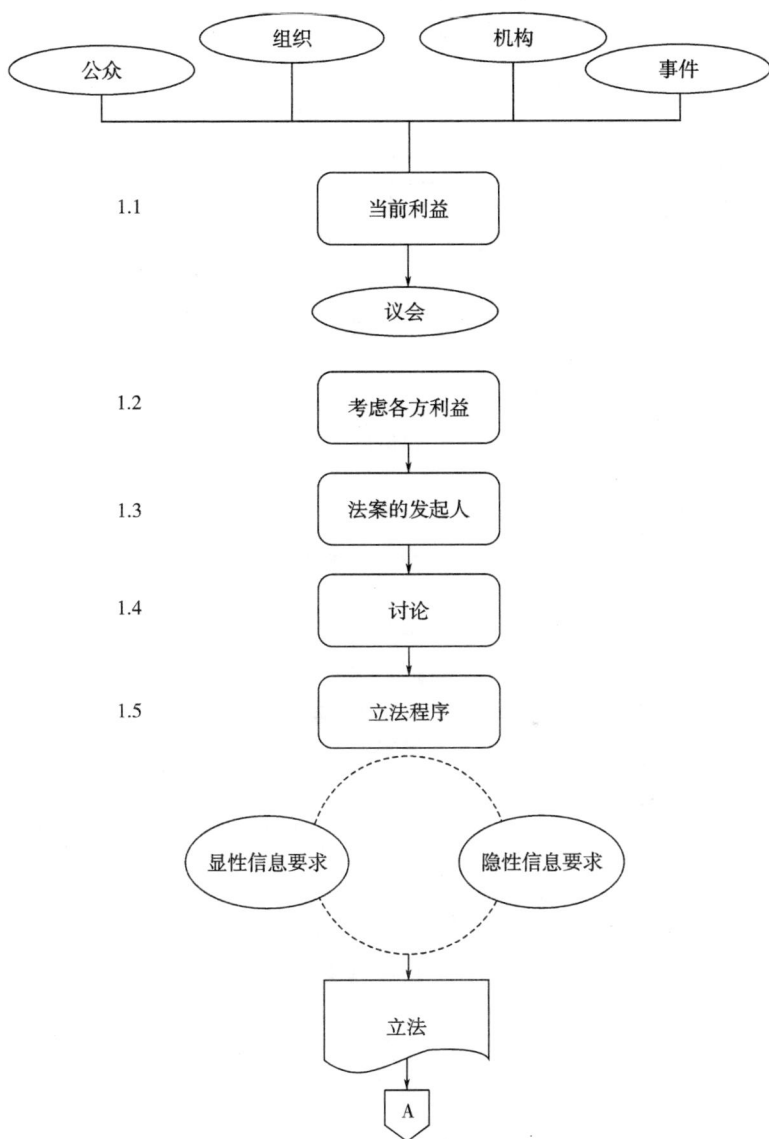

图 6.3　决定信息要求　附录 B 使用

2. 项目规划

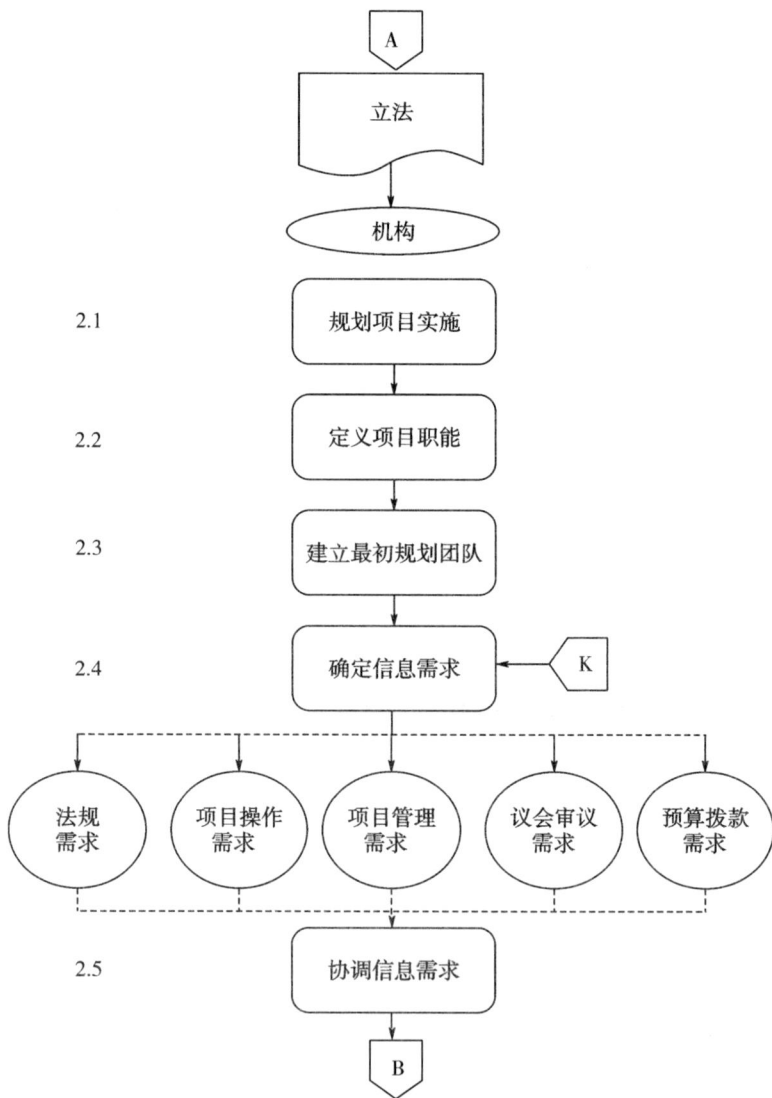

图 6.3(续)

2. 项目规划(续)

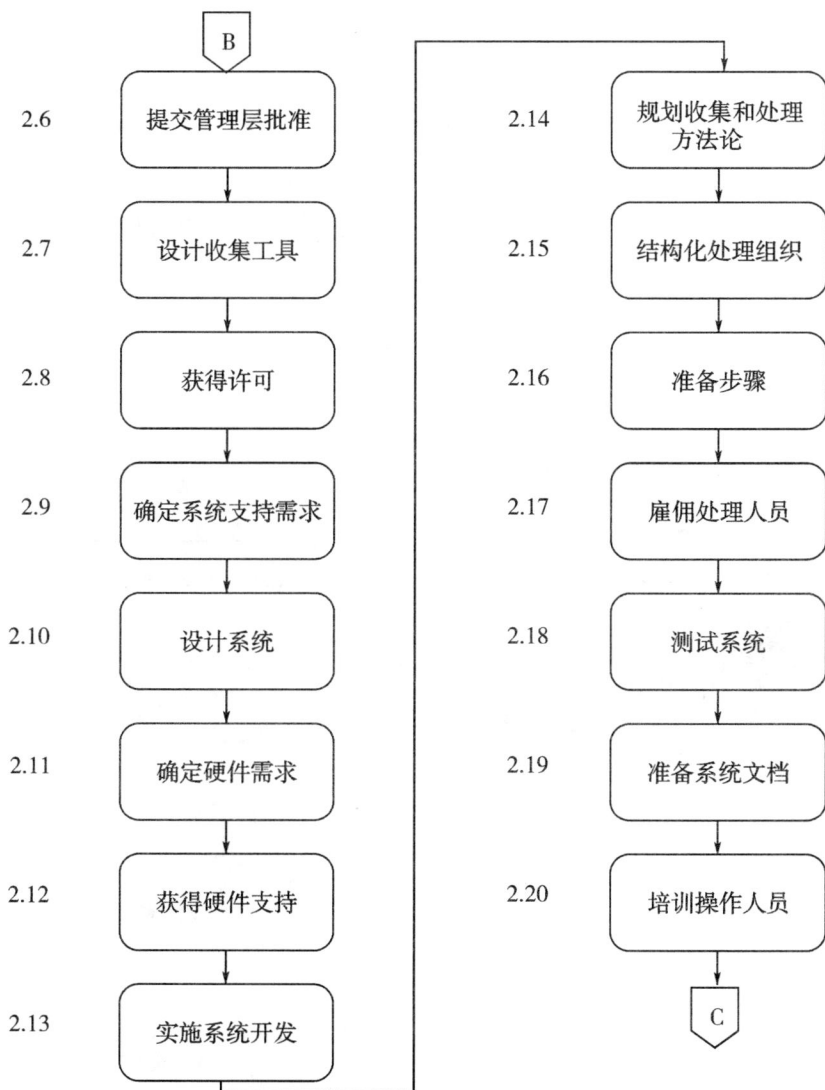

2.6	提交管理层批准
2.7	设计收集工具
2.8	获得许可
2.9	确定系统支持需求
2.10	设计系统
2.11	确定硬件需求
2.12	获得硬件支持
2.13	实施系统开发

2.14	规划收集和处理方法论
2.15	结构化处理组织
2.16	准备步骤
2.17	雇佣处理人员
2.18	测试系统
2.19	准备系统文档
2.20	培训操作人员

图 6.3(续)

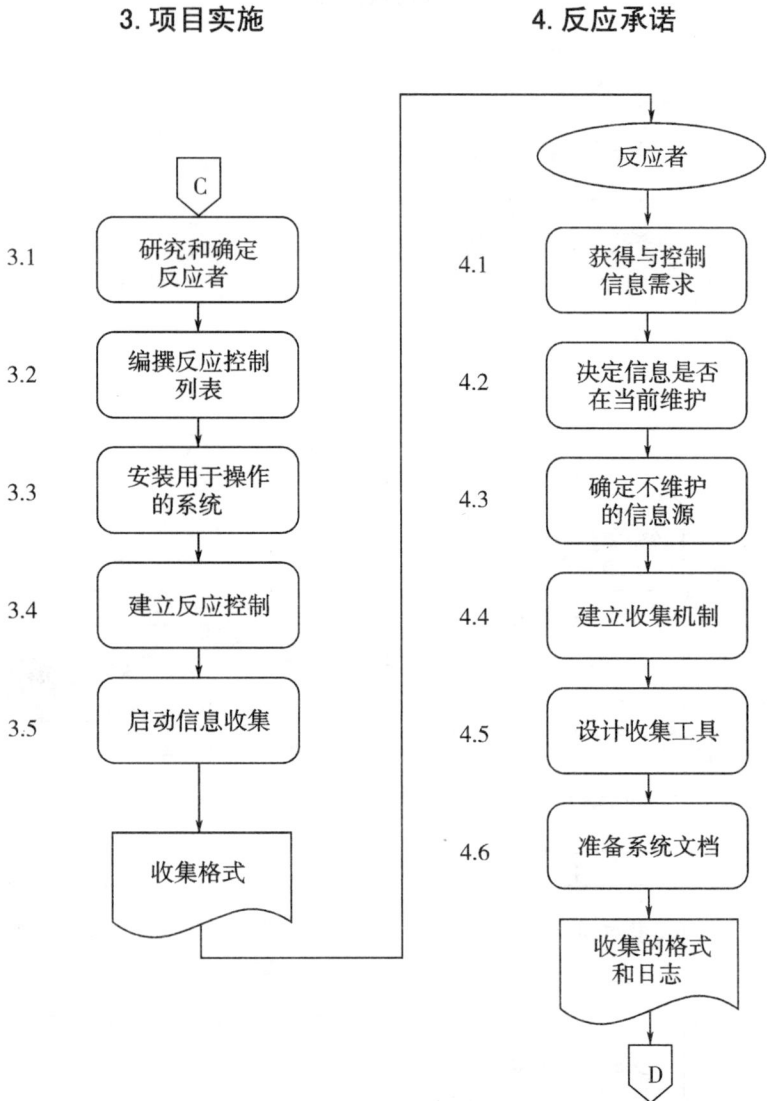

3. 项目实施

C

3.1 研究和确定反应者

3.2 编撰反应控制列表

3.3 安装用于操作的系统

3.4 建立反应控制

3.5 启动信息收集

收集格式

4. 反应承诺

反应者

4.1 获得与控制信息需求

4.2 决定信息是否在当前维护

4.3 确定不维护的信息源

4.4 建立收集机制

4.5 设计收集工具

4.6 准备系统文档

收集的格式和日志

D

图 6.3（续）

4. 反应承诺（续）

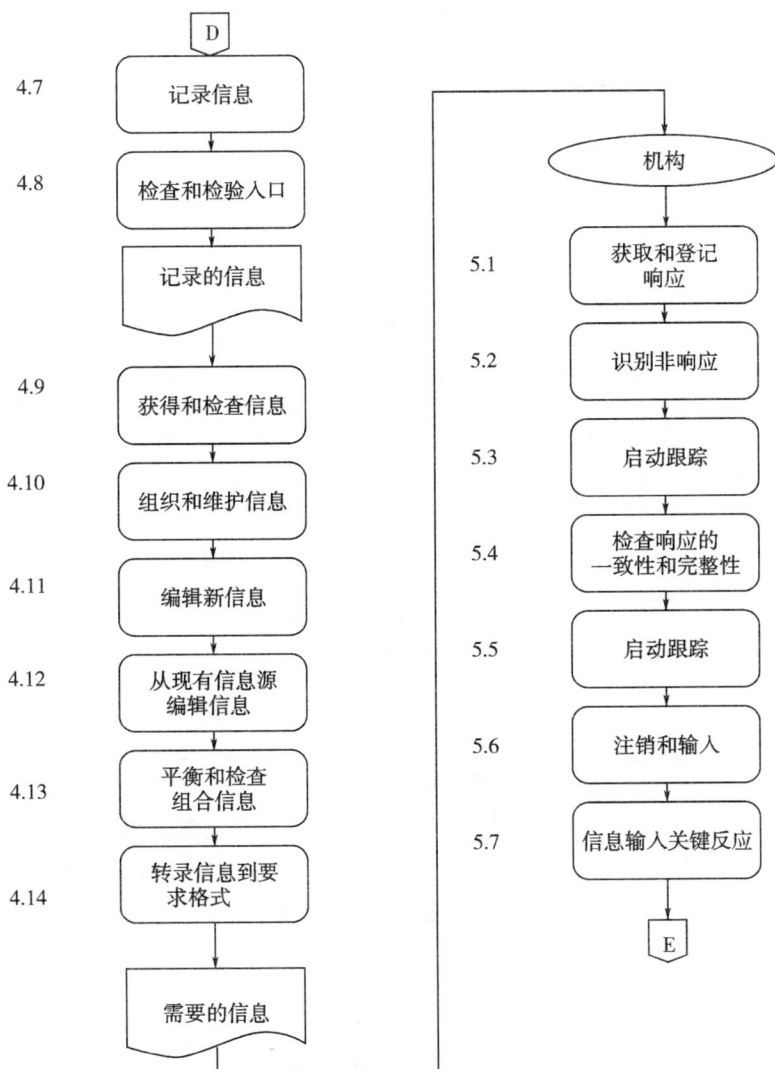

4.7	记录信息
4.8	检查和检验入口
	记录的信息
4.9	获得和检查信息
4.10	组织和维护信息
4.11	编辑新信息
4.12	从现有信息源编辑信息
4.13	平衡和检查组合信息
4.14	转录信息到要求格式
	需要的信息

5. 项目操作

	机构
5.1	获取和登记响应
5.2	识别非响应
5.3	启动跟踪
5.4	检查响应的一致性和完整性
5.5	启动跟踪
5.6	注销和输入
5.7	信息输入关键反应

图 6.3（续）

5. 项目操作（续）

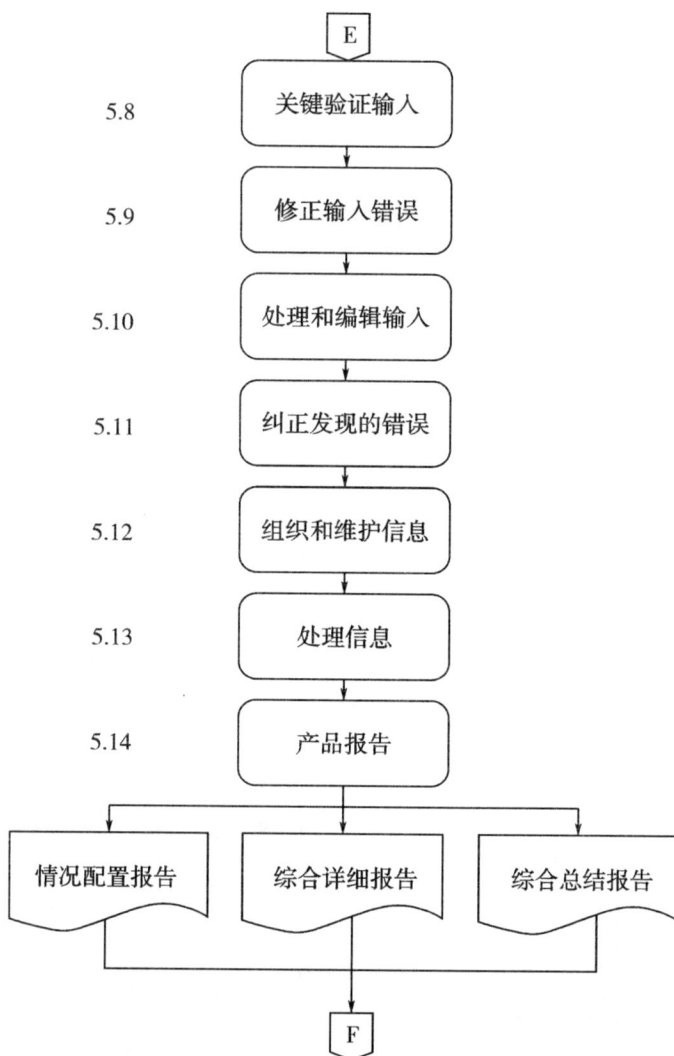

E

5.8	关键验证输入
5.9	修正输入错误
5.10	处理和编辑输入
5.11	纠正发现的错误
5.12	组织和维护信息
5.13	处理信息
5.14	产品报告

情况配置报告　　综合详细报告　　综合总结报告

F

图 6.3（续）

6. 项目监控

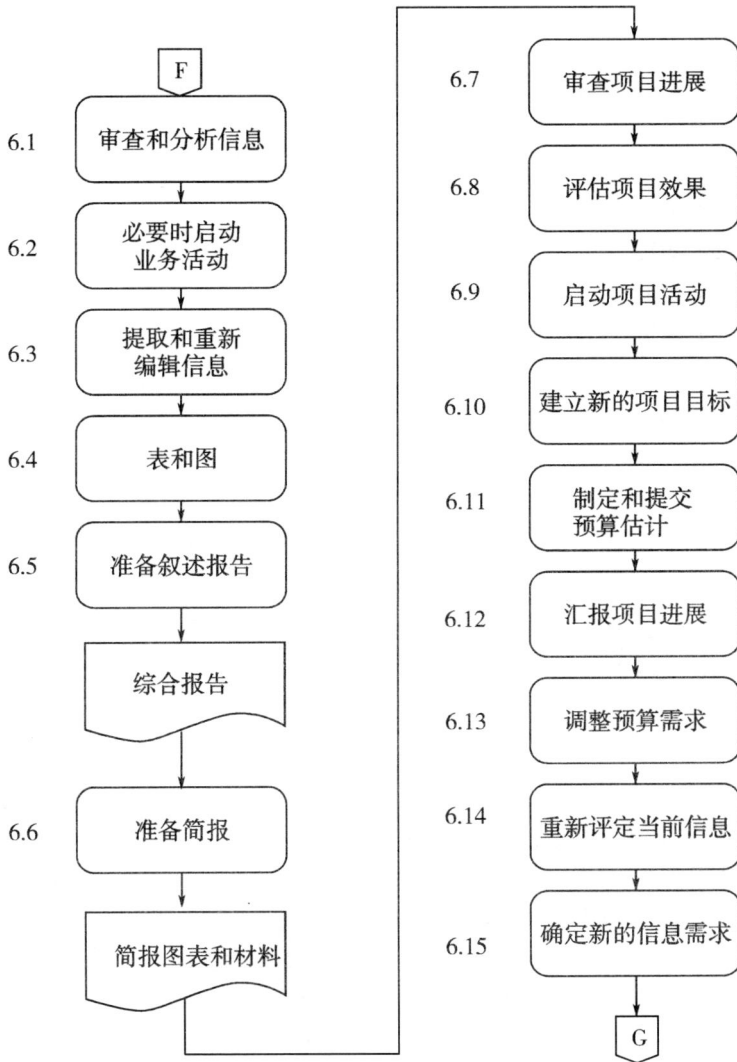

6.1	审查和分析信息
6.2	必要时启动业务活动
6.3	提取和重新编辑信息
6.4	表和图
6.5	准备叙述报告
	综合报告
6.6	准备简报
	简报图表和材料

6.7	审查项目进展
6.8	评估项目效果
6.9	启动项目活动
6.10	建立新的项目目标
6.11	制定和提交预算估计
6.12	汇报项目进展
6.13	调整预算需求
6.14	重新评定当前信息
6.15	确定新的信息需求

图 6.3(续)

6.6　数据的六个属性

在信息选择方案确定时,考虑数据本身的六个基本属性是有用的。数据的六个属性如下:

(1) 主题;

(2) 范围;

(3) 测度;

(4) 时间;

(5) 来源;

(6) 质量和精度。

管理者对这些选项的考察分析,不同程度上受制于组织目的和目标。后面将通过例子来定义和说明每一个选项,以便于管理者进行判别和区分。

主题和范围。第一个属性主题,适用于某个特定的事件、人物、地点或者事物。例如,一个特定数据的主题属性可能是雇员。第二个属性范围,规定、限制和约束了与主题属性的关系,起到对主题属性的修饰和限制的作用。在一个场景中,范围可以看成是主题维度的一个子集。继续雇员数据的例子,范围属性可以是职位名称、任期、名字和地址、退休资格等。

范围属性意味着,关于某个事件、人物、地点或事物相关信息的深度和广度。信息可以从最简单的类型,即仅仅是某个事件、人物、地点或者事物是否存在,直到可以包含所有相关的特性。例如,一个联邦政府关于能源储存的政府计划,可能仅仅需要如下信息:是否有一桶原油储存在某个地方的库存中? 另一方面可能需要的信息包括:尺寸、形状、重量、黏度、含硫量、时间、拥有者、购买价格等。

测度。第三个属性测度定义了某主题(信息)传统上使用的计数和度量的单位。例如,在雇员数据的例子中,可能会涉及多个不同的度量单元:人数、人年、人工时、男或女等。一些度量属性如果具有共性和可以互相转换,就可看做是相同的。例如,对于"人年"和"人工时"来说,2080 小时的人工时和一人年可以代表相同的含义(对于其他情况当然也是可能发生的)。

时间。下一个是时间属性。它是和代表数据相对应的一个时间点或者是一个时间周期。一些时间维度的例子如下:日历月末、财年、财政季度、日历年等等。一个例子就是报告中的时间周期,通常也可以称为"截止"日期。信息可以"截止"于上季度末,或者是一个小时以前。在极端情况下,可能会需要实时报告(例如,在某一个精确的时间,正在等待航线飞机的位置)。

来源。来源属性定义了数据的来源和出处,在某种意义上,也是信息范围和主题的一种约束条件。数据来源的识别有两种不同的价值。首先,对于某种应用来说,它可以作为一种指示数据可靠性、可用性的指标。其次,识别数据来源可以从根本上防止数据重复。来源属性相关的例子包括:公司的文件和记录、年鉴和百科全书、人事档案、政府官方报告、学术论文、学术演讲等等。通常情况下,特定的数据来源和数据的可用性直接相关。就是说,数据的针对性越强,那么其可用性就越好。反之,越普通的数据,会给问题的理解带来更多的困难和不确定性。

质量和精度。最后我们讨论下质量/精度属性,其中包含若干组成部分:准确性、详细程度和一致性。质量属性强调的基本问题是可信性、可靠性和正确性。而精度属性重点在于误差宽容度,涉及原始数据收集、数据汇集、价值评估和重要性解释等环节。

准确性涉及信息要求的正确程度。对其要求可能从"三次检验和审计"到正负 10% 偏差范围。在某些情况下,如果误差的数量和大小对最终结果没有很大影响,这些误差是可以接受的。

信息的详细程度涉及信息"粒度"问题。在某些情况下,数字信息可能需要保留多位小数(例如,对烟尘的空气污染测量需要达到百万分之一的精度)。在另一些情况中,数据达到百位数字精度就可以了(例如,估计每年游览国家公园的游客数量)。

一致性涉及上报数据中对于格式的要求。在极端情况下,数据格式需要和政府要求的格式完全一样（例如，填写要用打孔机处理的申请表）。在其他情况中，手写的草稿也是可以接受的（例如，承包商简历）。

　　之前讨论的数据的六个属性，对于清晰的阐述信息需求做好了准备。现在很明显的是，在最终确定我们的信息资源要求之前，对这些属性进行权衡和选择是十分重要和无法回避的。例如，外行人也可以凭直觉知道，这些属性中的时间和成本，与精确度和准确性有着直接的关系。因此，这些属性与各种信息相关的决策和问题互相关联，例如方便打电话的公司职员要问自己：能否在粗略估计后，做出一个决策；需要多少时间做出决策和解决相关问题？想要给邻居打电话的繁忙主妇，可能要决定是使用电话簿还是呼叫接线员寻求帮助。所有人都知道，呼叫接线员的成本会更高。再次体现数据属性考虑的收益：成本是必须要考虑的因素。这样的例子数不胜数。

　　当我们开始采用技术性更高、科学性更强（希望如此）的方式处理问题的时候，我们会遇到同样的原则问题。但是关于各种选择的排列组合矩阵会变得更大。例如，我们能够（也必须）对范围和时间进行平衡、对不同属性使用不同的度量单位、平衡成本和所有属性的关系（不仅是时间属性）。我们不应该孤立地处理这些问题，而应该从纯理论的角度，用一种"系统的观点"处理问题。对于一个组织（任意组织）来说，都应该考虑上述选择问题。

6.7　选择的成本影响

　　我们有必要对各种各样有冲突的选项进行评估，以考虑改变信息要求计划对成本带来的影响。例如，图6.4显示了政府从公众中收集数据的一种典型的成本曲线。图中点A代表政府机构可能接受的最低水平的数据收集范围。对于政府（或者其他机构）数据收集者的理解，请参考我们之前讨论的三种"角色"部分。

　　然而，要把数据变得有用，在点A中，机构需要进行额外的工作（例如，职员需要把手写的或自由形式的数据整理和转化成一定格式的

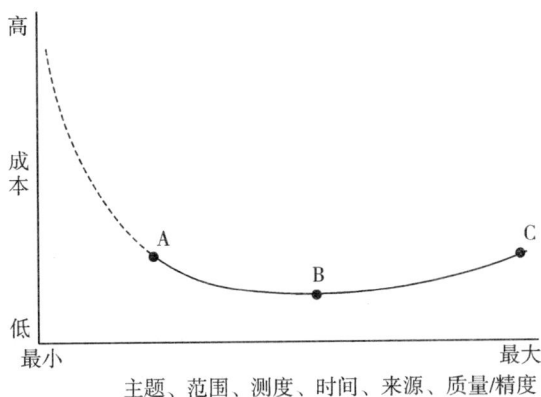

图 6.4　典型的政府成本/负担曲线

数据）。对于收集者来说，点 B 是最佳位置。在这个范围中的数据正好适合收集者的系统使用。超过点 B 范围的数据对于收集者处理来说，会增加收集成本（例如，必须进行概括以提供给经理们使用）。

回想我们第二个"角色"即提供者或应答者。提供者的典型应对数据需求的成本曲线在图 6.5 中显示。曲线开始于点 Y，即没有数据被采集。曲线向点 Z 延伸，即采集所有可能使用的数据。在极端情况下点 Z，提供者可能不得不到正常情况下经营运作不涉及的地方去收集数据。

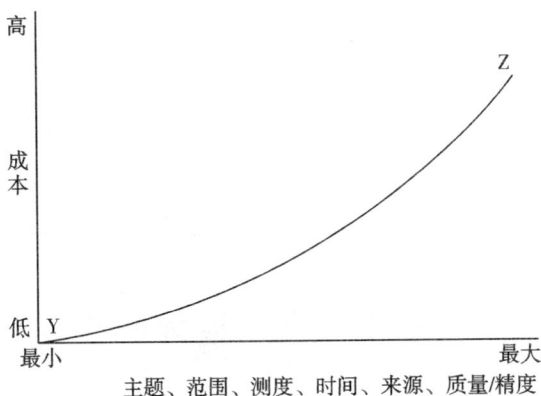

图 6.5　典型的应答者的成本/负担曲线

6.8 收益/价值 vs 成本/负担

回到我们的组织设置中，考虑到如何做出"优先"选择，管理者必须从自身和组织整体两方面出发，认真考虑和权衡不同选择导致的成本方面的影响。图 6.6 显示了对于两种曲线来说，三种可能存在的交互关系。首先，曲线 ABC 代表收集者的成本曲线，曲线 YZ_1 显示的情况是，供应者的成本在各种选择中都增长得十分迅速。在点 B 中，供应者的成本已经过高了。甚至在 A 点，也比收集者的成本要高出不少。在这种情况中，如果不支付过高的成本，不存在供应者可以满足收集者的最低需求的节点。

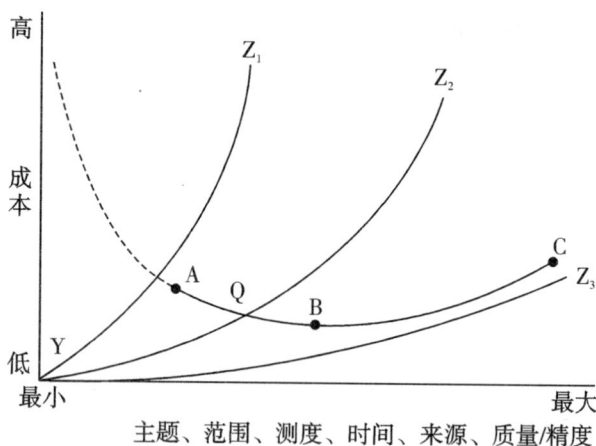

图 6.6 政府和应答者的成本/负担关系

其次，在曲线 YZ_2 中，点 Q 表示提供者的成本与收集者的成本基本上保持一致。对于收集者来说，不一定非要选择最低成本的状态不可，但是在这种情况下，组织可以作为一个整体来考虑如何吸收附加的数据成本。

最后，在曲线 YZ_3 中，提供者的成本增长非常缓慢，而且经常远远低于收集者的成本。在这种情况下,管理者可以自由选择点 B 以最小化其成本。

6.9　首选方案选择

管理者应该考虑两种主要的时间周期,并对上述情况做出合理反应。在短期范围内,管理者应该试图选择总体上负担最小的选项。这可能意味着在某些情况下,收集者的成本比提供者的成本相对要高。长期来说,管理者应该从三个方面关注信息研发:

(1) 在各种选择中,通过开发更有效的方法和技术来处理数据以减少直接成本;

(2) 扩展组织的能力以接受处于低端区域的信息(避免供应者曲线和收集者曲线不交叉的情况);

(3) 寻找降低供应者成本的方法,特别是当这些改进可以降低整体成本时。

在缺乏整体的政策或者相似的限制时,最高管理者通常要选择最优的方案,把组织整体的成本降到最低。即使在收集者成本(例如,对一个内部部门来说)可能在某些情况下高于提供者成本的情况下。

可以根据政治和社会成本来绘制成本曲线,也可以根据直接的、可度量的经济成本来绘制。通过相关的预算、规划和其他管理者的相互协商,可以确定一种加权方式,以使不同的成本曲线相互融合。

当管理者完成对组织基础的目的与目标的回顾后,要从全面信息要求的观点考虑信息的选项和选择,还要保证他们的决策是建立在坚实的基础上,例如要清楚为什么需要信息,信息授权的目的,谁是信息提供者、收集者和使用者等。下一步管理者需要完成一个"框架文件",通过确定满足组织目标信息的特定项目方式。这些框架需要足够清晰明确,以便在后续的信息系统设计和改进信息输入形式和内容中使用。

框架文件需要确定输入类型、细节的深入程度以及其他事宜,例如信息来源和时间点。为清晰描述信息需求的主体,可以使用多种类型的"框架文件"。可以确定的是，对于营利性组织必须对成本和输入成果有着很好的掌控。后面一个章节会对成本做进一步的描述。任何组织，不管是营利性或是非营利性组织，都要学会去芜存菁，这是得到广泛认同的原则。在一些管理著作中，这种忠告通常是指"例外管理（Management by Exception）"或简单说就是"管理报告（Management Reporting）"。在这些考量之外，我们必须要知道相关工作量和操作瓶颈。所有这些考量对于科学家和专家来说，可能显得过于"管理导向"。我对我的案例选择带有倾向性表示歉意，同时我承认我又一次倾向于从组织层面思考问题，而不是从个人层面出发。

6.10   当前的信息

首先要考虑的是对于当前最新信息的实时需求。对此很多管理者依靠某些特定的"关键数据指标"。它们通常被保存在随手可及的地方，一般产生于过去的某些关键时点而并非来自持续的计划程序。尽管人们并不认为它们是现有信息系统的一部分，但是其具有极高的价值。例如，关键数据指标信息可能会涉及这样的事情：部分或全部病房每天的床位利用率和周转率、政府部门昨天申请护照的数量、本月截止到当天已处理的数量和未处理积压的数量。

程序中每一个活动可能会产生潜在的一定数量的关键数据指标。为开发设计合理、反应及时的关键数据指标系统，要遵循的策略如下：

1. 选择指标的通用标准

（1）把目标限制在提供预先信息，以及为交叉检验和解决问题相关的目标服务；

（2）选择那些对于时间和内容来说，一致性好（或者容易关联）的数据；

（3）只使用能够以最小成本或者没有附加成本获得的数据（很多关键数据的获得可以看作某个必要流程的副产品，例如通过发票、新应用的安排和记录、护士每天的病房报告等类似的活动）；

（4）避免那些需要几个处理步骤或依靠职员个人判断才能获取的数据。

2. 更详细的指南

（1）确保选择数据的难度不要超过接受过基础培训的新雇员的能力水平；

（2）保证数据没有经过加工、高度可靠并且是最新的（记住，有些进展报告宣称使用了最新的数据，但事实上其包含的数据可能覆盖 90 到 120 天的时间范围）；

（3）从已经建立的和正常运行的收集点来获取数据。

这些策略的目标是为了在获取关键数据时速度快、成本低、偏差小，尽可能提高可靠性和自动性。对于获取关键数据指标来说，除了"纸质文件"以外，还有很多可用的媒体，包括电话、电报、信号、计算机之间传输、甚至有更复杂的传真机或磁带机——使用机器语言或声音记录。上面讨论的通用策略对于选择媒体来说依然适用。特别重要的是：

（1）要使用常规程序完成媒体选择工作；

（2）选择成本效益好的媒体。

在通过口述方式获得关键数据指标时，需要注意以下几点问题。例如，在一些情况下，信息是通过值得信任的助理人员的"眼睛和耳朵"获得的。在早上喝咖啡的时间，一些职员希望把他们对运营和组织状态相关的观察和推测，传递给他们的经理并期望产生一定影响。在有些时候，员工会议中会有同样的事情发生。通常来说，这种关键数据的输入方式是低效和危险的，缺乏条理和一致性，充满着个人的判断和偏见。更好地使用员工会议和个人建议的场合是在规划制定、政策制定和复杂问题决策的过程中。避免非结构性的、口述的关键数据输入是一个好的策略。

6.11　决定性时刻需要的信息

管理者处理信息的一个重要组成部分，也是在信息资源开发过程中经常被忽略的部分，可以被称为是"重要事件"。其中包括问题、危机、棘手的情况（由于个人、社会、经济等原因）和其他不同寻常的事件发生。"局外的人"也几乎总是牵扯其中。由于这个原因，"重要事件"报告也是必须要有的。

　　通常管理者认为危机情况是不可预测的，因此也不能用"系统的方式"进行报告，这是错误的观点。在危机来临之际，存在实用和可行的方法能够早期识别和报告紧急问题和困难情况，因此可以采取及时的措施应对。

　　为在危机时刻获得及时和准确的信息，需要考虑的通用政策和指南如下：

　　（1）关注运营活动中处理新情况和项目（应用、申诉、权利、判决等）的人员。制定相关政策，以使运营人员在由于延迟、错误数据、抱怨、诽谤或其他问题导致情况和项目偏离既定基准时，要给其主管及时的提醒和汇报。

　　（2）要求处理过以前案例和计划的运营部门，汇报那些已经到达关键阶段、或者已经遇到不同寻常的情况。

　　（3）如果建立了处理投诉的部门，对于危机情况处理给予他们和上述人员相同的指导。

　　（4）给管理者提供培训和指导，以使在危机时刻，管理者能够得到情况报告，同时各种状况都可以得到合适处理，从而避免不应有的延迟。

　　与关键数据指标关注常规信息处理过程不一样，"重要事件"报告需要利用高级职员和高管的判断能力。实际上，这种类型的报告给管理者提供了一种可行的分层判断方法。

6.12　运营报告

　　定期的运营报告是大多数信息系统的关键环节。这些报告包括统计和财务数据、趋势分析、对于某个活动管理沿革有用的信息，或是类似材料可以反映某个项目的管理过程,可能影响管理过程的事件。很多时候,日积月累的月报、季报、年报和其他报告,结构单一并且数量惊人,经理们都会受此困扰。在运营报告遇到的问题中,存在一种趋势就是试图要提供所有需要的信息。从现实上讲,这种尝试一定会失败。

例如,运营报告经常试图提供关键数据指标。这种努力对于很多经理来说,(指标)不是太少,就是太晚,要不就是不相关。这些关键数据指标对于经理来说,很少能够正好适合其需求。换句话说,运营报告的关键数据指标,通常是令人困惑和昂贵的,同时相关性也比较差。紧急情况下的信息也有相同的情况。运营报告无法为管理者的相关需求提供快速响应。对于这些观察结果的一个合理证明就是,大多数成功的经理会收集特定的数据,这些数据独立于运营报告之外,或者是作为运营报告的补充。

运营报告可以给顾客带来同样的(和内部雇员一样)繁重负担。很多时候一份特定报告或者报告中的部分内容,都需要从顾客那里获得信息,而结果只是在一份经营报告中的统计和财务总结中使用。通过简单思考和想象就可以发现,从现有的数据中通常可以得到相似的但更有用的信息。

作为一种策略问题,对于仅仅为运营报告提供数据这样小的需求,不应该要麻烦顾客。运营报告另一个缺点就是,它们经常出现与组织记录(也被称为数据基础)不一致的情况。通常情况下,记录(人工或机器的)包含最好和最完整的(组织)活动信息。记录中的信息,通常是可以被方便使用的,并且与管理职能相匹配,可以被运营报告参考与使用。但是这些信息不应该被简单重复或者过分总结。

前面的评论对于运营报告都是持批评态度。然而,管理者对于好的运营报告是确实需要。特别是那些能提供对管理者运营至关重要的统计和财务趋势报告,以及定期对组织日常活动进行总结的报告。

为保证提供质量高的运营报告,基本策略就是把这些报告纳入到管理者可用的整体信息范围中,而且应该只在适合的地方使用(运营报告)。运营报告不应该是处理信息的唯一来源。特别地,为了实现上述基本策略的目标,需要遵守以下原则:

(1) 确定哪些趋势和动向是重要的部分,管理者会需要它们(经理通常会发现,他需要少而精的统计、财务趋势数据);

(2) 需要具有特定价值的运营总结,为规划、制定政策和预算服务;

(3) 避免与其他信息资源重复;

(4) 对顾客建议报告进行审查,避免运营报告的影响(顾客提供程序服务的基本数据;运营报告应该在运营活动之后开始产生——即在顾客输入之后)。

6.13 小 结

规划信息要求与规划其他资源需求没有什么不同。与我们决定人员使用、资金使用、空间使用非常类似,决定我们需要的信息数量与种类也面临着各种机遇与挑战。如果我们态度认真,能谨慎地对各种选择进行权衡,并应用数据六个属性的相关知识,那么(信息)要求可以定义得更加清晰和明确,也更具有实用性。因此,当实际数据开始流动时,预期获得的成果与我们实际获得的成果,应该会更加接近。

但是规划从根本上与所有其他管理过程一样是一个动态的过程。我们的信息要求也不是一成不变的。它们不会"静止不动",而是会随着时间、环境、优先级、集合的改变而改变。因此,信息要求规划过程必须要考虑这种动态特性。这就是为什么管理学家们这么喜欢讨论"反馈闭环"。一个已经是老生常谈的例子就是空调自动恒温控制。我们都知道,自动恒温装置在工作时是自我调控的。但是我们发现在能源危机中,关闭温控装置和打开窗户在我们被混凝土和玻璃包围的社会中,是不可能实现的。在一栋栋的建筑中,我们发现窗户都是不可能打开的。我相信这对于信息系统的设计者能有所启示。要确保我们始终能够打开窗户,透进新鲜的空气。毕竟,自我控制的装置最终一定会弄巧成拙。

6. 14　问题讨论

1. 信息规划对于收集、处理、存储、处理、使用和传播信息来说，可以说包含了信息要求和资源要求的本质。接下来，信息过程和信息资源互相分割的问题显现出来。我们是否应该同时对两者进行规划？或是应该一前一后进行规划？简言之，问题就是如何把规划职能与两种不同的需求（过程和资源）进行关联？

2. 一些作者把战略规划和战术规划或者运营规划进行了区分。前者自身关注企业经营中的真实和关键的要素——独特的市场定位、成长性、投资回报、生产线等等；而后者关注获得上述结果所采取的方式，还有"管理"的问题。本章关注的主体是——规划信息要求。例如对于战略规划，某个保险公司会需要什么类型的信息产品或服务？而运营规划需要什么类型的产品或服务？可以把问题扩展到其他类型的行业和活动。

3. 一个职业发明家能否"规划他/她的信息需求"？作曲家、艺术家或作家的情况又如何？以创造性和创新性为特征的职业，与平凡和辛苦的一般职业相比，信息需求过程有什么不同？如果有不同的话，各自具有什么不同特点？（注意，我们不是在讨论信息本身的质量或者实质，而是关注与数据收集、处理、存储、使用和分发相关的系统和程序。）

4. 信息规划者，能够从商业和金融领域借用一个重要技术就是"自制或者外购（决策）"技术。就是决定在什么情况下，企业内部生成的所需信息比从外部组织购买信息更划算。自制和购买决策中需要考虑什么因素？如何在一定的市场范围中选择信息产品和服务（例如，一种极端是选择期刊，或者购买一次性调查；另一种极端是选择需要投入数百万美元、高度复杂的高科技信息系统）。

注　释

[1] Ronen, Joshua and Sadan, Simcha, *"Corporate Financial Information for Government Decision-Making*," (A research Study and report prepared for the Financial Executives Research Foundation, 1975) pp. 7-12 and pp. 100-111. This document was of special use to the Commission on Federal Paperwork's Study of "Segmented Financial Reporting." It appears as one of a very few authoritative works which probe the interface between government's insatiable appetite for data and industry's boundless reservoir of data.

第7章 信息预算

　　现有的预算分类法并没有充分说明预算资金是如何支出的。在我看来最主要的原因是现有分类法是面向工业社会的需求和特点，并没有考虑近二十年来后工业社会的工作场所发生的根本性变化。在后工业社会（post-industrial society），当我们已经发展到逐步采用自动化模式处理信息时，组织所采用的会计、预算和管理资金的方式却没有发生相应的改变。

　　当联邦文书委员会（Commission on Federal Paperwork）要向联邦政府汇总文书、信息和通信活动的成本时才发现，在政府的财务账目中，按现有方式是不能得到合计成本的。现有的会计和预算方案，既不能充分说明成本的大小，也不能说明成本的特点和相对重要性。举几个例子就可以说明。

　　例如，组织的邮件业务。传统上，会计师和管理分析师认为"邮件"就是每天进入组织的一些信件、文档、报告、出版物及一定数量的"垃圾邮件"。邮件需要分类和归档，并分配到组织的各个部分。其中的关键术语"邮件计量单位"是指一份文档或多份文档。实际上，对邮件的生产和会计控制是典型的以文档处理为导向的活动，包括文档的接收、分类、整理、记录、登记、组织、存储、检索、重组和打包等。

　　20世纪五六十年代，随着计算机的出现和通信技术的进步，我们进入了信息时代。但"邮件"的概念也变得不太明确。通过高速通信线路传送的数据和信息是"邮件"吗？通过传输媒介将信息直接从买方电脑转移到卖方电脑是"邮件"吗？目前，只有少数组织顺利地进行了数据处理转换，并决定采取必要措施将旧的会计分类方法转换为新的会计分类方法。也许"邮件"可以重新定义为"通信活动"，获得这种新会计活动的全部成本也应重新确定。但多数组织没有理会这些问题，它们继续停滞不前。至今在很多情况下，我们仍在信息时代使用过时的会计和预算分类概念。

邮件只是其中一个实例，另一个是复制和印刷。需要强调的是，复制印刷过程已经发生根本的改变。如计算机的输出从哪里停止，"正式的印刷活动"从哪里开始，这些都变得模糊了。为什么呢？因为这些操作过程的本质在近二十五年来发生了根本变化，这种变化已进入到数据和信息处理的世界，"印刷"不再是"终端"孤立的、不同的活动。更确切地说，复制和印刷是集成数据处理系统中主要的，有时甚至是不可分割的组成部分。为了支付中央印刷厂大量的运营成本，预算官员们要考虑相应的预算要求，但当他们清楚了解到这些预算要求低估了整个组织印刷预算的特性和规模时，他们怎能不感到焦虑和愤怒？很多成本隐藏在大量的间接费用和直接费用的账户中，"印刷费只是其中的一项，有时甚至是最小的成本"。大量类似的成本隐藏在"数据处理"分类下面。

上述讨论都回避了一个问题：当企业处理如邮件、印刷和电话费时，在新的数据处理预算分类项和传统的会计分类项之间，会存在一定的重叠。但没有关系，我们可以继续讨论"电话费"的分类，但我希望这点已经解释清楚了。信息预算，不仅能帮助我们更有效地管理信息资源，而且有助于我们将整体的会计预算分类法合理化，并消除过时的传统方法，从而帮助减少会计名称大量的重叠和歧义之处。

当我们考虑前面章节提及的零基预算（Zero-Base Budgeting，ZBB）的影响时，数据和信息的再利用计划就重新成了重点和优先考虑的内容。如果零基预算获得成功，那么数据和信息的再利用就是一种自然合理的结果，其理念是将信息作为资源来对待，并对信息资源加以再利用、恢复和补充，这显得十分必要。因此，当国会决定某项方案已不再有用时，我们不能简单地把这些昂贵的数据投资抛弃掉，而应考虑它们的回收价值（残值）。

如今，我们已经进入到信息时代，许多变化必定会影响到会计和预算的概念、分类方案、方法和工具，而概念、分类方案、方法和工具能确保高层管理者清楚地知道花费了多少资金、花费目的何在、花费在何处及由谁花费等问题。让我们看看现在有哪些变化。

7.1　两个方面

我们认为信息预算有两方面的作用。第一个方面比较直接和明显，信息预算能帮助我们更有效地管理信息资源。通过准确完整地确定资源，用会计预算编制格式将信息资源展现出来，这对于管理者和其他人员进行资源分配和制定决策很有用。

另一个方面同样重要但不太明显，信息预算也能将组织中许多混乱的会计预算编制情况整理清楚。也就是说，它能提高对信息资源的控制，从而改善对所有资源的控制。当然，组织的领导者、一线管理者和会计师们都认为，会计和预算制度的基本目的之一就是要确保资源规划和利用的准确性和完整性。预算制度能回答的问题有：组织花费资金的目的何在？并且能够获得什么？

我们要指出的是，当重要的成本被隐藏在间接费用和其他地方（"其他服务"项）时，不仅信息资源无法有效地利用，而且人力、物力和其他资源也在某种程度上被"滥用和误用"了，组织也不会有好的前景。正如我们在其他地方所指出的，信息毕竟并不仅仅是"另一种资源"，而是关键性资源，其共性是能将所有资源整合到一起。如果信息本身不能准确地评估和预算，又怎能对其他资源进行有效管理呢？

7.2　隐藏和埋没的费用

传统上，在政府机构和私人企业，信息和数据成本分散在管理费用、直接项目或产品成本中，因此它们在评估和分析中被隐藏了。这带来的一个结果就是掩盖了信息和数据相关活动增加的成本；另一个结果就是影响了高层管理者在信息资源和其他资源间做出权衡的效率。

管理数据和信息，必须先将要素成本从现存的会计分类中提取出来，然后将其结合起来建立有效的控制。预算方法不是将信息作为资源管理的唯一方法，但肯定是最重要的方法之一。例如，可以在预算中开发一个"信息分项（information line item）"。按照以下方式进行：

（1）识别和提取构成数据和信息的成本项和数字（见下一章信息会计）；

（2）为每项产品/服务（或政府中每项计划）建立完整的信息成本；

（3）进行各种分析。如评估相关成本，确定产品或项目的成本信息和数据强度等方面，发现减少信息相关成本的机会。如前面讨论的"信息强度比"方法。

关于信息收集、处理和传播的许多成本并不明显，因为传统上它们要么被放在预算类的"其他服务"项下面，要么隐藏在间接费用账户下面。正是出于这个原因，信息预算必须预先定义信息的成本会计结构，这是下一章要讨论的内容。

将信息作为管理资源的一个好处是，公司高层管理者可以掌握每个下属机构及各部门负责人有效使用信息资源的程度。如表 7.1 所示，一些内部组织要素已初步具备了"数据处理"的特性。部门产品和项目负责人需要从核心服务要素中获取信息和数据服务，同时他们应支付一定的费用，正如他们从人力资源部门获得服务付费一样。在多数公司，提供信息和数据服务的地方如计算机中心、通信中心和印刷厂。从这些地方获得产品和服务的总成本，通常设在基本的"大三项"费用中，如工资成本、设备成本和材料成本。对信息价值的评估和定价，通常要比计算净"信息销售成本"少得多。

表 7.1　数据处理的组织和活动说明

具有"数据处理"特性的组织	具有"数据处理"特性的活动
1. 计算机中心	1. 设计和开发信息系统、统计数据系统
2. 印刷和复印服务	2. 数据库和统计资料
3. 收发室和信息中心	3. 文件的创建、维护和处置
4. 图书馆和信息分析中心	4. 报告的创建、维护和处置

（续表）

具有"数据处理"特性的组织	具有"数据处理"特性的活动
5. 报告控制办公室	5. 数据库管理
6. 通信和电信中心	6. 指示和指导材料的开发和维护
7. 统计服务	7. 培训和教育材料的开发和维护
8. 文件中心和库房	8. 案卷和档案的建立、维护和处置
9. 资料交换中心和信息查询中心	9. 速记和法院报告的打印和归档（如行政、法律、医疗、金融）
10. 数据中心和文献中心	
11. 文书工作管理处	

7.3　哪些活动是"数据处理"

　　除了由信息服务机构内部产生的传统数据产品和服务外，还有一系列具有"数据处理"性质，并在上级组织的员工和部门中广泛从事的信息活动。通常从事这些活动的单位处于分离和独立状态，不像"人事"和"供应"部门一样被认为是主要的、集中的信息服务机构。其中数据处理活动如下：

　　（1）文件的创建、维护和处置；

　　（2）报告的创建、维护和处理；

　　（3）指示和指导材料的开发和维护；

　　（4）培训和教育材料的开发和维护；

　　（5）速记和法院报告的打印和归档（如行政、法律、医疗、金融）；

　　（6）案卷和档案的建立、维护和处置。

　　要确定数据处理活动，第一步是检查整个组织结构，确认具有数据处理特性的组织功能和活动，这些组织不仅包括明显的信息处理机构，如计算机中心、图书馆和印刷厂，而且包括每个主要的分支机构。如上表所列，文件和档案管理工作在组织内随处可见。有时，甚至不需要档案管理人员。但是随着组织的壮大，特别是文书工作强度的增大，文件管理的功能迟早会出现。起初，文件管理或许仅是赋予某人"额外分配的工作"；随后，可能需要专人全职来管理文件和档案；最后，随着单位规模的扩大，在大型的公司和政府机构中，文件部门变得必不可少。

下一步要对发现的数据处理活动进行成本估计。在一些情况下，数据处理活动成本可以被明确地定为预算的"分项（line item）"；在其他情况下，它们可能隐藏在间接费用或计划账户里。

最后，我们要计算上述各项活动的实际成本，最终还要用到基本的会计账户，如：

（1）员工报酬和福利；

（2）设备采购和租赁；

（3）材料和用品；

（4）办公用房的收购和租借；

（5）相关的合同服务；

（6）其他金融服务。

下章将进行更详尽地探究成本核算的步骤。整个信息分项成本建立和发展的原则是，除薪金外，所有雇员建立和处理数据和信息的工作，不论其物理格式、存储媒介、组织位置，或在主账户分类表中位置如何，都应作为成本来计算。见图7.1。

图7.1　美国政府的信息预算：分项法

7.4　行动实施的机制

直到现在,组织和管理者们都没把数据看做能被管理或预算的资源,如同我们传统地看待人力、物力、财力和自然资源那样,仅把数据资源作为预算中的一个项目。结果从未产生一种所谓的"行动实施机制",能让管理者们高效地利用数据资源。

例如,我们可以想象,是否一个经理会采用任意的方式雇佣、调动、升迁或解雇其职员?这几乎不可能。因为有一套已经建立的完善和详细的规则、准则和处罚措施来告诉我们如何做这些事情(实际上根本没有建立完善和详细的规则、指南和奖惩措施,来告诉我们该如何做这些事情)。到进行预算时,我们能够准确地知道如何定义、评估和计算这些主体。通过一系列的变量——如组织的子单位、费用分类、永久或临时(雇员)等,我们可以针对授权岗位、入职情况及工龄等进行记录。联邦政府中的公务员委员会(Civil Service Commission,CSC)有将这些规则汇总的完整准则。各级政府也都有相应的准则。

我们还可以想象,财产管理员会允许我们任意申领和使用椅子、桌子或打字机吗?当然不能。在这方面已经有限额表和授权计划,其中详细规定了每人可获得的与日常用品数目相关的标准、规范和准则。联邦政府的总务管理局(General Services Administration,GSA)与公务员委员会类似,在管理和使用不动产及个人财产资源方面也颁布了一个长期的详细准则。

不难想象,类似的事情可以拓展到财务资源和自然资源方面。当然如果涉及财务资源,具体规则可能会更加严格和不可变,滥用公款的处罚和制裁也会更加严厉。

为什么在数据和信息资源领域,不仅没有一套综合的、统一的规则,而且在提供给管理者们的指导方面也做得不好,总是给出一些零散的非正式指导?例如,对计算机和信息系统设计的指导很少,而且只有一些指导是针对缩微过程和复印等方面。在少数情况下,我们有政策在某些领域来指导官员,但程序上的指导较少,如以成本效益为基础,如何选择数据处理的媒介;或者对于一种新的或升级的信息系统,将其预期收益与总资本和运营投资成本进行权衡。

7.5 预算的原则

现在让我们来了解一些预算的基本观点和原则,再通过我们对非信息资源的分类,进一步看看信息预算是如何进行的。

在政府部门,对所谓的运营计划而言,成本代表了消耗或使用的资源的价值。预算指南向机构预算主管做出如下说明：

(1)对于采购和生产计划,成本代表收到材料或生产材料的价值;

(2)对于资本支出计划,用于公共工程的成本包括正在实施的工程价值以及所获资产的贷款活动的成本;

(3)定量的绩效指标和生产力指数应最大限度地用来补充定性描述,用来评估产量、人力和单位产出成本、总成本及生产力趋势数据;生产力指数是基于提供给组织外部使用的产品和服务的数量,并考虑个别产品或服务的性质差异;

(4)投入成本的测量是基于劳动力数量、人力成本,或基于更全面的包括非劳动力成本的资源投入;

(5)在某种程度上,应根据适用的会计基础来确定计划,并确保计划与行政控制和机构运营相关。

显然,这些基本原则和概念都将信息作为一种必要的具有产出的投入资源来看。事实上,政府机构中有"信息处理"的专门机构,如美国人口普查局(Census Bureau)和主要的统计机构。如果仔细看这些政府机构提供的官方预算,就能很快知道数据和事实(本质上)属于"原材料"的投入,经过整理和评估的图表、图形、指标和其他形式都属于信息资源的"产出"。

7.6　州内预算

　　作为纽约州的一名预算官员，克尔克(Kerker)指出，对于整个州的信息分项预算而言，数据价值和其获取数据的成本之间的关系较为复杂。[1]他还指出，问题不在于未能建成完善的通信路径，而在于沟通的失败。也就是说，州预算往往关注的是数据处理设备的运维成本，而不是预算官员和信息管理者之间的沟通。这些人争论的焦点要么是信息对于决策者的价值，要么是获取信息的成本，抑或是无法获得信息所带来的后果。我们为信息投入作预算，而没有为信息产出作预算。我们为数据处理活动本身作预算，而没有为信息管理作预算。换句话说，数据处理以某种抽象方式被孤立地对待，"它从机构的主要计划、管理和决策中分离了出来"。

　　克尔克还指出，由于纽约州最近面临财政危机，政府的财政预算需要进行变革。州政府机构的管理者"在同样不利的选择中已没有选择的余地"，他们要面对预算上限和预算削减的决定。最后，克尔克提出了对信息管理者的挑战，他"毫不客气地"指出，除非信息管理者证明自身领域的知识、数据和信息管理的知识，能够让组织有效地实现目标，否则信息管理者不会升到组织的领导层。直到现在，预算官员们都没有被信息管理者多次的预算会议说服，而这些信息管理者仍在讨论着兆字节(megabytes)、纳秒(nanoseconds)和新的微型计算机。

7.7　零基预算

　　美国纽约州的情况并非个案。事实上，卡特总统(Carter)任美国佐治亚州州长时一定有过类似的经验，否则他在任总统期间政府不会大力推行"零基预算(Zero-Base Budgeting，ZBB)"。当前的"危机"和零基预算的主要动力来自立法机构和高管们的不满，他们对公共部门和各级政府（联邦、州和地方政府）新计划无节制的增长和扩散抱有怨言。我认为飞涨的信息成本就算不是"毫无节制的政府成本"中最大的一部分，但也是相当大的。可以确定的是，通胀已经造成损失，并在某种程度上负有责任。在许多情况下，政府的旧方案过时，根本无法正常实施，它们必须要被新的方案所代替。也许这种规定的根本目标和思路是好的，但在某个地方迷失了，而让官僚主义取而代之。正是在这个方面，我们看到了控制信息成本的重要性，而信息预算是必须使用的重要工具。

政府机构没有信息就不能发展，如同在无菌环境下培养细菌一样。要想发展，政府机构必须拥有信息。信息是政府机构的粮食，粮食越充足，发展就越好。如果关闭了信息的源头，那么政府机构就不能发展，甚至会消失。而当政府机构资金充足，他们就会购买计算机和昂贵的通信设备，不久他们就会陷入一些"无休止的官僚会议"。让我们看看零基预算是否会有所帮助。

零基预算收益的前提是，所有的计划、产品或服务都要经过审核。每年或每隔一定年份（如 2 至 3 年），每项计划或产品的基本目标都要仔细审核。按照当前组织的优先顺序、经济情况、各种资源限制情况及竞争方案需求情况，每项计划都要进行审查。很多计划经过审查后会继续执行，可能在资金和资源上会有一些调整。但有少数计划（可能有 10％至 15％）经过审查后，在资金和资源上会明显减少，此外有 5％或更少的计划会被终止。也就是说，通过上述因素的综合审查（优先权变化、资源限制或根本目标发生变化），少数计划会在一段时间（可能是 2 到 5 年）内逐步淘汰。

随着零基预算在政府和企业中的推行，毫无疑问，上述估计的百分比会更加准确。尽管这时还无法预知最终的百分比值，但无疑组织预期下的基本假设可以朝着以下方向发展。它们是：

（1）所有组织都会周期性地面临一套新的选择，该周期可能不少于 3 至 5 年，但不超过 7 至 10 年；

（2）可再生和可补充的物质资源及自然资源数量，不是相对数下

降,而是绝对数下降;

(3) 这个国家看来正走向人口零增长,但世界上其他国家并非如此;

(4) 新的风险和机会不断出现,对战略、战术、行动方针、管理系统和管理日程要进行重新考虑。

零基预算产生的另一个问题,是美国国会、新闻媒体和公众逐渐认识到的"预算游戏"。"预算游戏"在华盛顿特区众所周知,它具有以下特点:

(1) "越接近越好"是不成文的规定;机构保证核准的经费开销要准确——不能多也不能少;

(2) 第(1)条规定执行有效就会得到奖励;预算官员越接近目标,所获的奖励就越高;

(3) 年终大批紧急采购成了预算游戏的特点,因为管理者们担心如果花不完下拨资金,他们就会失去这些资金;

(4) 高管层不愿看到财政年度结束时还有剩余资金,这将被国会认为机构管理无能和效率低下;无论是国会还是总统,都不想泄漏这个秘密;他们发现进行预算游戏更有用,因为他们可以相互指责。

7.8　增量预算

在增量预算方法下,需要遵循"现行比率(going rate)"原则。假设来年的预算开支不少于上年度或前几年的平均开支,那么新预算可以简化为在已有基准上增加多少开支的问题。在零基预算方法下,每年新的"现行比率"都要从以下几方面进行调整:

(1) 在单个计划、产品线和整个组织之间;

(2) 在部门管理者和高层管理者之间;

(3) 在车间、部门、分公司和总部之间。

现在清楚的是,如果我们采用(或要采用)零基预算,所有资源类型都要进行预算审查。包括人力资源、物质资源、财务资源、自然资源和信息资源都要被仔细分析，以确定它们是否过时、是否不能完成计划目标，或者是否与目标无关。只要满足前面三项中的任何一项或两项，就会采取行动削减其资金规模。

现在将桌椅和打字机还给物业主管重新利用不是很难，将办公室或实验室的剩余空间移交再利用也不是很难。但财务法规中明确规定，任何多余的资金都要计入相应的财务账目。从环保方面也能看到，我们积极采取广泛的方案回收利用自然资源。在过去十年中，基于回收原则的一系列法规已得到不断发展，其面向对象既包括能源资源（如天然气、石油和煤炭），也包括濒危物种的野生动物资源。回收纸张和瓶子是两个常见的例子，还有更多特别的包括各种形式的固体废物回收方案。

下面是三个常见的人力资源"再利用"项目。如政府雇员面临的重新安置方案；因关停重组，对停业机构的雇员进行再就业培训；对缺少技能或技能过时的人员进行职业培训。尽管称它们为"再利用"项目不太合适，但它们的确是人力资源进行再利用的重要实例。

在公共部门，我们不能仅看成本效益就轻易地放弃信息系统。对服务于国家目标的数据，其收集、维护、保存和分配，都有重要的宪法、法律和其他要求加以规定，严格来讲这已超越了成本效益的基础。在回收数据的计划下，很多法律、法规和条例随着零基预算的发展可能需要更新。事实上，如果我们要利用这笔巨大的数据投资，那么对资源进行审查是绝对必要的。当然我们也不能轻易放弃那些过时的、不符合成本效益的数据系统。更确切地说，精心设计的计划，应确保即将被削减的机构所掌握的数据能像物质资源一样流通，供需要的机构使用，而不应像亏损的机构那样，投入面临被取消的境遇。

7.9　管理模式的预算影响

另一个解决信息预算问题的重要方法是考虑不同管理模式下的信

息预算需求。由于不同的组织和关键决策者们采用不同的管理模式，因此他们的信息需求也有所不同。隐含在不同模式下的是预算过程中关于信息及其作用的一些基本假设，或者从根本上说是信息在整个组织中的作用。这些假设，反过来影响组织在预算过程中数据信息资源收集和使用的方式。如图 7.2 所示。

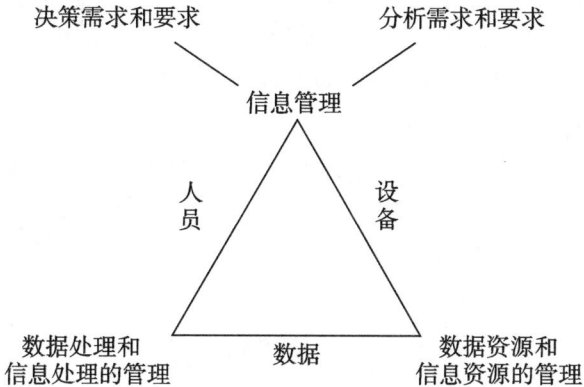

图 7.2　什么是信息管理

笔者通过研究关于公共管理的经典讨论，对信息决策的增量模式和综合模式进行了比较。[2]

7.10　投入 vs 产出导向法

增量模式法，有时也称投入导向法，其基本导向是使用所有可利用的信息。这里假设信息总是部分的和不完整的，增量法试图最大限度地利用可以访问的信息。只有当参与决策的组织和个人在信息交易过程中发现其他类型信息有所不同时，他们才会引入新的信息。在预算处理的情况下，这种方法侧重于强调"有形的"资源账户，该账户定义了采购用品和设备等所消耗的人力和资金的数量。这种方法体现的决策目标和信息处理一定是可回溯的和具有控制导向的。

相对来说，产出导向法遵循的假设是，决策者需要获得所有相关的信息，至少理论上能获得所有与决策相关的数据。这里形成的新信息，并不是信息交易过程中产生问题的结果，而是有意识的、系统化的寻找结果。信息的收集和使用反映了一种预期的、有计划的、产出导向的趋势。例如，产出导向法的拥护者强调了要确定计划和组织的目标，并将信息要求与这些目标相结合。这种方法的决策模式更为正式和明确，并且特别关注信息需求和信息要求的系统化定义。产出导向法并不是控制导向型，而是强调规划与绩效的评估，这种方法不是简单地关注有形资源的消耗。

马钱德(Marchand)发展了信息资源预算的四种模式；以上讨论的是四种模式所采用的两种主要方法(投入导向法和产出导向法)。下面我们看看信息资源预算的四种模式。

7.11　增量模式

第一种采用投入导向法的是增量预算模式，它将一般的、易理解的分类资源的成本进行汇总，供决策者使用。资源账户的分类通常是将组织中的人力成本、设备成本、供应成本等有形支出合并在一起。增量模式的决策过程重点关注的(这是该方法的关键)不是已经花费了什么，而在于需求什么。由于增量预算过程关注的是差额的变化，因此决策不要求资源支出的详细信息，也就是说，增量预算模式关注的是需求什么其他资源，而不是过去的资源是如何被消耗的。

增量模式提出了一些组织说明其数据资源能力的重要问题。首先，传统上使用的费用分类对象往往模糊不清，而重要的数据资源支出并不明显。其次，支持这种方法的成本账户、成本报告或开发系统，并不能获取数据资源支出的主要情况，而只靠间接方式也不能获取数据资源的支出情况。因此，对各种信息处理和产品任务的支出进行估算是有一定困难的。

7.12　修正增量模式

　　第二种采用投入导向法的预算模式,马钱德称之为"修正的增量模式(Adjusted Incremental Mode)"。这种增量模式的变化可以弥补增量模式可能具有的主要缺陷,如在增量模式的数据处理中,所有的成本都累积到一个分类项里。然而,这会使得一些重要的事项含糊不清。例如,很多情况下,数据处理的终端与主机在物理(地理上)和组织上是分离的。终端设备的运营成本可能包含在组织的其他间接费用的预算中,而成为"行政管理"费用的一部分。因此,对整个组织而言,数据处理活动的总成本(包括一些重要数据活动)就会大大低估。这种情况在其他领域也存在,比如在复制印刷、缩微胶片、图书馆等领域。在修正增量模式下,每个成本中心都能建立一个单独的数据处理分类项。因此,可以将每个成本中心的数据处理成本与中央电脑的数据成本合并起来,从而对整个组织数据处理的实际成本做出更为准确的预算。另一种方法是建立一个成本核算系统供中央电脑使用,组织内部的每个单位或程序也可以使用在线资源。在这种情况下,组织内的计算机设备就不会被认为是"免费物品"了。

　　与增量模式一样,修正增量模式也存在一些问题。其中的一个主要问题是因为投入导向。事实上,尽管这种模式下的分项法进行了较大调整,按照人员、物质和设备等分别对数据资源支出进行核算,但是这种方法很少能显示出信息支出和信息价值之间的关系。调整后的增量模式趋向于一种"记分卡"的方法,其主要目标是分清财政责任。简而言之,如果单独使用这种分项预算法,也许不能表示出数据收集、数据使用和数据价值之间的关系。

　　另一个问题是这种方法的可追溯性。人们不容易将以往的数据资源,与任何新的或变化的数据资源的使用相联系。那么,这种预算法作为一种数据资源规划工具就有一定局限性,因为它没能将计划的目标、需求同实际的支出、成本联系起来。

7.13   综合模式

马钱德的两种产出导向法的第一种类型,是综合预算模式(Comprehensive Mode of Budgeting)。与传统的专门侧重资源投入有所不同,它关注的是资源的使用和产出结果之间的关系。综合模式是基于如下假设,为了提高组织或下属单位的目标,数据资源支出的评估一定要与信息的使用相联系。因此,评估数据资源的唯一合适的方式就是,在组织内部确定信息使用和决策分析过程之间的关系。这样做必将侧重于数据资源利用的成果,而不是简单地关注资源的投入;也就是说,我们要从专注信息效率问题转向关注决策和分析需求的信息有效性。

综合模式与增量模式的不同在于它具有更多"自上而下"的优势。首先,我们会尽可能明确地定义组织和计划的目标以及信息要求之间的关系;其次,我们会定义为达到这些目标需要的关键决策类型;然后,从物质和形式上将这些决策需求转化为信息要求;再次,对满足这些信息要求的可选方法进行评估。

但是,综合模式也存在一些问题。首先,在信息和时间方面,这种数据资源预算模式的成本很高。比如,一个大型公共机构可能不会投入资源来完成这项任务。其次,这种方法可能在政治上不能被接受,这里有两个重要的原因。原因之一是,这种预算模式可能会要求组织控制得集中化,而这并不符合组织结构和组织惯例。综合模式是一种"取消隔离制度"的规划和控制模式,这就要求权力和资源控制的集中化。原因之二是,这种模式要求对组织目标和决策过程予以明确界定。在很多组织中,这种确切的定义和对透明度的要求,可能会在政治上付出极高的代价。还有第三个存在的问题是,综合模式可能从方法上来说并不合适,这种刻板的定义或许在某种程度上不能完全与现有的科学知识结构相融合。

7.14 价值/使用模式

让我们看看四种模式中的最后一种类型，价值/使用模式。与综合模式一样，它也是以产出为导向的。这种模式具有双重目的：第一，价值/使用模式用于整合数据资源的成本；第二，它关注的是对组织有价值的信息的关键领域。对于综合模式的假设，需要在确定数据资源的使用问题之前全面地理解组织的目标、决策过程和信息系统，而价值/使用模式与此不同。这里采取循序渐进的方法来评估数据使用和数据价值之间的关系。与增量模式也不同，价值/使用模式是一种以产出为导向的模式，其关键问题是评估是否使用了收集到的信息，以及使用的信息是否对组织的决策者具有价值。

价值/使用模式的基础是协调性，而不是综合模式的集成性或增量模式的随意性。它假定对增量模式中数据资源管理的模式进行适当响应，这种响应并不是完全的集成，而是按照组织内部不同个人和单位的需求，对数据资源进行更协调的使用。因此，价值/使用模式的目标是：（1）确定组织的信息需求；（2）确定组织的信息和数据的存储量；（3）减少组织的信息需求和信息及数据资源存储量之间的差距。

从方法上讲，首先我们要对组织现有的和规划的信息资源进行全面详细的盘点或调查。其次，要对投入的实际成本（如人员、设备等）进行评估。对于增量模式，假设只要其他分类资源能加到目标分类中，就可以对这种资源进行成本计量；相对而言，价值/使用模式则假定主要问题在于确定实际数据的用途。只有对资源进行有意识的、仔细的、谨慎的调查和分析后，才能对这些资源进行成本评估。

价值/使用法的第三步，是要分析组织中数据资源的成本和使用与数据资源价值之间的关系，这是对组织内各种决策分析的个人和单位而言。开始的目标是要减少数据间的差异性，这些数据是组织收集和使用的，但数据价值有限或不具有价值；随后要达到收集和使用的信息对每个人都有价值。也许后者是价值/使用模式的有效利用所面临的最大困难，因为这要求对组织中信息处理的数据价值和数据使用进行复杂多样的评估。这种评估不仅会反映组织内部对信息是否有价值还缺少共识，而且也会说明如下事实，即明确提出的数据价值和使用问题可能会引起关于信息资源收集、维护和传播的潜在冲突或分歧。

最后，价值/使用模式的第四步是要向数据资源管理的协调方向发展。与综合模式主张控制的集中化和削减冗余数据不同，价值/使用模式遵循的假设是，没有必要也不要求削减所有的冗余数据。其关键是要在现有的组织和功能结构中对数据资源进行协调管理。如果改变价值/使用模式去满足综合模式的需求，就会本末倒置。协调的数据资源管理并不取决于组织的重新设计，而是应减少不必要的、不合适的数据资源的集中。

7.15　小　结

在大多数组织中，无论是政府还是企业，当数据预算成为新的课题，无论什么过程都会给组织带来深远的影响，并可能会影响组织中多数的关键决策者。因此，这个过程应该是循序渐进的，并应建立在组织对该做什么及如何去做的共识之上。最后，所选择的具体做法应取决于更高层次的思考和政策以及组织的价值观等。本章我们已经总结了一些可以采用的方法。

需要明确的是，信息预算的成功实施，首先需要对信息资源进行成本的计量。下一章在信息"会计（accounting）"的主题下，我们看看成本计量有哪些方法。

7.16　问题讨论

1. 如果不对潜在的信息资源（如计算机和复印设备之类的产品；摘要或索引之类的服务）进行确定、测量和成本评估就进行信息预算，这样做是否可行？是否符合实际？总之，"信息预算"和"信息会计"之间的关系是什么？

2. 由于对信息产品和服务的定性使用缺乏定量评估的能力，组织的预算人员应该提供给高管们什么样的预算评估？

3. 当"预算分项法"应用于信息资源时，带来了一些争论和困惑。一方面，一些人认为在组织的详细预算计划中，每项信息产品和服务（包括穿孔卡片、纸张和磁带）都应该被明确。另一方面，其他人则更愿意采用整体描述的方式，他们认为在预算中信息不应该被分项列出。讨论一下两种观点的利弊？

4. 考虑一下信息预算是以投入为导向，还是以产出为导向，或者是两者兼有？举例来说，如果数据转化为有用的信息就像生铁转化成钢筋和钢材一样，那么经济学家提出的"价值增值"概念是如何应用到信息企业（将原始数据转化为实用信息产品和服务）的信息预算中的？

5. 转移定价（Transfer Pricing）和退款（Chargeback）的概念如何应用于前面的问题？

6. 1977 年和 1978 年，吉米·卡特总统将零基预算引入联邦政府。那么零基预算的原则在信息企业（如对新产品和服务进行潜在市场研究而获利的市场调查公司）是如何应用的？

注　释

[1] Kerker, Robert P. , "*Justify Your Budget*," (Remarks delivered at the Seventh Annual Meeting of the National Association for State Information Systems (NASIS), published in Government Data Quarterly, Nov. /Dec. , 1976) pp. 21-23. In the last few years two important national state organizations, the foregoing National Association of State Information Systems (NASIS) and another, the National Association of State Budget Officers (NASBO) have both become increasingly concerned over mushrooming information,

computer and communication costs. Their 1975, 1976 and 1977 meetings all involved important addresses by leading public and professional figures; readers may wish to obtain the proceedings of the forums if they desire to pursue the information management question in the State context.

[2] Horton, Forest. W. , Jr. , *"Recycling Information and Zero-Base Budgeting ,"* (Journal of Systems Management, May, 1977) pp. 36-67, Vol. 28.

[3] Marchand, Donald A. , and Stucker, John J. , *"Information Management in the State University ,"* A report of the Information Management Study Group, Commission on Federal Paperwork, Washington, DC June 15, 1977. This landmark study probes deeply the facets of information management in the state university context. It is the first comprehensive treatment of the subject matter and is highly recommended to the student of political science and public administration, concerned with the problems of university-state legislature relationships, freedom of information in the academic setting, power relationships within the university structure, and similar concerns.

第8章 信息会计

从前一章我们获知信息预算源自可靠的成本和费用数据。只有在掌握了历史成本数据和未来预测的基础上，才能进行信息预算。"信息会计"主要分为两个部分。第一个部分是信息成本会计结构（information cost accounting structure），第二个部分是应用会计分析方法说明各因素的发展趋势、相互关系及可能出现的问题。本章我们将研究这两方面涉及的原则和概念。首先需要说明的是，最初在这方面并没有经过检验和证明的实证方法。

目前这方面工作已经开始，但仅是初步的工作，尚需进一步的验证、优化和评估。因此，我们的讨论必定是更具有探索性和实验性，而不是学究式或教条式的论述。

信息成本会计结构，是有效管理信息资源的先决条件。这并不是说，组织的传统会计科目表不完整或不能满足目标，而是信息成本会计结构能更强调信息成本在计算所利用信息的价值上所起的作用。它突出地强调了计划和运营的成本，而不是强调保持预算分配范围内的一些因素。首先让我们回顾一些基本的成本会计原则。

在政府机构和私营企业中，所有必要的、计划的开支都应作为成本。成本是绩效评估的重要指标，会计师和管理人员需要参与组织的会计科目表的构建和会计系统的设计与开发。

例如，联邦政府告诫某些机构的相关负责人应谨慎制定分配间接管理费用的会计实务，以避免产生的成本数据扰乱了由责任经理负责的整个账目。

政府机构必须遵循的另一项规定是成本账户和成本会计系统要能

反映机构的主要开支。由于政府运作的复杂性，有时采用成本计算法代替重建成本账户，以计算特殊需要的成本数据，这种办法既经济实惠，也令人满意。简言之，我们或许不必改变成本会计结构，而仅需运用一些方法，如成本计算、成本评估、抽样、事后审计和其他方法。

8.1　内部成本

在前一章中，我们介绍了预算"信息分项"的概念，并谈及它的发展是循序渐进的。可以回忆一下，信息分项的第一步是要确定和提取"内部"和"外部"的信息项目和成本数字。首先，我们看看如何处理内部项目。在这个方面，可分为以下三个步骤：

（1）确定哪些服务中心的组织具有基本的"数据服务"特征；

（2）确定哪些活动具有"数据处理"的特征；

（3）确定（1）和（2）两个步骤中的特殊项目支出。

通常在大型组织中有十多个部门，某些处理数据的部门可称为"服务中心"。同样，在大型组织中会有相应的活动，无论其组织位置如何，这些活动都具有"数据处理"的特征。不妨参考表7.1数据处理的组织和活动。

将组织和活动分开后，下一步是确定特定组织在特定项目中产生的直接和间接的费用。在政府机构中，这项工作可采用"对象分类"法来完成。例如，可将下列对象分类费用加入到表7.1的组织和活动中。

（1）人员薪酬和福利；

（2）设备购置和租赁费；

（3）材料和用品费用；

（4）办公室购买和租用费；

（5）相关的合同服务费；

（6）相关的担保、补贴、贷款和投资费用。

然后按照下面的原则予以补充。除薪金外，所有雇主要求创建及处理的信息和文书，不论其物理格式、存储媒介或位置如何，都应作为成本来计算。

　　显然,信息组织和信息活动在不同组织内会有不同的变化。因此不必将表7.1数据处理的组织和活动限定化。不同部门、企业、行业和地区的名称不同,容易使问题复杂化。但是思路必须明确。这里有两方面的内容:一个是在中心服务和支持方面;另一个是在"组织活动"方面。在理解这些情况之前,我们要为自身的组织准备与表7.1对应的清单。需记住的是这些清单仅是说明性的,并没有确定的模式。每个人列出的清单都会有所不同。

8.2　外部成本

　　下面我们看一下外部成本。在公共部门,外部成本主要分为两类:其一是政府直接从调查对象中收集信息产生的成本;其二是政府公共部门的分支机构收集信息产生的成本。因此,"内部"和"外部"成本以组织作为分界线。所有组织外的费用,即由外部组织承担的费用都属于"外部"成本。在私营企业中,"外部"成本是指来自企业外部的信息采购,而"内部"成本是指企业内部的信息费用。

　　然而,由此产生了以何种方式进行成本核算的主要分歧。一方面,可以采用"自下而上"法("bottom up"approach);另一方面,也可以采用"自上而下"法("top down"approach)。在上一章我们已经简要地讨论和比较了这些方法。自下而上法,其实就是以投入为导向的方法,而不考虑同样的产出方面,它是信息资源投入使用的方法。对信息成本会计而言,自下而上法的主要依据是所谓的"对象分类"表,这是记录联邦政府财务收支的重要表格。在对象分类表中,只列出财务记录的服务类别和项目,而不考虑服务目的和用途。因此购买汽车的款项要归入对象分类表31项的设备中,而不考虑汽车是用于国防、执法还是建设。对象分类数据提供了购买物品和服务的总金额,例如汽车价格可能包括汽车的运输费用,其全部费用都归入对象分类表31项中。

要掌握自下而上法，必须仔细查看对象分类表。虽然这是联邦政府所用的分类表，但对企业同样适用。下一节我们再讨论自上而下法。

8.3 费用分类项目

在联邦政府，五个主要的分类项目是：

（1）个人服务和福利；

（2）合约服务和物品；

（3）固定资产（其中包括设备、土地、建筑物、投资和贷款）；

（4）津贴和固定费用（其中包括补贴、保险索赔、利息、股息和偿还金额）；

（5）其他杂项（包括行政费用、选定的资源账面价值的变更和其他少数费用）。

分类子项目的数量在收入来源方面各不相同。但总的来说，前三个主要分类项的子项是比较规范的。例如，个人服务和福利项目的三个子项是：员工薪酬、员工福利和前员工福利。与此类似，第二个主项的子项也比较规范，如合约服务和物品的子项包括：个人旅游费、交通费、租金、通信费、公共事业费、印刷和复印费、其他服务费、日常用品及材料费。

下面举例说明自下而上的方法是如何进行的。假设一个只有五个部门的简单机构。A 和 B 是两个产品销售部；C 是市场营销部；D 是生产部；E 是管理部门。

在 E 部门中有六个分支机构进行数据处理，包括印刷复印中心、计算机中心、图书馆、文档信息交换中心、文件管理部和统计中心。根据一项调查，在所有组织部门中（包括 E 的其他分支机构）已经确定了24 种不同的活动。

然后，利用会计信息和上述方法检查每个组织和每项活动，汇总包括薪金、日常用品等所有项目的成本。可以采用多种格式列出这些成本,如表 8.1 所示。

表 8.1　成本中心的信息强度

	直接资金	占比(%)	间接资金	占比(%)	总资金	占比(%)
格式 A——成本中心的信息强度						
成本中心 1						
成本中心 2						
成本中心 3						
组织小计						
所有成本中心总计						
格式 B——项目/产品/活动的信息强度						
项目/产品/活动 1						
项目/产品/活动 2						
项目/产品/活动 3						
产品线小计						
所有项目/产品/活动总计						
格式 C——费用对象的信息成本						
成本中心 1						
程序/产品/活动 1						
费用信息对象 1						
费用信息对象 2						
费用信息对象 3						
(或反转主次顺序,使程序为主,成本中心次之)						

　　与其相反,自上而下法关注的是组织的总体目标。以政府法律实施项目为例,首先提出以下问题:

　　(1) 该项目基本目标是什么?

　　(2) 具体要达到什么目的?

（3）实施方案要采用何种途径？例如，是增加资本投入、人工投入还是增加信息投入？

（4）在管理者达成各项目的目标上各种资源因素所起的作用如何？

（5）信息资源具体发挥的作用是什么？是否需要大量的科学研究去获得新知识？还是数据和信息居次要地位，现有的信息和知识已能满足决策支持和解决问题的需要？

（6）需要何种形式的数据和信息资源？是否需要大量的技术报告？是否需要运营报告说明管理项目的有效或无效？

（7）需求信息的频率如何？等等。

当然，为了便于最后进行成本核算，我们必须认真地审核费用对象。采用自上而下的方法与自下而上的方法有根本的不同。目前对特殊的组织或活动如何进行"数据处理"尚没有预先的判断。确切地说，我们研究了什么是组织要实现的主要目标，然后要实现成本核算。

8.4　成本信息报告的格式

无论采用自上而下法还是自下而上法进行成本核算，都有助于密集型信息和高成本信息项目及活动的确定。从上一章我们得知，简单的"文书工作/信息强度"比率可作为一个有用的工具。除此之外，还有哪些工具和格式呢？

首先，简单的信息成本报告，可为运营单位（通过成本中心）提供信息资源管理（IRM）概念应用的检验。报告在一般的定义和信息成本确定的基础上，采用现行的费用对象分类法。根据这些报告中的有用结论，可以对基本概念进行完善，并对信息成本进行更准确地界定。这些会提高信息成本报告的质量和效用。如表8.1所示。

初步的成本报告将重点放在关于信息成本的一些问题上。下面是几个典型的问题：

（1）什么项目和活动具有较高的信息成本比率(信息工作强度)？

（2）劳动密集型项目是否比资本密集型项目具有更高的信息成本比率？

（3）合资项目的信息成本是否比独资的信息成本高？

（4）理论性研究和应用性研究项目的信息比率是多少？

（5）在不同分支机构和部门之间,某类项目或活动(如广告和促销活动)的信息成本比率是否相同？

（6）不同地方的同类销售项目,信息成本比率是否相同？

（7）在公司的投资回报和投资预算中,是否要考虑信息成本？

（8）更高经济效益的项目能否会有更高的信息成本比率？

（9）哪些信息投资项目始终比其他项目投资成本高？

回答上述问题有助于后面的分析,以弄清高额信息和文书费用的主要原因,从而在管理信息方面找出合适的方法完成这些项目,并减少不必要的成本和负担。在逐项比较的基础上,可以确定经济效益相似的项目之间信息成本比率的差异。

简单的信息成本报告并不能自动提供解决方案,但它们有助于确定哪些是解决问题的关键。它们能确定目前哪些是未经确认的问题,为管理评估提供依据,并通过所关注的信息规划和管理方法的重点领域,来改进合理的管理原则的应用。

对解释成本中心以外的超额部分,其他格式是可行的。例如,产品和费用类的超额部分。如表 8.1 所示的这些格式,显示了与整体成本相关的信息成本。此外,格式 B 显示了分配给每个项目/产品的不同的资金来源比例。格式 C 提供了信息费用具体对象的第三种方式。这三种格式都可以用来分析各种信息费用之间的种种相互关系。

当然,对于准确地界定进入"信息栏"的成本要素,可能在公司或政府机构内部有一些分歧。由于产品的复杂性、产品线的多样化、组织规模的庞大、生产和销售分布广泛等原因,确定具体成本要素的任务要依赖于组织业务的性质,因此,这项任务或多或少都会有困难。当然对于一线员工和管理者来说,要熟悉这种预算和成本信息的新结构是需要花时间的。我们更习惯于传统的成本描述方式。

8.5　信息标准及其差异分析

　　收集和描述成本数据只是过程的开始。要评估绩效和发展生产力，就必须建立标准的信息成本，以此为基础来衡量各种变化所产生的影响。使用标准信息成本和差异分析方法来评估计划成本与实际成本的差异，目前在信息资源领域尚属空白。技术专家抱怨技术创新和改革的步伐太快，以至无法获得喘息的机会来制定标准。有时会计行业也会感到困惑和迷惘，因为问题过于复杂而不知所措，各种专业的财务组织，如成本会计准则委员会（Cost Accounting Standards Board）、联邦政府会计师协会（Federal Government Accountants Association）和其他机构，在这个领域也不能如愿地进行改进。

　　当代问题研究院（Academy for Contemporary Problems）为联邦文书委员会进行了一项关于联邦各级政府所产生的"文书工作负担"的规模和性质的研究，发现"核心"成本和"非核心"成本的区别是明显的[1]。这项研究把政府服务中必要的实际支出作为核心成本，把"其他的部分"作为非核心成本。该研究认为任何项目都会产生"最小或一定限度"的管理成本，核心成本不仅包括实际服务成本，而且包括为确保项目财务和管理的完整性所需的最小成本，如财务、人事、设备和物品利用文件，这些文件可以证明资金是否按预算支出，员工是否尽力完成任务，以及物品和设备是否充分利用。

　　然而这项研究指出，仅靠预算和会计数据会限制信息处理成本的有效评估，例如，资金数据本身并不能表明哪些费用是用于服务或非服务领域。于是研究对预算进行了仔细地"逐项"分析（如美国加利福尼亚州）。根据近 200 个国家的部门和项目分析，预算成本可分为三类：① 管理费用；② 核心成本；③ 付给当地政府和个人的费用，不包括服务费（如高速公路建设费）和支付给供应商的医疗补助。值得注意的是，研究发现加州费用中最大的部分是国家行政和个人补贴(63%),核心服务成本仅占 32%,其余部分(在 5%~6%)属于非核心成本。

最后,该项研究强调了哪些属于"核心成本",哪些属于非核心成本有待于判断确定。研究指出,虽然这些基本概念容易被接受,但需要公共管理者、政府官员和公众之间进行实质性的协商以制定出核心的成本标准。研究还指出,"(信息)标准的制定至关重要,利用标准来评估美国公众的信息和文书负担"是这项研究的"关键概念"。

总之,制定信息成本标准是工作真正的开始。当然,采用差异分析这项重要的会计工具,也是任何组织完成工作的必经之路。

8.6　历史趋势——PPBS

在 20 世纪 60 年代中期,美国联邦政府转向"规划—计划—预算体系(PPBS)",或许当时提出放弃以投入为导向的分类方案和管理系统是有益的,因为 PPBS 是一种以产出或结果为导向的管理方法。更具体地讲,多数人认为美国国会和管理部门对 PPBS 的概念、过程和其他细节充分了解后会放弃以投入为导向的分类方案。然而在第一年运营之后结果却完全不同,国会不想放弃以投入为导向的分类方案,管理机构的高级预算官员们也不同意放弃这一方案。简言之,投入和产出两个导向的方案都是需要的。因此我们遇到的问题是:在信息资源会计中,是否需要投入和产出两方面为导向的方案?

对制定者而言,把"信息资源"作为费用分类项目的第 6 项加入到另外的等式投入分类系统中,这似乎是不可行的。确实没有一个专家认为应从根本上调整基本的会计系统,建立一个称之为"信息"的新类别。与其相反,大家一致认为信息成本的获取并不是抽象的,而是在现有资源分类的基础上衍生出来的。传统的资源类型,如人力资源、物质资源和财务资源,这些资源的成本从提供信息的角度应该予以核算,因为这些资源在信息的产生、处理和吸收,或在信息产生情报或知识的过程中被消耗。如果我们不能从根本上改变投入方面,那么我们该如何应对产出方面呢？

8.7 "使用"类型

在产出方面，一些组织已经在探索采用"使用类型（use typology）"的方法计量信息价值和信息成本。在前面章节中已经简单提及这一方法。在政府项目的管理环境中，这种被称为"使用"类型的方法将信息成本归入到以下五类之一：

(1) 规划项目所需的信息；

(2) 运营项目所需的信息；

(3) 管理项目所需的信息；

(4) 评估项目所需的信息；

(5) 具有广泛目的性质的信息，如通用的统计信息。

运用这种方法的关键是，要准确判断相对于其他类别，哪些信息对于运营项目是必要的。在研究中，这种区别称为 T-1 和 T-2。T-1 信息是运营项目所需的信息；T-2 信息包括上述其他的四类信息（即规划、管理、评估和广泛目的信息）。这种方法有一定的要求，它承认很多的信息爆炸源于拥有大量组织单元（主要是员工）的政府和私人企业的增长，这些机构处理的是传统的人事职能而不是生产职能。但需要立刻指出的是，没有必要对传统的生产/人事职能进行区分。那么问题就成了普通的等级问题，也就是说，在一家大企业的生产部门内部，如果仔细地看组织结构图，能清楚地看到人事部门向生产部门领导提建议。那么问题就成了：这些组织层的人事部门能否应归入 T-1 或 T-2 分类下面？有人可能会简单地认为，像信息规划或信息预算这样的信息会计，取决于人们所持的观点。也就是说，当高层管理者把组织看做一个整体而不是一个个连续的下级单位时，他们所采取的汇总成本的方法可能会差别较大。

8.8　元信息的缺失

　　信息资源会计面临的一个严重问题是：目前没有一套规范地描述信息的完整体系。前面我们使用术语元数据（metadata）来代替其晦涩的解释"关于信息的信息（information on information）"。多年以来，我们采用的数据描述和数据分类形式，通过概念化、形象化的方式，有助于我们更好地理解其他资源的利用（如人力资源、材料资源等）。然而，信息资源的概念或分类与其他资源不同。事实上，除了长期利用计算机设备和管理项目的文件外，信息资源成本会计的元数据处理还处于初始阶段。举例来说，什么是计量信息资源成本的会计主体？在联邦政府，会计主体可能是一个完整的机构，或是一个下属单位（如组织单位），或是一项或多项合法设立的资金。整体来说，会计主体的集合构成了账户的结构，在会计中一般称为总账系统。对于一个典型的运营机构而言，基本的账户结构可能包括：

　　（1）资产账户；

　　（2）负债账户；

　　（3）美国政府的投资账户；

　　（4）其他的投资账户；

　　（5）收益和成本账户。

8.9　对自动化数据处理成本的解释

　　卡尔·帕尔默（Carl Palmer）对基于计算机的信息系统和相关活动的会计主体的定义进行了研究。在 1974 年 5 月发表的一篇论文中，帕尔默对"信息系统活动"核算的有关主体提出了四种供商榷的定义：

　　（1）它是组织的信息系统或者是全部信息处理活动；

　　（2）它是规范的管理信息系统，或者是所有规范的信息处理活动；

（3）它是基于计算机的、电子的或自动化的数据处理活动；

（4）它是数据处理设备或部门（不管组织如何定义）。

在讨论中帕尔默指出，麦克法伦（McFarlan）、诺兰（Nolan）和扎尼（Zani）对信息系统的贡献良多。在众多关于信息系统活动的会计主体的定义中，或许第一种是最简洁的，这种看法来自于安东（Anton）、埃默里（Emery）、林（Linn）的著作。[2]

第二种定义，规范的管理信息系统，在某种程度上遵循了约翰·迪尔登（John Dearden）的方法。对此做过研究的还有安东尼（Anthony）、布卢门撒尔（Blumenthal）、福里斯特（Forrester）、哈特曼（Hartman）、马瑟斯（Matthes）、普罗姆（Proeme）、萨克曼（Sackman）和泰克罗（Teichroew）等。对于规范的管理系统的会计主体的定义，帕尔默认为它是"通过与组织相关的正式的定义过程，为记录、存储、检索、处理、传输、展示、建模和决策等目的所进行各项资源的积累和花费"。

第三种定义，是基于计算机的信息处理或数据处理系统的成本，把数据处理看做信息系统的子分类。从会计的角度看，这种方法的优点较为明显。这种方法避免了处理更高级信息命令的难题（如为情报和知识的目的），而是回到了可以限定的传统数据处理功能。

第四种定义，从概念上看或许最大的不足是帕尔默指出的"主要缺陷"。通过对这些功能系统产出价值的判断，他认为这种缺陷"来自于缺少清晰地归类和匹配计算机信息处理成本的能力，缺少集成计算机信息处理功能或计算机数据处理子系统的能力。然而有人认为，这只不过是与整个决策执行过程相匹配的过程中缺失的另一个环节"。我同意帕尔默的观点，人们可以对此有争议。但我认为资源管理的任何会计方法都要考虑等式的投入方面和产出方面。

8.10　增值法

另一种进行信息成本核算的可选方法是增值法。这种方法遵循的假设是，在生命周期的每个阶段，信息都会获得新的价值，并且每个阶段都会影响新净值的计算。这种方法有利有弊。从纯粹的概念角度来看，它近似于原材料的核算方法。长期以来，原材料的成本会计和成本结构用这种方法来跟踪原材料经半成品到最终产成品的转化过程。或许信息资源与原材料资源不完全相同，但二者具有明显的类似。数据以"原始的、未估值的形式"进入传递途径。最初的成本主要是购置成本。随着对相关数据的技术分析，通过总结、解释、关联等过程，数据获得了内在价值的增长。例如，它可以增加基础的记录、报告、统计计算的价值等。随后这些信息产品在增值的基础上进行定价。

8.11　绩效评估法

有人对信息成本核算提出异议，认为"信息资源的质量和效用差异太大、太抽象、太含糊，因而无法核算和评估"。其实并非如此。难道信息资源的利用会比人力资源的利用还要复杂吗？当然不是。人力资源要素与信息资源要素一样种类繁多，甚至有人认为人力资源要素种类更多，但政府机构和私营企业不得不计量和评估人力资源成本。人力资源的"价值"评估，也称人力资源会计，它是社会科学研究的重要课题，也是信息成本核算领域探索的方向。人力资源管理专家和预算官员们早就认为，没有明确的公式能告诉公司负责人或机构主管，到底秘书、中层管理人员，或某类技术人员值多少钱。尽管在人力资源市场可以进行人员"买"、"卖"，但是评估人力资源价值的标准相当宽泛。事实上，我们必须使用定性的判断方法做评估。通常使用的术语是绩效评估，或是绩效等级评估。

为什么在信息领域不采用类似的绩效评估方法呢？典型的员工绩效考核表就是对员工的工作效率和效力进行评估，或者根据评估系统的复杂程度，将评估要素分为 10 项到 100 项不等。具体的评估要素如下所示：

(1) 工作量；

(2) 工作质量；

(3) 合作性；

(4) 可靠性；

(5) 沟通能力；

(6) 创造性；

(7) 领导力等。

通常情况下，简单的绩效评估有 3～5 级或 3～6 级分类，如员工能力从低到高可分为：不足、基本合格、完全符合要求、超出要求、出类拔萃这五个级别。对员工进行各方面考察得出综合性的评估，如评估结果可分为："不满意"、"满意"或"优秀"。

为什么我们不能对信息产品和服务也进行这样的评估？由上述情况可知，这种线性评估方法更多是进行"分项评估"而不是"会计核算"，因为这属于定性评估而不是定量评估。这种评估方法适用于广泛的"绩效考核"类型，而不适用于财务会计的类型标准。

目前为止，我们已从微观方面探讨了信息会计的相关问题。尽管我们所关注的大部分是成本会计领域，但是很明显，会计涵盖的范围要比成本会计更为广泛。在管理的更高层面上，我们也需要进行宏观方面的考虑。

另一种看法是，尽管事实上我们的会计架构和会计系统存在一方面或多方面的问题，并在获取、记录、识别、测量和描述信息方面有这样或那样的缺陷，但是我们应该努力去汇总信息成本。当联邦文书委员会和其他政府机构这样做时，他们很快发现区分文书、信息和通信这三者是件不容易的事情。

8.12 文书、信息和通信

1976 年联邦文书委员会进行了一项研究，在确定政府文书工作的总成本时遇到了定义和计量方面的问题。为了获得一项数据，联邦文书委员会遇到了许多问题。例如，"数据从何处获取？""成本是指设备（成本）还是人工（成本），或二者皆有？""是直接成本还是间接成本？""复印打印是一项成本,与其相关的加工和处理活动却是另外一项成本。"

政府和企业对各项成本的计量做了许多工作,但是这些努力并没能获得准确的总成本和和项目的真实特性。

"文书工作"一词具有明显的消极含义。而术语"信息"和"通信"通常具有积极的意义。但文书委员会发现,有时一个人的"信息"却是另一个人的"文书",文书的"好"、"坏"之间模糊不清。无论是"好"的还是"坏"的文书,都必须在政府的会计系统中计算成本。同时必须尽可能获取市民和政府之间沟通所用的总成本。

下面要区分的是"文书"和"信息"两个词的含义。"文书"是一个狭义词,指的是报告、文件和其他形式的文档;"信息"的词意较广,意指一系列大量的政府活动,远远超过了收集、处理、使用和存储具体形式的文档。简言之,信息比文书包含的内容更多。信息涵盖了政府和公民之间、各级政府之间、同一机构各部门之间的沟通过程中产生的大量(信息)产品和服务。

文书委员会决定扩大文书工作的定义范围,文书不仅包括单纯的纸张、印刷和复印,还包括信息产品、信息服务和信息过程。如果采用了更广泛的定义,会随之出现一些问题。

举例来说,如果我们采用更广泛的信息成本定义,就会将"通信"的含义最大化。比如,我们是否应该把政府官员打电话、开会,以及与同事或公民交谈的时间都作为信息成本? 是否把上午阅读邮件、技术报告和读报纸的时间也作为信息成本? 是否还包括写信、指示和指导下属,以及培训、旅游和会议费用? 当然不能包括所有这些成本,因为它们数量太多并且意义不大。

8.13 必付的成本

研究估计,每年美国纳税人直接承担联邦政府的文书、信息和通信成本超过了 430 亿美元。而这个预计的数字还不包括各州和地方政府施加给公众的成本,估计该成本达 170 亿美元(见表 8.2)。即使是全部的结果,还是低估了很多重要方面的成本。

　　如表8.2所示,在联邦政府向纳税人征收"直接费用"之外,还有其他五项必须承担的成本费用。首先,是由联邦政府产生的"间接费用"。作为公民,我们一定要照单纳税,但这些费用并没有像邮费或政府人员工资那样在政府的会计系统中列出。与其相反,它们被"隐藏"和"掩盖"在一般管理费用和项目账户中,包括一些"其他服务"类的账户。

表8.2　政府施加给美国纳税人的文书、信息和通信总成本

政府施加给美国纳税人的文书、信息和通信总成本[①] (单位：10亿)	
1. 直接的联邦政府成本(例如：工资、印刷费、邮费等)	43
2. 直接的州/地方政府成本(由联邦资金支付)	11
3. 直接的州/地方政府成本(例如：工资、印刷费、邮费等)	17[②]
4. 间接的联邦政府("影子政府")成本(合约文档,"其他服务";由联邦资金支付)	13[③]
5. 间接的州/地方成本(对应于上述第4项;由州或地方财政收入支付)	8[④]
6. 由公民和企业为联邦文书工作所承担的私营部门成本	41[⑤]
7. 州/地方政府对联邦信息需求的回应	9[⑥]

总计 $142

备注：
　　① 多数成本估计可直接由联邦收支账户确定;多数使用统计抽样和统计外推来估计;
　　② 这项估计考虑了州/地方政府和联邦政府在劳动力组成上的不同(例如：在教育和法律执行方面具有更高比例的日常开支和预算;见图14);
　　③ 排除了由主要政府合作方强加的、用于相应文书工作需求而发生的转包成本;
　　④ 基于项目1、4之和与项目3、5(50亿美元)之和的比率计算,补充了额外的数目作为数据支持;
　　⑤ 包括私营企业320亿美元,个人87亿美元,农民3.5亿,劳工组织7 500万;参见联邦文书工作委员会关于文书工作对小型和大型企业的影响的个别研究;
　　⑥ 也可参见由联邦文书工作委员会和当代问题研究院合作的研究,可单独使用。

　　来源：联邦文书工作委员会技术文件"我们的影子政府：施加给纳税人的政府文书工作的隐性成本、信息和通信成本"(1977)

其次,我们必须为州和地方政府的文书、信息和通信费用支付相应的直接和间接成本税。有时各级政府只是简单地充当"中介机构"。例如,当他们管理联邦政府拨款时,就用联邦财政收入支付这些成本。在其他情况下,就用州和地方政府的收入支付这些成本。

再次,我们必须为州和地方政府能满足联邦政府的信息要求而纳税。作为公民,我们不能直接参与这些信息活动,但我们必须支付这笔税款。

最后,我们必须要承担填写政府表格和报告的费用,例如,美国人口普查局(Census Bureau)下发的调查问卷,或是政府监委会需要填写的业务和财务信息,或是申请救济金、教育费、退役补助或其他福利金等填表费用。

总之,我们支付的成本可以归为两大类:(1)直接成本。作为公民、企业和其他"私营部门"的成员,我们要支付一定的税费;(2)间接成本。我们缴纳的税费还包括政府收集、处理、传播和交流的文书和信息费用。对于直接成本,我们可以转移(或不转移)给其他人。例如,商家可以采用提高价格的方式将这些费用转移给消费者。

对于这些税费,我们必须帮助政府处理好各项文书工作,并且与政府合作寻找降低政府管理费用的途径。

8.14　投入与产出

当人们计算美国纳税人承担的全部政府文书和杂务费用时,出现了第三个定义和测量的主要问题,要将文书及信息的"投入"分离出来进行估算。1977 年 5 月,马克·波拉特(Marc Porat)在其博士论文《信息经济》和为商务部撰写的报告《信息经济:定义和测量》第九卷中写到,"联邦政府的部分官僚机构,有必要和'外部'实体(如私营企业、州和地方政府)进行沟通。这些官僚机构仍在相互'谈论'着管理经济。在过去 50 年,官僚式的空谈已经愈加严重。"波拉特认为政府本质上应是"信息生产、分配和消费的有机体。主管机构要进行计划、协调、指导、评估和交流。政府要处理信息,进行调查、收集情报及写报告。"

我们遇到的困难是,如何区分哪些活动应归入"信息投入"(信息资源),且清楚数量是多少? 哪些活动应归入"信息产出",且清楚数量是多少?

波拉特亲自计算了联邦政府的"信息投入",认为 1967 年信息资源的总成本是 505 亿美元,其中只有 118 亿美元用于主要信息部门的直接购物和服务。在 505 亿美元中的一个大项目是研发成本,用于美国国防部和国家航空航天管理局研发新式武器和空间系统。波拉特估计成本为 131 亿美元。波拉特认为另一项大的费用是"信息工作者的员工补偿金",在 1967 年为 166 亿美元。后面的数字,他是从联邦雇员职业和薪酬结构的公务员制度委员会获得的。该研究采用与文书工作委员会类似的方法,并提供了与委员会自己得出的数据进行对比的依据。

8.15 政府的宣传

波拉特博士估计,1967 年联邦政府宣传的广告费为 1.11 亿美元,介于高露洁棕榄公司和雷诺实业公司的广告费之间。而这还是 2.6 亿美元公共服务宣传广告之外的费用。"政府十分清楚这是进行政府营销,即使没有市场交易也要强制性征税。据我们研究仅国防部的'招聘广告'就花费了 1.47 亿美元。"[2]

华盛顿明星报的监察员乔治·贝弗里奇(George Beveridge)对政府在公共关系和广告费开销方面的合法性和正当性进行了论述,并且比波拉特论述得更加深入。1976 年 4 月 19 日,他在该报中撰文谈到前几周约翰·菲亚尔卡(John Fialka)在 4 部分系列中提出的"政府营销"(Fialka 系列),他谈到:

> 菲亚尔卡(Fialka)描述了联邦政府对庞大的公共关系费用失去控制,并且涉及各官僚阶层,没有人能准确评估出其真正的规模或价值。文章(在 4 部分系列中)提出质疑,政府为了自身政治利益而不顾公众利益开展大量的"信息"活动,这些活动

浪费了多少纳税人大量的资金……但是文章提出了与众不同的观点：当前的信息活动组织混乱、分散在各处，并且难于控制，因此几乎很难将具有重要、有效功能的信息活动从吹捧和利己的政治广告中分离出来。在我看来问题可归结为，关于政府公共关系职能的明确定义应该是（不应该是）什么始终不太清楚。[3]

这里提到关于贝弗里奇的评论，是因为有两个问题需要注意。第一，政府的广告、营销和公共关系的成本是否应该作为"信息和通信费用"？第二，在处理文书工作和信息成本中，一个严重问题是政府的许多"信息活动"被掩盖了。它们分散在各级政府的许多间接费用和直接费用的账户中。尤其是政府机构总不公布清楚完整的"公共关系和广告费用"。这些费用常常是归在其他类目下。如表 8.3 的分类和数据。

表 8.3　信息、通信和文件的成本*

1. 从事信息资源工作的白领员工的薪水	$ 19 442 270 141
2. 从事信息资源工作的蓝领员工的薪水	860 744 844
3. 从事信息资源工作的军官的薪水	1 326 935 608
4. 从事信息资源工作的士兵的薪水	2 522 291 772
5. 间接雇用的外籍人士的薪水	414 500 000
6. 印刷费	951 000 000
7. 邮费	549 673 000
8. 办公地点（总务管理局控制—仅 SLUC）	817 228 000
9. 自动数据处理地点（总务管理局控制—仅 SLUC）	18 940 392
10. 非军事机构通信（语音、数据—总务管理局/自动数据及电信处控制）（不包括个人）	357 000 000
11. 国防部通信（语音、数据卫星）（不包括个人）	3 836 000 000

（续表）

12. 自动数据处理运营（非个人）财政年度—1976 年	6 120 966 000
13. 广告（国防部招募）1976 年（不包括个人）	147 330 000
14. 国防部报纸和期刊的发布（不包括个人）	25 847 347
18. 新建工程—"信息与文件"大厦 国会图书馆—詹姆斯 A. 麦迪逊大厦 社会安全计算机中心，伍德朗，马里兰州 莱斯特希尔中心—国防部生物医学交流 管理大厦 （成本分摊超过 4 年平均建设期）	81 000 000
16. 供应和装备办公室	1 100 000 000
17. 租用和通信	1 337 000 000
18. 情报信息和文件成本（包括个人）	3 300 000 000

总计　＄43 238 727 104

＊这并不包括额外的由联邦资金支付的 240 亿美元的文书工作成本（110 亿直接费用，130 亿间接费用见表 I. 1）。这笔花销用于州和当地政府处理联邦项目，支付文书工作的费用，补偿运输者的医疗保险，各种信息和文件职能的外包（如咨询、制图、排版、程序手册等）。在报告的后面有与此相关一份单独列表。

来源：与图 8.2 相同

　　总之，美国财政部（Treasury Department）、总审计局（General Accounting Office）、行政管理和预算局（Office of Management and Budget），以及其他"监督"政府财政和信息管理系统的部门，都没有明确的指南和标准来决定什么样的费用应归在"文书、信息和通信费用"类目下面。当然也不该对此向他们起诉，因为没有人要求他们这么做。政府机构已经不允许再将账户定义为"间接费用"或"其他服务"。但我们清楚地知道，大量的文书、信息和通信费用一定在机构的某些账户中，并不是靠间接、推断的方法估算费用的大小和特性。那么，我们为什么不用直接法重新定义来解决这个问题呢？

8.16　联邦信息成本

在一份"1976 年联邦信息增长 11.8%"的简要研究中,华盛顿的研究人员创建了有 7 项关键指标的综合指数,他们认为这些指数是"联邦政府数据和信息的代表"。这 7 项指标是:政府印刷局费用、国会印刷费用、统计项目费用、研发费用、计算机数量、联邦公报页数,以及国家技术信息服务部出版物数量。从图 i.1 中可以看到 1971 到 1976 年的 6 年间,联邦预算支出增长了 19.1%,"信息指数(Information Index)"增长了 68.8%,后者几乎是前者的三倍。[4]

联邦信息增长的数据评估,还可以从联邦财政预算专项分析的政府统计中获取。从 1971 年到 1976 年,这 6 年的统计数据显示,其债务从 1.612 亿美元上升到 4.925 亿美元。

联邦信息成本的第三种评估法,来自唐纳德·金(Donald King)所做的委员会价值/费用研究分析。在他的研究"来自联邦资金的科技信息的价值评估"中,唐纳德·金得出的成本估计,是根据用户愿为科技信息支付什么样的费用来完成的,如国家技术信息服务部和政府印刷局等政府组织出版的科技信息。信息产品在 1975 年研发的基础上完成,1976 年发行。(信息)成本取决于科技杂志的平均价格、发行量,以及国家技术信息服务部和政府印刷局发行的技术报告的销售价格。取决于用途的成本也应予以评估。尽管唐纳德·金对获取信息"价值"更感兴趣,但他从成本角度进行研究也是有价值的。联邦政府赞助技术报告的总成本估计为 4.065 亿美元。通过联邦资金产生的科技信息价值大致估计为 47 亿美元。

第四种评估信息成本的方法可参阅表 8.4。从美国联邦公路管理局、交通运输部发布的这一图表中,可以深入了解政府不断增加的文书和信息成本,这是由美国联邦公路管理局、交通运输部发布的图表,这与公众对参与政府过程的政府需求增加有关。图左边部分是"技术",表示那些公众要求参与的政府活动。几乎所有的这些活动都需要文书工作。

表 8.4　公路机构行动计划

关键：计划阶段 S：系统 C：通道 D：设计 O：偶尔使用 技术方法 \ 行动计划	阿拉巴马州	阿拉斯加州	亚利桑那州	阿肯色州	加利福尼亚州	科罗拉多州
1. 公众听证会	S C D	C D	S C D	S C D	S C D	S C D
2. 信息会议	S	S C D	S C D	S C D	S C D	C D
3. 法律注意事项	C D	C D	C D	S C D	S C D	S C D
4. 大众媒体广告	C D	C D	S	S	S	S C D
5. 邮件列表	C D	C D	S C D	S C D	S C D	C D
6. 公民委员会	S	S		S	S	S C
7. 向有关各方做报告	S C D				C D	C
8. 提交项目报告	S C D	O				C
9. 新闻发布				S C D	C D	
10. 预先听证会/事后听证会		C D				
11. 做调查		O			O	
12. 公共研讨会		O		S C D	O	
13. 与受影响的产权人直接接触	C D					

　　我们关注的中心点是,随着公众参与政府过程的增长,文书工作也随之成了一项隐含的要求。当然必须要有人负担这些成本。但是,公民、企业或私营部门实体却负担了日益增长的公众直接参与政府活动的成本,从而将这些负担从公共赞助转向私人赞助。

　　1976 年 9 月 30 日,最新有效的年度数字是关于联邦文件的数量和维护成本。如表 8.5 所示。图表显示所有机构、联邦文件中心和国家档案馆的馆藏量超过了 3 400 万立方英尺。当然,不是所有的文件都是以物理形式和硬拷贝文书形式存在的——这也是其他研究中常见的观点。如表 8.5 所示,许多机构都有非常庞大的计算机磁带库。机构保存的磁带总数达 8 202 862 卷。因此不仅包括"手工的"纸质文件,而且包括任何可进行成本计量的计算机文件。

表 8.5　联邦文件的数量及维护成本

联邦文件的数量和成本＊(9/30/76)	
机构总藏量	20 110 330 立方英尺 @6.79 每立方英尺等于 $ 136 548 937
联邦档案中心总藏量	12 824 959 立方英尺 @0.54 每立方英尺等于 $ 6 925 447
国家档案总藏量	1 287 349 立方英尺
全部的联邦文件	34 222 608 立方英尺

排名前十位的机构		
总量(立方英尺)(机构和文件中心内)		磁带卷数(机构藏量)
DOD	7 401 352	DOD	4 786 900
Postal Service	1 684 433	NASA	948 325
HEW	1 470 038	HEW	532 923
VA	1 381 900	ERDA	385 892
Justice	1 104 047	Commerce	312 645

（续表）

Agriculture	982 155	GSA	208 573
Treasury	943 269	DOT	203 573
ERDA	688 635	Postal Service	95 100
Interior	566 764	Labor	90 756
DOT	438 027	Interior	79 521
＊仅地点和设备			

来源：同表 8.2

8.17　国家档案与文件服务部

为帮助确定以往的信息和文书成本评估的成果，1974 年 7 月国家档案与文件服务部（National Archives and Records Service，NARS）向联邦文书委员会提交了一份非正式的研究报告："信息和文件成本——临时报告"。这份报告由国家档案与文件服务部的文件管理办公室撰写，对政府信息和文书工作的成本进行了总体评估。1974 年估计成本为 321 亿美元，这项研究认为"由于很多成本没有收集到，这只是最低的估计数字"。文书工作委员会根据 1974 年的数字，推算出 1974 年到 1977 年之间联邦预算费用的增长。推算的数值超过了 400 亿美元。图 8.3 显示了基于"信息和文件"成本计算法而获得的数值。

无论是否赞同这些初步研究的数据、方法、推论、结论和建议，毫无疑问的是我们的社会已经进入了信息时代。物理的文书形式正在被电子化、缩微化和其他媒介形式所替代。当汇总信息处理需要的全部资源的成本时，其总和简直是个天文数字。

作为对信息资源效用和效率研究和分析的第一步，在实现政府计划目标或产业目标中，如果要解决问题，那么对前面讨论确定的计量问题一定要立刻给予直接的关注。

　　有时,政府需要在这些问题上起带头作用。行政管理和预算局(Office of Management and Budget)及总审计局的官员们可以开发一个信息对象分类模式。这种模式能以有效的方式,把现在分散在许多不同账户和对象类别中的、与信息相关的费用进行集合、确定和分类。无论是政府内部成本,还是公众受访者的"外部"成本,都应考虑归入其中。但不主张对现有的对象结构做大的变动,而是采用"改进的具体分析方法"。

　　1977 年 5 月,商务部公布了一份名为"信息经济:计量的定义"的报告。预算管理办公室官员、美国总审计局总审计长及商务部秘书对这份报告的结论和建议进行了研究。此外,他们还参考了其他有关识别、计量和定义"文书及信息相关的费用"之类问题的研究报告。他们希望能够为"信息经济兴起"中的各政府机构,及公共和私营部门制定标准的定义、计量方法、命名法、术语和缩写。例如,华盛顿研究者采用的生产力和工作量类型指标就非常有用。在这方面,可以请权威的私营组织和公共部门的帮助,包括成本会计准则委员会(Cost Accounting Standards Board)、信息产业协会(Information Industry Association)、联合财务管理改进计划、美国注册会计师协会、美国国家标准协会、美国会计师协会、美国统计协会等。

8.18　人力成本重要吗

　　多项研究(包括前面的研究)表明,信息资源成本中真正的影响因素既不是硬件,也不是软件,而是"人力成本(people costs)"。换句话说,收集、存储及处理信息和数据的成本尽管很大,但相对于分析和利用信息的成本却较小。当然,除了极少数例外,只有人类才能通过程序控制机器进行操作管理(人类能对信息进行正确分析和充分利用)。如果这些研究是正确的(直觉上似乎是这样),那么我们应该对"人力成本项目"进行深入研究。

　　在 1974 年完成的联邦研究中,上述的文书工作委员会报告被视为

"典范",这项具有开创意义的研究试图发现联邦文件产生、处理和存储的成本,这项研究确实凸显了人力资源项目的重要性。该项研究估算,每年创建和处理联邦项目的信息和文件的费用为 321 亿美元。研究者认为这一数字实质上低估了总成本费用,许多行业分类没有包括在内,因为它们的主要职能并不是信息处理。像文书委员会的研究,其开发数据的原则是,除薪金之外,员工建立和处理信息和文件的所有工作都应计入成本(包括场地、办公设备和用品、办公器械、办公家具、印刷、计算机、通信等)。此外,对正规机构的行政指令和出版物之外的所有文件,不论其物理格式如何,包括视听报告和文件、科学技术报告和文件以及出版物,都要进行研究和成本计量。[4]

　　研究得出的一项重要结论是,许多关于信息处理和文件处理的成本并不明显,因为它们归入了"其他服务"的预算分类下。尽管费用的对象分类中没有包括公务员(Civil Service employees),但在 1973 年财政年度,联邦政府"其他服务"类的总成本竟达到 490 亿美元!毫无疑问,这些成本大部分跟信息处理有关。例如,对七个机构的调查表明,仅速记和法院报告这一项的合计成本就将近 200 万美元。

　　有人称这些隐藏的间接费用是"影子政府(Shadow Government)"或"隐形的官僚机构(Invisible Bureaucracy)"的成本。多年来,政府内部许多主管官员已经竭力去解决这个问题,然而这些间接成本似乎继续上升、有增无减。

8.19　小　结

　　数据和信息的成本计量是信息资源管理链的一个重要环节。信息资源管理链的其他环节,像预算、计划等哪个在前、哪个在后,很难把它们分离开来。毫无疑问,会计影响预算,预算也影响会计;计划影响会计,会计也影响计划。依我之见,必须反复强调:在信息资源管理中会计原则和实践具有重要的作用。因此,信息管理者应该认真地研究这些原则和实践,以确定在什么地方、什么条件下应用这些原则和实践,有助于提高对数据资源的管理。

　　我相信本章讨论的"自上而下法"、"自下而上法"、"使用类型法"等方法,都具有不错的应用前景。今后,政府、私企、会计组织和其他专业团体应该继续对此进行检测和验证。希望相关机构的领导能够认识到此项工作的紧迫性,明确地知道在提高领导能力和从财务方面开展进一步深入的研究。

8. 20　问题讨论

　　1. 如果按照传统的会计实务,我们可以根据现存的会计分录来获取、记录与合计公司、机构或其他组织的"信息资源"费用。假设我们购买了一些电话传输数据的电子仪器,如数据电话机(dataphone)。再假设数据电话机可以替代邮件处理、节省邮费和相关费用。那么购买这种设备应该归类到"邮件和邮费"还是"数据处理"类目呢? 信息会计准则如何处理这个"难题"?

　　2. 现在市场上正销售一整套计算机控制的硬件和软件的排版技术。按照前面的问题,这类设备的采购和使用费应该归到"印刷和复印"还是"数据处理"类目呢? 在从工业社会到信息社会的转换中,传统的会计分类是如何受到影响的,除了这两个问题你还能想出其他的例子吗?

　　3. 从管理会计的角度看,你是否会记录下公司员工花在一些事务上的全部或部分时间,如参加会议、上午阅读邮件、写信、指示他人或接收他人指示等,并将其作为"信息和通信相关费用"或"间接费用",而不将其分别归入到成本中心? 讨论这种做法的利弊。

　　4. 在你公司内部,如果另一个部门要求你们单独为他们的信息需求(例如他们需要的周期性报告,但对你们可能没什么用处)建立一套专门的案卷和文件,你会坚持要求将建立和保存文件的费用计入公司内部其他部门的会计账目中吗? 讨论这种做法的利弊。如果你是公司的领导,负责管理本部门和其他部门,你又会如何处理?

5. 作为公民,如果政府部门让你填写一份关于依法享有的服务或利益的表格,你认为应该就填写表格(或申请)所花费的成本接受某种补偿吗? 比如: 税收抵免或退税、直接补偿、免费邮寄申请表等好处?

注 释

[1] Palmer, Carl R. , *"Computer-Based Information Systems and Related Activities—Accounting Entity Definitions,"* (Paper prepared for the U. S. General Accounting Office, May, 1974). This is an excellent review of some of both the theoretical and practical dimensions of accounting for, budgeting for, and managing computer and add resources. It is to be hoped that GAO will build upon and expand this initial study to include all facets of information resources management, of which ADP resources are only one (albeit extremely important) part.

[2] *" Impact of Federal Paperwork on State and Local Governments: An Assessment,"* Volume Ⅰ of the Report of the Commission on Federal Paperwork, Academy for Contemporary Problems, Washington, D. C. , (undated, but report submitted in May, 1977).

[3] *"Our Shadow Government: The Hidden Cost of Government Paperwork, Information and Communication-Related Costs to the American Taxpayer,"* Technical study prepared as a background staff paper to support other Commission on Federal Paperwork Studies. January, 1978. This important paper examines in detail some deficiencies in classification and presentation of expenses under the Federal Government's Object Classification System, as set forth in OMB Circular A-44. It uses the "Information and Records" approach as the premise upon which to estimate fractions of the

various Government occupational series spent in "paperwork and administrative" tasks versus "substantive decisionmaking and problem-solving." May be obtained by contacting the author.

[4] *"Information and Records Costs—Interim Report,"* Special Report prepared by E. J. Basgall for the National Archives and Records Service, July 29, 1974, Washington. D. C. This is the predecessor study of the foregoing CFP study. This important study lays the groundwork for the "Information and Records" Approach described in the text.

第9章　信息组织机构

　　需要采用什么类型的总体组织结构来管理作为公司重要资源的信息呢？这种机构应如何定位？应该如何在机构内部组建信息部门管理信息？信息部门如何配备职员？它应该由谁管理？应该采用集中的还是分散式的方式进行管理？是否需要一个涉及整个公司范围的数据库管理员（data base administrator）或信息管理者（information administrator）？他们需要具备什么技能呢？

　　这些都是重要的问题。我的观点是：如果在总公司里，信息资源管理政策比较健全，高级管理高层又对公司的信息计划感兴趣，并且直接参与信息计划，还有财政和人力资源预算支持信息部门，那么在各个不同层次上的信息部门就会有效率。最后，在总公司内将信息部门放置在准确的层次，并且给予其明确的结构定位，既是组织中某种类型业务的功能，也是我们需要考虑的问题。然而，信息部门所设置的层次也绝对不能低于传统资源管理部门的层次，并且信息部门还要与这些管理部门，比如人力资源、材料、财务以及其他管理部门相互竞争和相互联系。但是首先，让我们先调查一些与信息部门设置相关的一些结构和定位方法。

9.1　一种职能化的方法

　　图9.1显示出了在联邦政府机构中信息和数据服务是如何根据"纯粹"职能路线而组织起来的。与传统和常规的方法形成对比，该方

法的实施取决于服务终端(end services)所表现出来的特性。但是,需要指出的是,图 9.1 中展示出来的职能化结构对于各种不同的组织情景来说未必就是最好的结构。无论是采用何种信息处理的物理媒介或采取何种收集、存储和传播模式,那些相关的信息和数据都要被整合在一起。这个结构主要基于在任何组织中都会有需要执行的各种相同的信息功能。

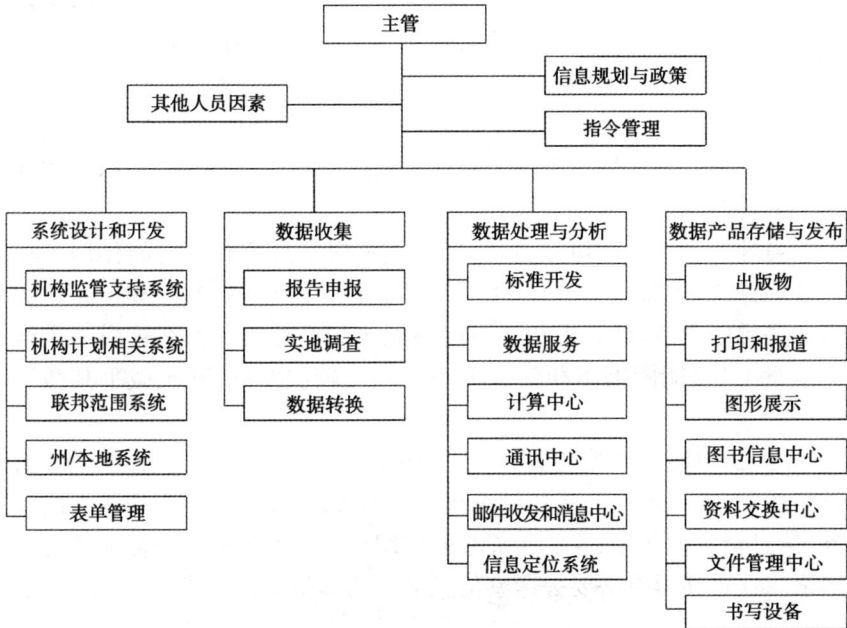

图 9.1　机构信息管理结构

　　在这里相对于另外两类重要的"信息":文件和文献,更多强调了数据的作用。举例来说,对于把资料交换中心、文件中心,与所谓"数据生产、存储以及传播"的出版机构混同在一起的说法,图书馆员可能会表示不满。当然,在图书馆的运作过程中会涉及大量的数据收集。举例来说,图书馆中编目系统的设计和运行会被限制在"系统设计和开发"的职能标题下。类似的争论还会产生自资料交换中心和文件中心的负责人，他们需要判断功能定位的高低与不同。

对于我们来说，从上文必然能推测出所谓"职能化方法"既不是"单纯"也不是更"优化"的。相反，从很大的程度上来说，既然它可以预先制定出一些清晰和明确的标准，并定义出特定的信息功能以及该功能的相应定位，那么这种方法有可能会误导我们。我们可以看到这种过于单纯化的方法中有一些令人困惑的地方。首先，那些处理较多自动化数据表格的组织，例如与科技文档和文献馆藏的学术机构相比，像炼油厂这样的过程控制产业可能会有完全不同的处理信息的方法。类似后者组织中的信息部门结构比前者的过程控制模式的组织可能更为接近图 9.1 所示。对于治学而言，图书馆是一类重要的信息资源，我们可以在那里看到信息部门定位于文件和文献，而不是简单数据，这也体现出了一种组织的变革。

另外一个困惑的地方是，我们应该考虑信息资源本身的作用。在一些业务中，比如在中介业和机票预订业务中，快速、准确和可靠的数据是关键的资源，计算机和通讯网络处于中心位置。而在这样一个组织情景下，可能图书馆和信息中心发挥比较次要的，甚至微乎其微的作用。

总之，单纯的职能化方法是一种模式，不可以应用于所有组织情景。然而，可以根据一些变量来选择其他方法，变量包括组织的不同业务、信息资源的作用、我们所关心的组织层次以及其他一些需要考虑的因素。这也使得有必要去考察信息部门的其他结构形式。

9.2　一种较为传统的方法

相比之下，图 9.2 描述了一种较为传统的信息组织结构：我们有一个图书馆、计算机中心、打印和复制的设备、通讯器材和邮件收发室等。相较在图 9.1 中展现的职能化信息组织，这种方法的核心焦点应该放在传统的信息处理媒介，以及信息收集、存储和传播的模式。

在这种方法中，数据和信息资源的组织围绕着传统的活动进行，这些活动按信息生命周期进行管理和控制。因此,图书馆已经成为负责管理收集、存储和传播文献的传统信息部门,而信息中心和资料交换中心则负责文档馆藏,计算中心负责数据馆藏。在三个主要的信息类别内,信息管理的种类和功能变得较为专门化。举例来说,信件收发室负责文档类;文件中心负责文件类;出版部门则负责公开传播的出版物。另外,还有一些专门的部门负责数据、文档和文献。

如前所述,尽管这些机构的边界和标签随着计算机、通信和其他现代信息处理技术的出现而变得模糊,例如缩微图像和文字处理技术。实际上,有些总公司在现代信息处理媒介和模式发生深刻变化时,仍坚持采用过时的信息活动的定义,这种趋势已经导致了许多管理、会计、预算和控制的问题。举例来说,我们所提到的从文档到自动化媒介的转变。在许多会计系统中,多数信件处理的成本依然隐藏于计算机、通信以及复印成本中,或者其他地方。

图 9.2　传统信息结构

9.3　一种复合和过渡的结构

第三种是一种复合和过渡结构,介于图 9.1 所示的职能化方法和图 9.2 所示的较为传统的方法之间,如图 9.3 所示。在这里,信息存储和信息处理的功能通过媒体和模式分项(mode line)得到了强化,但是信息收集和传播仍然沿用传统的方式。

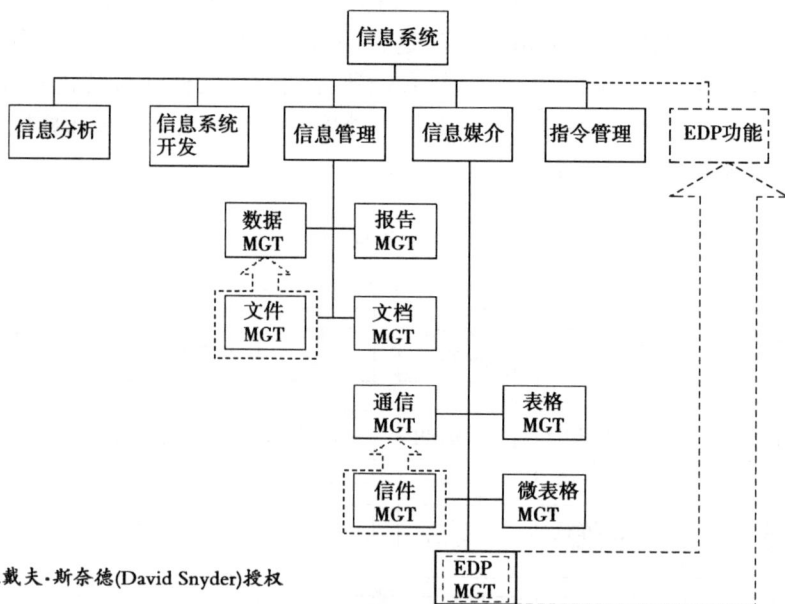

经戴夫·斯奈德(David Snyder)授权

图 9.3　一种复合的、过渡的结构

这个过渡的结构是个理想的结构,一方面,在这个结构中大量和用途相同的数据能够通过管理,在整个机构范围内得到充分的利用并体现它们的价值。另一方面,信息分析和信息系统的开发功能被认为是较高层次的活动,它需要一种截然不同的方法、技术基础和管理制度。在这里我们可以发现,组织认为它的文件(物理案卷和记录)不应该从更为一般的数据管理功能中分离出来,例如信件处理不应该从通信功能中分离出来。其他的职能联系应该介于较为传统的"印本"的信息视角和后工业的"信息资源"视角之间。

9.4　一些通用的原则

组织理论学家告诉我们应该对信息组织机构的规划多考虑一些，我们已经简单地指出了它们中的一些，让我们来系统地回顾一些内容。首先，业务具有不同性质。这个问题很重要，因为信息资源的作用与其他资源相比，对于某一企业、贸易、产业和其他职业而言是有区别的。另外，所需要的数据的形式和存在方式也会有区别的。举例来说，在芝加哥的期货市场上，买家和卖家所拥有的及时的信息对于在几分钟内千万美元的交易业务来说至关重要。不完整、不准确、不可靠的混乱数据会导致巨大的损失。在较小范围内，其他金融市场也是如此，例如华尔街，证券经纪业，以及像二十世纪六十年代在日内瓦举行的肯尼迪回合贸易谈判这样的政府国际贸易谈判，类似的谈判最近多发生在东京。

信息组织机构的形式和结构对于组织目标的实现非常重要。在多数组织中，资本、劳动力以及企业家创造性的精神都不能够代替所提供的最为珍贵的商品——及时的数据。在这些组织中，信息部门将处于相对较高的层次，为较为高级的行政人员提供报告。

另外一种极端现象是，某些类型的职业、组织和业务几乎不需要数据资源。例如，画家和作家事实上可以忽略对外部数据的需求。他们的创造性灵感可能仅仅来自内在已有的可用资源。饭店、剧院、洗衣店、百货店以及许多其他的零售店也存在类似的问题。

9.5　制造 vs 购买的考虑

信息理论学家告诫我们，另外一个需要重点考虑的是对信息部门的结构进行规划，即从内部资源中组织所能够生产的自身所需要的信息，或者组织是否需要从外部购买所需的信息产品和服务。从一定程度上来看，这个决定是我们需要考虑的，这种考虑主要包括了业务的性质，信息资源在该业务中所定位的作用。如果把生产信息作为主要生产业务，例如我们是出版商，专题文摘服务商，一些研究组织，一个市场研究机构，或者是联邦政府的人口普查局（Census Bureau），那么很明显，我们拥有的信息部门类型与汽车制造商，或者废旧金属加工商，或者药物生产商所拥有的信息部门的类型是不同的。如果信息处理是我们所经营的业务，那么我们就可以充分发挥现有各种信息专家的优势。我们也会有机会拥有足够大的计算机中心、优质服务的图书馆、擅长数据挖掘的专家、报纸出版商的辅助库房或者绝版书。简而言之，如果内部缺少所需的信息产品和服务，我们则可以生产许多信息产品。

另一方面，如果我们的业务是生产装配、组合或者制造，那么我们可能会有幸地拥有很少的信息专家。因此，取代建立复杂的、高度结构化的、纵向垂直和水平分布相连接的信息组织机构，我们可以聚集有限的信息专家，或者将其组成强大的相关利益团体，其利益包括长期规划，经济和市场分析等等，但是我们不得不购买所需要的大部分的数据产品和服务。

9.6　专业信息资源

另外一个因素是专业信息人力资源的质量和优势。在下一章中，我们会探讨更多特定的人力资源，但是很明显的是，组织系统除了组织模块、模板以及理论外，还有其他更多的内容。一个有效的组织结构多半依靠一些比较强势的、有驱动力的、有远见有战略思考的人，这些人还具有一定的活力和信服力。

其中一个问题是许多组织都有各自的图书馆员。从传统的角度来看，我们认为图书馆员一般是坐在放有安静标志的桌子旁的谦逊、又有些害羞的人。太多的图书馆员按照这种模式进行的培养和训练，他们缺乏个性，没有进入竞争的环境，与计算机中心主管一起和今天日益紧缩的预算进行博弈。然而,改变图书馆员和图书馆的需求事实上更为紧迫。对于这些图书馆员,我的建议是上一些增强自信或者使自己更为强势的课程。

简而言之,可以围绕组织中较强能力的个体来构建组织结构,而不是通过其他方法。一个强有力的计算机中心主管或者数据库管理员,理解信息资源在组织中的作用并对此有敏感性,他们所发挥的领导作用要比那些没有经验,对该领域不够理解,但是又带有信息经理的头衔的管理者来说要大得多。组织的人员安置和职能权限确实有效地帮助了新规划的建立,但最终还是要靠人来实施规划。

9.7　作为决定因素的信息

目前,对"信息资源是组织中信息部门级别和配置的决定性因素"的探讨还比较模糊。在这里,我们要试着探讨得更为具体一些。阐述两个"相反"的联邦政府的例子,一个发生在外事部门,另一个发生在情报部门。如图 9.4 所示,信息功能的定位取决于它的基本功能、目标或者"角色"。举例来说,在美国国务院中,传统外交政策的目标可以分为两个主要的类别:政治和经济。由于民主政治的兴衰、国际冲突和危机的出现以及其他因素,面向社会的外事信息资源管理项目可能会或不会与政治、经济连在一起。传统上往往会把它们放置在低于其他两个方面的层次上。由于数据和信息是外交事务的关键所在,我认为信息资源应该放置在独立的项目级别上,如图 9.4 中第一个图所示。在情报部门,信息进一步被加工为情报。两个主要的功能在传统上被包含在组织的最高级别中,即情报开发和情报资源管理。后者现在主要用于内务处理功能,但是却有一些迹象显示情报资源的定义向着更高级别发展,而不仅仅是数据的处理。我们所要尝试阐述的如下:

首先,信息资源管理的功能应该是我们业务中的一种功能。

其次,希望能够发挥信息资源的作用。

再次,各种组织运行需要的信息产品和服务,反过来可以管理各种技能、设备、材料、办公室和工厂以及实验室的空间，以及其他资源要求。

1. 外交事务的结构

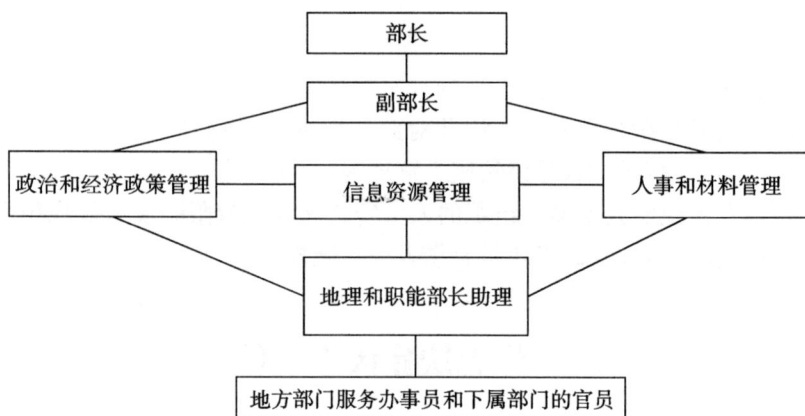

```
              ┌──────────┐
              │   部长    │
              └──────────┘
              ┌──────────┐
              │  副部长   │
              └──────────┘
┌──────────────┐ ┌──────────────┐ ┌──────────────┐
│政治和经济政策管理│ │  信息资源管理  │ │ 人事和材料管理 │
└──────────────┘ └──────────────┘ └──────────────┘
              ┌──────────────┐
              │地理和职能部长助理│
              └──────────────┘

    ┌────────────────────────────┐
    │地方部门服务办事员和下属部门的官员│
    └────────────────────────────┘
```

2. 情报部门的结构

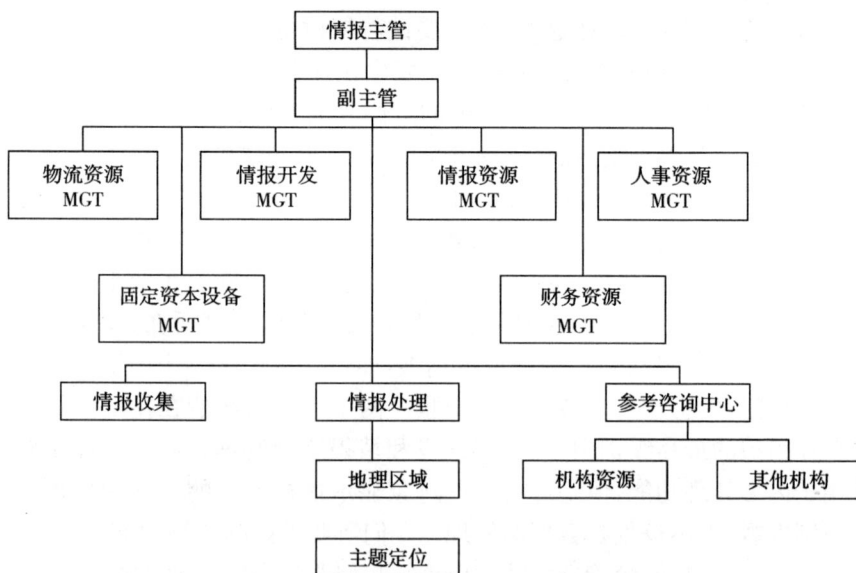

情报主管			
副主管			
物流资源 MGT	情报开发 MGT	情报资源 MGT	人事资源 MGT
固定资本设备 MGT		财务资源 MGT	
情报收集	情报处理	参考咨询中心	
	地理区域	机构资源	其他机构
	主题定位		

图 9.4　外交事务与情报部门的结构

当然,在组织管理的领域中没有神奇公式,只有一些"路标"作指引,我们也应该利用我们所拥有的"路标"。最理想的情况,有见识的高级管理者应该召集他的专家,建立特别小组或者项目团队来考虑信息部门结构的选择,并进行修正。可能并没有纯粹的和最优的结构,举例来说,一个过渡的结构可以缩短现有的结构和理想的结构之间的差距。比较清晰的是,预算、人力、技术和政策的限制可能减慢一些信息部门理想结构的发展。

总之,我认为,在政府、私营产业或者其他地方,很少有能够反映信息资源在现代社会中重要性的组织系统图。正如从低级别的、基本的数据处理定义发展到较高级别的、复杂的、信息处理的定义一样,我们的组织结构当然也需要与相关理论的发展并行。

9.8　信息组织机构的作用

经过信息组织机构从理论到实践的发展,让我们来假设信息组织机构的一些功能:

(1) 为高层提供建议。信息组织机构应该随时准备为组织机构中的高级官员尤其是首席官员,提供建议和咨询,告之如何在完成组织机构整体任务时有效利用信息和数字资源。我们在这里讨论的不是组织需要多少计算机终端,也不是需要多大的图书馆,而是信息资源在组织中的长远方案中如何发挥作用的问题。

(2) 协调。信息组织机构必须要发挥出中心的协调作用,以确保所有特定的信息活动与组织中的各个项目保持一致,而不是互相孤立。信息组织机构必须要与不同部门和员工密切合作,以保证他们与信息相关的项目可以互相促进和互补,并保证他们之间最低程度的重复和交叉。

(3) 信息应用程序。计算机分析师通常是根据计算机程序来思考的。也就是说在某些领域或者操作上,使用计算机来辅助手工的进程可以事半功倍。信息组织机构的领导者有责任去确保这种应用程序化的思考能够作为非自动数据处理领域中的有机组成部分，并且成为整个信息项目的各个方面的有机组成部分。一般来说，只要有新的、不同的、或多或少的信息需求，就会有信息提供。信息组织机构，类似于组织和方法部门，必须要准备好与各个部门和职员进行合作，通过调查他们的运营和活动，了解信息和数据资源的应用程序如何有效发挥作用。

（4）技术辅助。很多现代的信息处理技术在理论和应用上都是相当复杂的、专门化的和难懂的。这就意味着信息组织机构的作用需要被发挥出来，而且也必须要被谨慎地发挥出来，并且要进行前期规划。举例来说，人们将需要什么培训课程？一个部门到达何种程度时才需要自己的技术专家？信息机构要帮助每一个部门确认、应用以及评价所有先进信息处理技术所发挥的作用。

（5）可行性研究。在组织内主要信息技术应用的预期收益和成本的可行性研究方面，信息机构应该准备发挥规划、组织和探索等主导性作用。我们再次谈到了计算机和自动化方法、缩微技术、复印技术、通讯技术、串行通信接口技术、文字处理技术以及其他技术。

（6）信息系统的开发。信息机构应该致力于机构范围内符合目标的信息系统的规划、组织、设计和开发工作，从而确保该系统能够正确地支持组织的目标。优先权应该给予那些具有复合目标的系统，并且还要避免那些狭窄、单一目标的、服务于小范围用户的系统的增长。

（7）标准。信息机构应该针对每个技术领域中的信息标准的开发、使用以及评估，着手建立信息标准，以及一系列政策和实际操作指南。标准的范畴包括数据元素的相关术语和定义、代码、通讯系统中的互操作标准、缩微图像、超缩微图像以及其他一些标准。

（8）组织范围内的信息资源字典。这个工作的其他部分都在强调需要开发一个显示现存的和规划的信息资源所在位置的基本字典。信息机构的理性选择是启动一个综合的、系统的包含现存和规划的信息资源、系统、产品及服务的字典。当然，这样的字典必须要涵盖所有三种主要类别的信息：数据、文档和文献。

（9）数据元素字典。目录的指南工具就是数据元素字典，这些数据元素是在组织中普遍使用的，并且其目标是开发一套包含术语、代码和符号的标准。

（10）信息资源管理系统。后面一个完整的章节将要致力于信息资源管理系统的概念和运作。很明显，信息机构必须承担起设计、开发和运行这类系统的责任。信息系统的架构像"黏合剂"一样把单个的信息系统整合到一起，并且还决定了所有信息系统和机构的进程是否能够被置于集成化背景或者被置于孤立的、支离破碎的背景。

（11）信息网络。除了信息资源字典、数据元素字典以外，组织的第三种信息工具是网络，它可以连接组织中地理上分散的和物理上分布式布局的信息资源。这个工具对于办公室、工厂、销售人员以及营销网点分布在全球各地的多国组织尤为重要。信息网络能力的扩展不能仅仅局限于资料交换中心的信息交换或者是高速的数据传输交换，还应该扩展到所有馆藏信息的有序传递和交换。

（12）培训、教育以及职业前景。在下一章信息管理者中我们将会涉及定位这三个领域中每个领域的重要性的问题。再者，信息机构需要主导规划、开发和评价这类项目和活动的绩效。如果每一个层次的职员想要通过不同的技术来获得必要的经验，那么对每一项信息技术的应用、使用以及评估的交叉培训就是有必要的。

（13）信息审计结构。明确了信息成本和信息预算的处理，为了管理信息资源，信息机构必须要开发一些不同类型的审计结构。参与信息管理的职员应该与组织中的财务管理职员，如审计、编程、预算和规划等职员，进行紧密的合作。

（14）安全保障。在之后的章节中，我们会强调有效地组织安全保障的重要性，确保数据不会有意或无意地泄露给非授权方。这些保障必须包含在一个完整的项目当中，从而解决物理安全（例如建立计算机锁等），技术安全（例如管理访问自动数据库的软件密钥等），人事安全（例如敏感职位的职员的忠诚调查）。安全项目还必须要定位自动的和手动的系统及其实践活动，而不仅仅是计算机的活动。在大多数使用现代信息处理技术、工具和设备的现代组织中，手工的和自动化系统之间存在密切的工作联系。

9.9　四个关键目标

在总结信息组织机构作用的同时，探讨一下其功能的四个关键目标是很有必要的。

（1）定义信息资源的角色。从总体来说，数据和信息对于组织的任务和目标如何重要？应该建立什么类型的数据和信息流？在组织中什么样的信息产品和服务将可以由自己生产出来？哪些需要从市场中进行购买？

（2）决策和解决问题的信息要求。信息要求的本质、形式和模式产生于对组织决策和问题解决过程的研究，这不是一个抽象的活动。信息要根据决策问题来定义自身，而不是简单地使其具备所谓的形式和规模，这是十分关键的。

（3）建立必要的控制从而保证所有有价值的信息可以得到利用，所有收集到的数据可以得到利用，只对有价值的数据进行收集和使用。正如关于信息需求规划的那章中所述，在信息流动过程中以及管理过程中，有许多手段能够用于控制和实施，并且必须用于保证错误的信息不被收集，信息不会被丢失和误用，数据不会隐藏于"橱柜中"而得不到利用，也不会因为在问题的解决过程中信息的误解和误用而得出错误的决策。

（4）确保信息资源的获取、增加、开发和处置等活动以经济有效的方式进行，从而实现组织的目标。这个目标本质上关注于信息的生命周期，以及在信息资源管理背景下信息生命周期的含义，也就是说信息应该遵循从生到死的过程，而不是杂乱无章的。

所指定的信息管理者可能会很好地做出组织规划清单，以确保其不会忽略问题的各个方面。这个清单应该包含结构、职员、培训、关键官员、信息组织机构和其他部门的关系以及管理部门、优先权、时间安排和战略，最后但也是最重要的是目标和任务。

9.10　增强话语权

盖茨(Getz)针对为什么公司把信息部门的级别提高到较高的组织层次,并且使其具有较宽泛的责任以及权力的原因进行了研究,揭示出关于组织现在解决这个问题的一些线索。以下是他所列出的内容。[2]

1. 认识到数据作为资源对于公司的重要性,并且要求对其进行专业化的管理;

2. 应该有最高管理层的参与;

3. 所涉及各个层次的人的参与和表现;

4. 产业的规模和快速发展;

5. 满足操作和规划需求的系统的发展(与审计或数据处理的需求相对比);

6. 发展整合多台分布式计算机的技术;

7. 公司中所有职能的重要性;

8. 通过一些竞争机构(工程和财政等相关机构)实现计算机增值;

9. 设备和数据的额外成本;

10. 相关操作的整合(计算机系统,数学运算等),由此使公司资源的使用最大化;

11. 已证明的高支付比率;

12. 不断提高计算机对于企业运作重要性的认识;

13. 计算机部门中的技术职员不愿意向控制者进行报告;

14. 日益增长的获取信息的成本和困难使得组织的管理需求有必要进行改变;

15. 获取更集中控制的同时,减少运作费用的压力日益增长;

16. 功能的实现从组织高层开始,因为这样才能让管理层认识到它对于整个公司运作和生存的重要作用。

盖茨研究中的四个其他发现也能够阐明我们的目的。他根据集中化和分散化的问题分析了数据所带来的影响,他所发现的这个问题是他整个研究过程中最有争议的。

1. 将面向组织机构的数据处理移到组织中较高层次，这是一个正在增长的趋势。这就意味着它可以归结为商业运作中计算机具有较高的独立性，以及日益增长的计算机运行规模和成本。但它却不是由于突然意识到数据作为一种资源而引起的，尽管结果有些类似。

2. 在新的信息系统应用的情况下，对于数据相关服务的整合成为一种趋势。通信、远程处理、复制服务、运筹学、计算机操作、系统设计、编程、数据呈现等等常常是独立地进行应用。这就意味着这种趋势将要继续。

3. 单一的、大型的或者高度分散化的运作将被区域性的数据处理设施所取代，这将导致组织的变革。对新硬件和通信能力运作的经常性再评价情况会让人产生困惑。微型计算机的出现已使日常事务的分散处理较经济，大型中心计算机进行大工作量的交流工作吸引力提高。数据处理功能的整合，就其本身而言，不会导致管理控制集中化。但是，控制的潜能确实存在且值得期待。

4. 对于学术而言，在没有特定的参考文献的前提下，近些年的一些组织中数据资源的管理已经成为了现实。这种趋势也将会继续。数据资源可以通过为特定目的创建的专门化组织进行管理。

正如这本书已经阐述和主张的，一些组织已经注意了这类情况，并不是因为名为"信息资源管理部门"的理论认识而提出的，而是因为计算机和自动化在数据处理的具体实践中的作用、日益紧缩的预算以及得到最高管理层关注的需求等。名字、标签和头衔并不重要，重要的是标签背后的实质内容。在某些组织中，如果人们习惯于使用传统的标签或者如果出于对这些标签熟悉的原因，如果供应商和客户也比较满意它们，那么新的功能仍然可以保留这些传统的头衔和标签。因此，看待事物要看本质属性，不要只看表象。

9.11　企业管理者

　　贝里和库克(Berry and Cook)提出了一套理论性的组织结构来实现他们知识资源企业的功能。如图 9.5 所示,在论文中他们取得了一致,即没有必要把所有合适的功能进行物理整合,并成为一个大型的、集中化的和完全统一的组织。他们的关键执行者应该是"面向知识资源的企业管理者",具有指导和控制一系列不同部门和职员的职能,包括知识资源中心的运行,知识资源政策的谋划人员,安全和隐私保障团队、标准团队、技术评估团队,以及与外接信息资源进行交互的部门,数据库管理部,应用程序管理团队等等。大部分的职能十分明显,而且也没有与本章中所选的职能偏离太多。然而,他们认为所谓应用程序监管者与用户组织存在间接的关系,而不是在企业监管者的直接控制之下的,这也是值得关注的。关于这一点,他们也存在着一定的矛盾。我认为,矛盾出现的源头可能在于诺兰(Nolan)的组织增长理论,也就是说在那些先进的组织形式中,就信息资源管理的原则得到内化而言,他们已发展到了最终阶段,这样就能够得出一个明确的决策,即是否支持技术功能,诸如系统分析和设计应该放在主要用户团队还是不集中化管理。这个决策通常依赖于以下因素的考虑,即对于部门来说信息资源如何重要和关键,对于现存系统和数据流的发生变化频率如何,组织结构的规模大小如何,组织所能承受的雇佣最少的职员数目以及类似的影响因素。

　　我也认为组织中职员所需要的各种技能在一定程度上取决于组织成长的阶段。我们应该谨慎,不要从阶段三到阶段四发展过程中给羽翼未丰的组织过多的负担,同时尽管这样的组织具有一个强有力的,有着多方面经验的团队,但是他们不一定会在组织的发展中起到预期的作用。

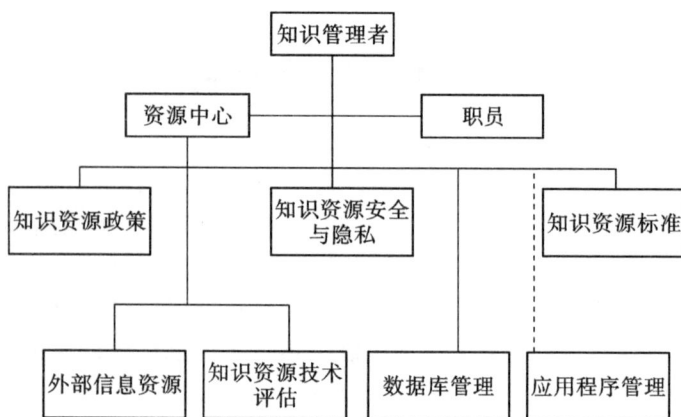

经贝里（Berry，James F.）和库克（Cook，Craig M.）授权

图 9.5　知识资源组织

9.12　一种折中的视角

对于新出现的信息资源管理的组织，我们还需要考虑的是，可以从比较复合的需求出发，将折中的视角运用到每一个环节当中，如规划、技术辅助、系统设计和开发等等。在目前的几个信息世界中存在着某些分歧，它们长期以自己的方式来处理问题，而不考虑各自领域的方法和手段。在组织系统图中，信息机构的出现可能会预示出它们的惯例会发生改变或者处理业务的方式会变得更好。随着一切的改变，一些调整在所难免。而且，在所有的专业和领域中，会有变革的阻力存在，这是因为如果信息组织机构要运行，就会需要在一定程度上对支持他们的不同领域进行妥协和整合。举例来说，统计学家与计算机系统一起工作可能会或者不会感到舒适。摘要/索引专家可能会怀疑编程人员。通信专家与出版人员在一起时可能不会感到完全的放松。如果信息机构能够满足期望并且能够较好地发挥它的作用，那么需要所有的技能和视角。

对信息管理的多学科方法的支持来自各个方面。例如，由美国国家科学基金委托的 Mitre 公司完成的一项重要研究揭示,科技信息显示出了科技信息政策将会成为信息政策中的一个焦点。科技信息与其他相关领域的信息,如健康、医药或者消费者信息之间的区分会越来越难。也可以说一般意义上的信息和管理信息系统、信息存储和检索系统、数据统计系统、文件管理系统,报表系统以及其他系统之间的界限也越来越难区分。

　　每一个基础学科对于信息管理来说都具有其特色的、独特的以及有价值的贡献。它不能也不应该成为组织机构信息规划、决策支持,以及运作模式的唯一案例或主导案例。因此,不可避免的是每一个学科都会参与进来,做出各自的贡献。我建议采用共同认可的一致视角,而非矛盾视角,考虑各方的受益,建立一种真正的折中方法。这种方法能协调所有的观点,并且建立在每一种观点的优势之上。

9.13　联邦政府——一种信息机构

　　以我看来,将联邦政府的组织结构视为一个巨大的"信息机构"具有独特的观点与视角。我们在这里提出的"管理原则、关注议题、考虑因素"多数在美国政府的组织图中可以找到。

　　马克·波拉特(Marc Porat)在他的博士论文《信息经济》中将联邦政府视为一个整体,尝试着识别并论证政府机构是主要的信息机构。在论文中,他将政府信息机构划分为八个主要类别:

　　(1) 印刷与出版;

　　(2) 电话与电报通讯;

　　(3) 广告机构;

　　(4) 新闻辛迪加和广播;

　　(5) 数据处理服务;

　　(6) 教育;

　　(7) 图书馆服务;

　　(8) 信息统计与规划。

第一类是印刷和出版：包括政府印刷局（Government Printing Office）、国家技术信息服务部（National Technical Information Service）、国家标准局（National Bureau of Standards）的部分单位，以及各种执行部门和机构的印刷和复制活动都归入其中。

第二类是电话和电报通讯：包括总务管理局（General Services Administration）的自动化数据和通信服务部及联邦通信系统，以及各个部门和机构的主要通讯和通信构成。

第三类是公告机构：包括各种机构公共事务和信息的办公室。

第四类是新闻辛迪加和广播：包括机构的传媒项目。

第五类是数据处理服务：包括各种机构的计算机中心。

第六类是教育：包括机构的各种教育和培训项目。

第七类是图书馆服务：包括了国会图书馆、各类国家图书馆和史密森尼（the Smithsonian）博物馆项目。

最后一类是信息统计与规划：包括主要的统计机构的项目。

波拉特（Porat）先生的方法存在一些问题。首先，我认为他的"公告机构"类中所包含的一些元素存在争议。举例来说，公共事务办公室不会处理"价值中立性"产品的信息。与此相反，他们的业务经常是倾向于服务各种目的的信息，如营销某个机构、提升某个机构的形象，并且屏蔽或者过滤掉一些不利于某个机构的数据等。图书馆、印刷和复制中心以及计算机中心一般不会参与这类活动，这并不是说偶尔有人负责或者参与其中的某项活动就可能会导致扭曲或者误用所保管的信息，但这样通常是可望而不一定可及的。术语"价值中立性"也是在这种情况下使用的。

在统计领域中，分类问题也同样存在。我们有这样一句格言："数字不会说谎，但是有说谎的数字。"或者"有谎言，讨厌的谎言和统计数据。"我们可以推断出，统计机构应该将信息看做"价值中立性"的商品进行处理。公司执行官和政府官员们可以在适当的时间选择与统计资料"做游戏"。但是统计学家很少会因此而受到责备。

教育类目呈现出另一个问题。多数培训直接与技术层的技能和知识相关，而不与"信息"相称。很难看出培训一个飞行员操作战斗机会包括在一个信息机构的标题下。

该论文的另一类问题是把一些重要信息机构的重要类别完全遗漏了。举例来说,在联邦政府每一个大型机构中均存在一些集中的报告控制办公室,配置了一个或者两个到二十五个,甚至更多的职员。但是却缺少这个类别。再者,实际上,在每个政府机构中都有管理文件的官员和文件办公室,类别中也没有。另外,存在各种管理信息系统的支持团队,也完全地与数据处理部门或者统计部门相脱离。举例来说,管理信息系统的团队在哪里? 文件中心和文件仓储在哪里? 再者,数据和文件中心,以及一个信息咨询和信息分析中心也没有出现在该论文中。可能他们存在于波拉特的图书馆服务条目中,但是这也不是很明确的。

9.14 谁"拥有"信息

我们到目前为止已经谈到了结构,但是还有其他一些问题需要考虑。比如,组织中的信息和数据什么情况下可以被视为一种核心信息机构所拥有的或托管的资源,在什么情况下这个核心机构能够成为数据的保管者? 政府和私人产业的许多机构正在尝试着数据库管理员的概念。在这种方法之下,一个负责核心信息机构的高级官员会负责公司核心数据库资源的开发、维护和管理。

已经有多种可供选择的方法遵循了核心数据库资源的定义。其中具有代表性的是,一种核心数据库被定义为只包含组织机构中最为通用的数据元素。在一个非技术性的机构中,较为典型的是包括涉及公司日常业务和管理事务的核心数据,如职员、供给、设备等。公司的财务资源有核心会计系统来支持,当然也要被嵌入到核心数据库中。当我们从核心的日常事务和行政管理职能中脱离出来考虑职能运作问题时,不同的方法要在开始实施之时分别考虑所有者和保管权的问题。越是敏感的信息,越是难以进行收集和维护,越是对机构健康发展至关重要的信息,越是很少被包括在公司核心数据库管理员的管辖权之下。总而言之,所有权成为了一个现实问题而不是理论的问题。在技术性机构中，业务和财务数据可能会在核心数据库中进行保存，但是科技数据通常会保存在科学信息检索系统中，在那里，管理和控制实施的对象多为技术报告和文档而非数据元素。

随着隐私和安全保管敏感性信息成为处理的热点，数据所有权的问题已经变得更加关键。"谁应该访问"的问题仍然是一个关键性的问题，那么值得注意的是，只要关于政治、监管和技术问题和对机密数据维护的障碍问题仍然存在，那么"信息独裁者"也仍然会伴随着我们（我们将会在下面两章中讨论这个问题）。尽管存在着这些问题，仍然会有一些新的解决方法可以处理它们。举例来说，一个较为有趣的方法是利用"数据协商"的方法构建一个信息联盟。

这种信息联盟的观点，实质上是一个松散的信息资源联盟，信息资源被网络化连接在一起。在这种视角下，数据所有权仍然归其拥有者，即使这个数据本身可能借给了（被共享）某个核心数据库，并且在多个地理上和技术上分散的地点被复制。采用这种方法时，数据库管理员确实成为了数据的保管者，而职能管理仍然可以通过法律、政策和安全要素来控制信息的获取。恰当的监管和技术上的安全措施可以确保数据不会被非授权的人进行访问。数据协商将会作为一种核心协调机制，来确保公司中每一个部门所需要的数据元素可以通过另一个部门快速简单地获取。数据协商的观念确保了数据的完整性（无论什么时候使用数据，谁使用数据，出于什么目的使用数据等等）得以维护。简而言之，数据协商的优势在于，它能够确保一套主要数据得以维护和更新，从而避免多套冗余的、不一致的、不兼容的数据保存在不同的地方。

9.15　小　结

我们已经考察了可选的组织结构，得出信息资源管理的发展状况仍然过于简单，并且没有达到所设定的优化配置状态。取而代之的是，建立一套路标，以帮助上层机构决定信息部门应该放置在哪里，在什么等级层次，具有什么样的权利和权限，与其他职能部门具有什么样的直接和间接的关系。然而,这些路标不能够保证这个部门的最终位置将必然是正确的。上层结构应该根据实际操作的经验来重新评估最初的决策,以发现结果是否能够达到。

9.16　问题讨论

1. 你是如何对看待(1) 知识管理者;(2) 信息管理者;(3) 数据库管理员三者不同的权限、角色和职责的? 你期望在一个什么样的组织机构中看到一个知识管理者兴起? 相反的,在什么样的组织机构会把这样的角色当做一个威胁或者是适得其反的力量呢? 上述三种角色是同一个机构信息管理成长和发展的不同阶段吗,又或者是在同一个机构三种角色可以同时存在吗?

2. 某些机构坚持拥有高级信息官员这个头衔,并使他可以全权控制整个机构的所有信息资源。另一些机构更喜欢将信息管理者作为保管者或委管人。你期望哪种机构反映前者的态度? 哪种是反映后者的态度呢? 可以在商业、公共机构以及非营利机构范围内进行思考。

3. 一个学派使用了“价值中立性/价值负载性”作为一种准则,以划分机构中某些职能是否属于信息管理者。根据这个学派,一个以信息中立性为背景来处理信息的组织部门会考虑实质内容处理信息而不做出政治性的判断。相反,将信息产品视为一种提高价值判断的传媒的部门将会被归到其他的类别中。遵循这样的说法,你将如何从信息管理的立场对一个大学进行划分? 对一个公告办公室进行划分? 对一个政府机构的情报服务部门进行划分? 对一个管理咨询公司进行划分?

4. 接着以上的讨论,可以公平地说,就“中立”地处理信息、文档和所保存的文献而言,图书馆和统计办公室也可能没有一直坚持原则。除了明显的道德问题和“办公室政治”的问题以外,着眼于最大化“信息中立性”和最小化“信息政治化”的问题,你准备用何种方式的陈述,以一种较全面的角度来描述组织机构中信息管理者的工作?

5. 对一个机构中完全集中化的信息管理方式和一种完全分散化的信息管理方式进行比较和对比。在哪类机构中你可以看到前者的管理方式,而在哪类机构中可以看到后者的管理方式? 什么因素决定采用两种方式中的一种,或者对两种方式结合使用更为合适?

注 释

[1] *"Scientific and Technical Information: Options for National Action,"* prepared for the National Science Foundation, Division of Science Information, by the Mitre Corporation, METREK Division, McLean, Virginia, November, 1976. This report is a very good update of the issues involved in the "STINFO" (Scientific and Technical Information) area, including questions of organizational roles and authorities nationally (both the public and private sectors).

[2] *"An Analysis of Management of the Data Resources,"* Dissertation for the Degree of Doctor of Business Administration, The George Washington University, October, 1969, (Library call Nr. AS 36 . G3), Getz.

[3] *"The Public Bureaucracies,"* (Chapter Eight of Ph. D. Thesis, Marc Uri Porat, *"The Information Economy"*, Stanford University, August 1976). The substance of Dr. Porat's thesis has been incorporated into a nine volume report, with the same title as the Ph. D. Thesis, published by the office of telecommunications Policy of the Department of Commerce.

第 10 章　信息管理者

　　谁是信息管理者？他位于组织机构中的什么位置？他扮演什么样的角色？他的角色如何区别于现代的数据库管理员（data base administrator）或者更传统的文书工作管理者（paperwork manager）？他的职责、经验资历、学术证书以及他必须接受的训练分别是什么？他可以期待的最高职位是什么？

　　这些都是重要的问题。一个懂得如何管理信息和数据的现代管理人员将会成为现代组织的关键人物。举例来说，管理一个跨国公司分布广泛的资源和资产确实是一个艰巨和信息密集的任务，需要最具有想象力和创造力、精力充沛和积极进取的员工。多数计算机中心管理者如果没有广泛的视野、技能和经验将不可能迎接这个挑战。毫无疑问，图书馆员、信息中心主管、报告控制官员、文件管理者、统计主管、打印部门的主管甚至受过训练的信息科学家也都同样会受到质疑，在没有更多的经验和训练的情况下，接受这个挑战。总而言之，今天的现代信息管理者必须是一个多维和多面的执行者。他会为工作带来一套独特和多维度的视角，如果他对新角色的需求显示出敏锐的理解力和敏感力，那么他将会被委以重任，管理机构里有价值的信息财产。

10.1　管理者角色的转变

　　文件管理者、表格管理者以及文书工作管理者如果要接受信息管理者职责的挑战，那么就需要转型。文书工作管理者已经有很长一段时间被视为令人厌恶的工作。文书管理和文件部门的术语招致了许多窃笑。当韦伯斯特(Webster)定义文书工作为一个"附带的,但是一个工作必不可少的组成"时,或许我们的麻烦就开始了。总之,有谁想要去处理"附带物品"呢？文件和文书工作管理者只能从他们的生产线管理同事们那里接收被扔来的"管理剩物",这种情况已经持续很久了。

关于文书工作者这一失落职业的复苏,我们至少在四个方面可以进行讨论：

1. 管理文档和文件确实很重要,但是文书职业衰落背后的真正原因是逐渐取得优势的计算机和相关的自动化信息处理设备和技术。

2. 作为收集、处理、存储和传播信息的主要媒介,"文档(document)"正逐渐失去应有的地位。越来越多的信息在子文档层级受计算机、缩微技术以及其他先进的媒介处理,这是因为这些媒介使信息处理更加便宜和迅速。这一变化对文书工作的发展意味深远。

3. 伴随着不可代替资源的消耗,当前地球上人口的爆炸同时需要对可及资源包括信息资源再利用,而不是丢弃它们。"再利用"的概念已经在这本著作的其他地方进行了讨论,并且这个概念中关于对信息的处理已经使用了一些全新工艺。对于再利用而言,文书和文件不是最有效率和效用的媒介。

4. 信息爆炸本身使得带有文书工作的职业走出了文件柜形式的时代。数据和文档的扩散是如此之快、如此多样也如此普遍,这就导致文书工作群体毫无准备无法恰当应对这种情况。文件仓储是另外一种实体化档案形式,得到了快速地实现并且不断深入。

在之后的几个月或几年中,信息管理者会发现自己被逐渐叫入铺着厚地毯的管理办公室(文书管理者之前很少经过这个门)来为高层管理人员提供高技术水平的咨询服务。我们当中的一些文书工作和文件管理者们已经找到了脱离文件柜管理的工作方法,并已开始在信息科学和通讯科学的新领域中更新他们的证书。对将要转型至信息管理者的文书工作管理者来说,不仅需要一些技能、传统时期的和动态研究分析所需要的技术和工具,还必须知道计算机信息存储和检索系统、自动标引和书目查找进程的设计与开发,还要了解来自不同领域的由语义学者、语言学者和分类学者组成的跨学科团队所开发的高深分类系统理论。

另外我们进入零基预算的时代,一个信息管理"新"理论的重要维度是,使用系统方法来改进项目监管和管理。长久以来,许多系统分析和系统方法的实践者把文书工作系统看做一个备受冷落的事物。如果这些实践者不能从事于组织系统、规划系统、评估系统以及其他系统的工作,他们可能只能屈尊去做某些类别的文书工作系统研究。有人可能会认为,从传统的文书工作系统管理到信息系统管理的演进本应该在概念和实践上得到逻辑而有序的发展。

我并不是想建议每个文书工作监管者都应该突然脱下他或她的套袖,穿上一套新的衣服并买新的西服纽扣来显示他作为 20 世纪 80 年代信息管理者的地位。我也不认为会存在神奇公式或者简单方法能够使文书工作迅速转向信息工作。所有传统的、职能化的文书管理工作内容已经经过了多年细致完善的发展,例如文件、案卷、信件收发操作等等,它们还会继续在信息管理者的"宝库"中发挥重要的作用。在我们谈到"转型"之前,我们必须首先理解信息管理者工作的性质。

10.2　复杂性和特殊性

有一种简单直接的方法来审核信息管理者工作的复杂性和特殊性程度,即查阅美国信息科学学会(American Society for Information Science, ASIS)发布的职位空缺列表。[1]如表 10.1 所示。以下是一些职位的描述:

(1) 图书馆系统分析员——使用现代技术来改善用户对图书馆大量存储信息的访问。

(2) 摘要标引人员——对文档的知识内容进行加工以备检索。

(3) 缩微技术专家——使用各种较为复杂的设备微型化或复制文档、磁带及其他文件。

(4) 技术文档编写人员或者编辑——将技术信息智能地传递给其

他技术人员或外行。

（5）技术信息专家——利用学科知识背景来辅助同事，满足他们的信息需求。

（6）信息经纪人——在收费基础上，提供专业化的信息检索服务。

（7）书目检索人员——使用现代信息系统以批处理或者在线的方式识别和检索相关出版物。

（8）信息科学家——开展关于信息现象的基础研究或者传授信息科学的基本原理。

（9）信息学教授——在规划、设计、管理和评估信息处理方面对其他人进行教育。

（10）计算机语言学家——分析词汇和语言结构来决定计算机如何控制文本的标引分类、编写摘要、搜索以及检索。

（11）软件程序员——改善已有的软件来实施特定的信息任务。

在当今社会中，成千上万的人们都在创造美好的生活，因为他们知道关于信息的某些特殊性质。他们已经学习了如何把信息作为一种有价值的商品来处理，并且已经学会了如何贡献他们的技能来解决在学术机构中、政府机构中、产业业务机构及更多其他职业场所的信息相关问题。

表 10.1　典型的信息管理职位

职业目标	薪水范围	经验年限
图书馆副馆长	15 000～17 000	7
书目查询人员	13 000＋	2
书目查询人员/图书馆员	14 000＋	6
管理信息系统或者数据服务	35 000～40 000	15＋
主编、负责人	60 000	26
能源、环境、管理部门的咨询师	——	10＋
展览管理人员	20 000	11＋

职业目标	薪水范围	经验年限
健康科学图书馆员	——	——
标引/编写摘要	兼职	——
信息监管	20 000—25 000	14
信息经纪人	12 000	3
信息管理	13 000—16 000	1
信息管理	18 500	7
信息管理人员	公开	8+
信息管理人员	18 000~22 000	10
信息管理人员	25 000	10
信息管理系统、设计管理	20 000	6
信息科学家	1 500~1 800	11
信息服务和研究	10 000	3
信息专家	公开	1
信息专家	18 000~20 000	5
信息专家/研究	12 000+	1
信息专家/培训	10 000	1+
信息系统管理	40 000	25+
信息系统管理	16 000~22 000	8
法律相关的图书馆	13 000+	2
图书馆员	14 000+	2
图书馆员	14 500	16
图书馆员/标引人员	公开	1
图书馆长	19 000	8
管理	公开	25

职业目标	薪水范围	经验年限
管理	25 000～30 000	——
管理	30 000～40 000	20
经理	17 000	3
经理	35 000～40 000	15
经理/信息系统	27 500～32 000	25
管理/研究	公开	7
市场研究	17 000	3
规划和管理信息	公开	10
产品经理	18 000～20 000	3
项目职员	20 000～25 000	10
研究分析人员	13 000＋	2＋
研究图书馆/信息专家	15 000＋	10
检索人员/参考咨询	15 000～20 000	3
等级项目分析员	24 000～28 000	12
专家/项目管理员	20 000～25 000	20
指导性图书馆信息管理员	17 300～18 000	3＋
系统分析人员	14 500	2
系统分析人员	公开	——
系统开发	公开	4
技术信息	20 000	10
技术信息专家	15 000	2＋
翻译	兼职公开	10

资料来源：美国信息科学学会

这些信息科学领域的从业者所具有的背景、工作经验、教育和技能,与其他专业或者职业一样是多种多样的。尽管任何一个拥有基础教育的人都可以成为信息从业者,但是这个领域需要技能、兴趣和专家的专门组合。信息科学活动吸引了那些愿意尝试新理念,喜欢使用新工作设备,并且愿意面对智力挑战的人们。信息从业者们充满热情地用他们的努力来满足其他人的信息需求。他们中绝大部分有出色的口才、很好的写作技巧、有条理以及记忆力较好的头脑、清晰的和富有逻辑的思维、能够理解定性和定量分析的方法。

既然信息科学是一个飞速发展的领域,这个领域中的人们就必须要具备灵活性、适应性和对不确定性的容忍,并且能够做出合理的判断。一个信息从业者必须拥有较好的组织和沟通能力从而能与各式各样的人、组织、关注的主题、技术等进行合作。他或者她必须通过整合和利用各种视角,从而更好地理解信息需求,然后采用合适的技术来满足这些需求。

大部分信息从业者都拥有信息科学领域外的专门知识。许多人具备了外语以及其他相关领域如计算机科学和图书馆学的能力。[2]

10.3　培训和教育需求

另一种驾驭信息管理者工作的方法是查看某些政府和学术培训机构所提供的教育和培训内容。

最近一项调查显示讲习班、研讨会和其他由美国公民服务委员会提供给美国政府雇员的培训形式能够反映出提供给信息从业者的广度、范围以及专业化程度。[3]以下所描述的课程例子摘要是从 1976 年的目录、手册、小册子中随机选择出来的,这些出版物已经由上百个出版机构出版过。

计算机设计表格——在融合演讲、示范和研讨中,参与者将获得表格分析和设计的知识和经验。包括以下一些主题:

(1)表格的需求;

(2)表格分析和设计在系统开发中的作用;

（3）表格分析：输入/输出；

（4）表格设计：输入/输出；

（5）信息收集选择的成本效应；

（6）机构标准。

高级计算机系统技术——该课程将帮助计算机专家获取和更新最新的计算机硬件和软件技术知识。以下为某些讨论过的主题：

（1）未来的计算机技术；

（2）通讯的性质；

（3）分布式数据登记系统；

（4）管理科学。

标引和编制摘要——在学习自动化数据处理（Automatic Data Processing，ADP）信息系统的标引和编制摘要这门课后，学生应该能够：

（1）定义基本的标引和编写摘要的概念；

（2）评价标引的不同方法；

（3）开发一个技术文档的摘要；

（4）明确计算机技术在标引和编写摘要中的应用。

计算机编程——在完成这门课后，学生将可以理解 ADP 的基本原理，并且可以解释基本的流程图符号。学生应该能够在有经验的程序员的监督下，根据简单的问题说明书开发出一个流程图。

计算机/缩微信息系统——完成这个三天的研讨班后，学生应该能够：

（1）识别计算机/缩微信息系统的构成和特征；

（2）开发出能够满足信息处理需求的系统适用性准则；

（3）评价对计算机用户可用的各种 COM 系统。

高级科学计算技术——这个为期五天的课程将会为科学家、工程师以及数学家利用数字计算机来解决他们领域中的高级问题。重点将放在一般性的和局部方程的解决方法上。计算机终端将在整个课程中供学生使用。

在线环境下的系统设计应注意的事项——这个课程描述了在线系

统设计的技术,探索可及硬件和软件应用的技术,还探讨了预测和评估系统性能的技术、设计约束的定义,以及与在线系统设计和运行相关的问题和解决方案。讨论的主题如下:

（1）在线系统的类型；

（2）在线和批处理的区别；

（3）在线软件；

（4）设计在线系统；

（5）在线案卷和数据库；

（6）错误恢复和撤销。

计算机专家的系统工作室——课程的目标是,在微型计算机技术领域提供信息和观点交流的平台,在该领域中微型计算机技术已经影响了数据处理的管理方法。用户管理人员需要学习更多的基于分布式处理的微型计算机的整体概念,根据他们的计算需求做出更加明智的决策。

自动化人事系统——在完成这门课程后,学生可以使用这个工具简化工作:

（1）分析职员、过程、系统、和文书工作流的工作分配；

（2）明确和减少机构运行和程序中的不足；

（3）理解和运用管理流程图技术；

（4）使用标准的管理流程图符号来进行数据收集、思想交流和文档操作；

（5）增强口头建议和书写建议的展示效果。

系统设计中的创新力——各级政府每年花费数十亿美元来开发在线应用,将批处理系统转换到在线系统。然而,这些系统常常没有得到很好的控制,也无法使用传统的工具和技术来进行有效的管理评估和审计。这个课程展示了在线系统使用的最合适的新工具和技术。

计算机编程人员的系统分析——这个课程的目的是,提供 ADP 系统分析和设计的基本概念和技术。这个课程的目的不是使 ADP 分析人员免于培训,而是在 ADP 应用领域中提高各个职能部门的人员效率。这个课程将会提供 ADP 系统开发进程中必需的基本概念和原理,将高效的岗位工作与代表性的数据处理机构联系起来。

　　ADP 系统分析研讨班——这个课程的设计主要是为了那些从事 ADP 系统分析工作的程序员,或者是那些由于责任的扩大,必须直接涉及每一个系统分析人员或者用户人员。课程将呈现计算机和计算机编程概念较全面的知识,以使编程可以快速地将这些知识应用到系统分析和设计的功能中。

　　审计在线系统——这个课程的提纲如下：

　　(1) 概述和目的；

　　(2) 序列解决方案以及启发式工作室运行的规则：算法解决方案；

　　(3) 解决战略；

　　(4) 启发式推导研讨班的运行：开发类比、识别参数以及比率问题；

　　(5) 解决方案的展示。

　　分析人员的过程流程图——以下的主题是研讨班所展示的自动化人事系统。

　　计算机作为工具的主要应用在：

　　(1) 招募与选择；

　　(2) 文件维护；

　　(3) 培训；

　　(4) 劳动人事关系；

　　(5) 统计报告；

　　(6) 其他人事功能。

　　自动化人事系统的案例研究。与核心 ADP 系统相关的政府范围内的活动。

　　为用户经理介绍微型计算机——这个为期两周的课程可以帮助新的系统分析人员精通系统分析技术。第一周,通过讲解和实践练习,学习更加贴近各种技术的应用。第二周倾向于单一案例研究。在小团体中,这个班级从问题定义到转换到规划,一步一步地进入系统开发项目。每一个小组独立进行工作,在每一个系统开发的关键环节,各组要给全班做展示,并做出小组的讲解,以确保每一个小组都可以朝着可行的解决方案前进。

(1) 分析数据:非参数统计方法;

(2) 管理效率研讨班;

(3) 高级管理研讨班;

(4) 财务信息管理。

这样的列表还有很多,并且在某种程度上,列表之间也存在大量相互重复和交叉的内容;例如,美国农业部学校、弗吉尼亚州夏洛茨维尔的联邦行政机构以及其他一些机构所提供的列表。关键之处是信息管理者所需要的监管、技术和行为技巧比以往都更加广泛、细致、专业化和复杂(图 10.2 是另一个没有带描述摘要的随机列表)。某种程度上,信息管理者所获得的正式的和在职的教育、培训和实践经验,将会使他可以有效地预测和处理许多不可避免的问题,但也会有许多陷阱会摆在他面前。这就是为什么我们要增加"行为技巧",并放在培训和经验的列表之上的原因。虽然可能会夸大地说需要所罗门的智慧,然而这些问题许多都是政治和社会的问题,而不仅是技术和经济的问题。这些问题中的一些将在下面的段落中进行讨论。

10.4　态度和姿态

如果信息管理者过分热衷于看护其宝贵的信息资产,那么人们有可能会指控他是信息独裁者(information czar)。一方面,如果他过于自由,没有积极推进公司范围内项目的通用数据元素术语以及相应代码的标准化,那么他主导的资源管理就会存在支离破碎的风险。这样的冲突和矛盾很多。另一方面我们拥有强有力的生产线和人事管理者,他们及其前任能够保护他们自身的利益。许多人认为只要他们为公司营利,那么在扩展控制范围方面,他们就可以对信息资源甚至所有资源提出任意的要求。常听他们说:"只要我能够为公司赚钱,老板就会给我所需要的一切。"或者"只要我达到了公司的目标,我就应该能得到我想要的一切,否则我就不会去这个公司上班。"

表 10.2　随机选取的 1977 年美国政府公民服务委员会培训目录中的课程标题

微型计算机的管理介绍

操作计算机的外部设备

数据登记/计算机输出设备的调查

数据通信的管理

通信的基本概念

自动化财务系统

监管、文书工作和秘书职员的 ADP

并行处理器介绍

图书馆自动化

存储和检索技术

计算管理信息系统的设计

自动化数据库的管理介绍

ADP 管理介绍

ADP 系统分析介绍

ADP 介绍

政府资产和文件管理程序

计算机文件结构和数据库设计

数字计算机的科学计算

状态变量介绍

数据分析：非参数统计方法

信息自由法和隐私法的成功实施

性能分析研讨

评述他人的写作

有效简报的技术

书写有效信件

报告书写研讨

书写基础

基本交流技巧

有效英语研讨

文书导向的字处理

基础英语

（续表）

管理视角下的字处理
创造性问题——解决
管理信息
中层管理机构
管理分析和评估
辅助专职人员的统计学
辅助专职人员的统计学（二）
监管系统和程序分析
图形、图表和表格
文书工作管理——分析和改善
数据收集和分析
政府运作中的统计抽样
管理统计学
联合财政管理信息系统

　　就信息资源来说，高层管理会有好的态度来帮助和支持解决问题。至少在资本资源方面，管理者可以进行一定的限制，控制支配工厂和产品经理们对资源的企图。另外，负责任的财产官员们能够强制性规定中层管理者可以拥有多少椅子和桌子、多厚的地毯和多大的办公室。但是运气不好的文件和报告主管们却很少能够跟强势的生产管理经理们抗衡。任何时候产品经理跑到老板那里威胁说要关闭他的产品生产线，或者由于他不能获得工作所需信息而解雇他的员工，我们信息工作者都会受到威胁。总之，负责信息的副总裁需要按照产品经理的需求提供相应的信息服务。在那里，机会和挑战并存，也存在着风险。

10.5　信息管理者的职责

　　让我们来进一步研究某些具体的任务。在前文中，我已经列举了公司信息管理者的八项职能：

　　1. 总体协调公司范围内的各项工作，以改进公司的规划、发展和运作以及各部门的信息系统。

2. 在信息系统活动的持续管理中，在公司信息管理系统总体项目责任的落实过程中，制定具体的政策性和技术性的指南以辅助各操作部门和公司高层。

3. 通过标准定义和使用通用的数据元素和代码项目，识别和开发出能够使信息系统和不同部门之间达到兼容的方法。

4. 准备建立和运行一个或多个信息中心。第一步，开发和维护一个综合的部门和公司的信息系统目录。这个目录将服务于所有授权用户，根据要求向他们提供部门和公司信息系统的现状、名称、位置、用途、内容以及其他的相关数据，此外还有大量这类信息系统的实体数据内容。

5. 为培训项目的建立提供规划，鼓励各个部门更有效地完成项目目标和任务，并使他们获得必需的技术和管理诀窍和技能。

6. 在评估、完善、提高现存系统和信息管理实践的水平、开发新系统等方面，为部门提供技术性的建议和帮助。

7. 在管理和协调信息系统过程中，应公司和公司部门的长短期信息需要，准备定期的公司级别的信息系统改良报告。

8. 制定各个部门的首要任务，开发公司的新增信息系统，维护公司和部门现存的信息系统。

公司核心信息管理者和各个部门领导之间的交流和沟通也很重要。核心信息管理者应该负责的事情有：

1. 辅助各个部门的领导建立部门的信息政策，并与公司的一般性信息政策相一致。举例来说，这些可能包括了大量数据、信息系统知识和技术的交换以及公司范围内信息系统的开发和利用。这些系统在特征和应用上都满足多种目标，以替代开发各种单一目标的信息系统。

2. 辅助各个部门领导建立一个部门范围内的综合信息管理项目，以在部门内部实现息资源的有序获取、保存以及传递。例如，制定一个开发本部门信息系统的 2 至 5 年的规划。

3. 辅助各个部门领导开发出能够确保合理论证、记录、评估和接受新的信息系统或者完善现有信息系统的程序和控制。另外，这个过程还要研制出替代方法以确保实现所期望的目标，并完成信息系统的任务。

10.6　数据库管理员

在 20 世纪 60 年代中期或后期,出现数据库管理员(Data Base Administrator, DBA)。关注数据管理员与现在出现的信息管理者之间的区别是具有指导意义的。一些作者认为数据库管理员是现代信息管理者的前身,正如前面我们提到的,今天的信息管理者可能是明天的知识管理者。数据库管理员的作用仍然有待商讨。图 10.3 比较了不同的数据库管理理念、数据库管理员的不同作用、组织机构图中数据库管理员多样的定位,以及四个不同机构[迪堡公司(Diebold corporation)、IBM 公司以及两个联邦政府机构]支持数据库管理员的各类员工的各种方法。

从这些对比中可以很清晰地看到数据库管理员的角色尽管比现代信息管理者要久远许多,但它依然在发展。数据库管理理念的范围从相对模糊的数据控制的概念一直发展到数据完整的、更宽更深的系统方法概念。相似的,数据库管理员的作用是广泛地、"手把手"辅助执行管理者们定义数据要求,如数据库设计开发和运作机制方法等等。组织中数据库功能配置的概念存在着明显的差异。一些机构认为这个功能应该配置在相对较低层次的服务上,另外一些则把它配置在非常高的层次上;还有一些则认为应设置在计算机中心官员领导下。

表 10.3　四个机构中关于 DBA 的比较

	迪堡公司	IBM	美国空军	美国国家标准局
1. 数据库管理理念	数据库的核心控制	管理和控制数据的数据库管理系统	多用户数据库和数据库中的所有文件	满足不同需求的、具有灵活性的设计和结构
2. 数据库管理员的职能	数据定义、标准化、外联	数据库的定义和组织、保护、运作、证明性文档	协调信息使用和用户需求	数据库设计、监管、运作、监控、审计和系统的开发

（续表）

	迪堡公司	IBM	美国空军	美国国家标准局
3. 组织机构	电子数据处理(EDP)部门的服务功能、保管、高层次、团队而不是独裁	脱离用户的直接控制、应用领域；给最高级的EDP执行官汇报	没有合适的定位	新的组织机构元素，依据组织机构的目标和任务来定位
4. 支持数据库管理员的员工	多层面的：立法者、外交人员、警察、咨询人员，技术人员	高层人员、EDP技术的动态监管技能知识、全球外交、大学文凭	技术领域的长处，人际关系技巧，熟悉用户操作	广泛的管理的、技术和人际关系技巧
5. 工具	良好的计算性能；优质软件	目录、描述性语言工具、地图绘制能力、审计、监控	数据元素目录、标准、软件、硬件	数据元素字典/目录；良好的软件能力；良好的记录标准

基于上述比较研究，采用组织机构综合视角，通过比较各个 DBA 的职能，开发出一种理想化的 DBA 的作用的框架是有可能的。分析这个理想化框架，似乎可揭示出四个重要的共同特性：

（1）数据库控制并不意味着数据库管理员是数据的拥有者，他只是数据的保管者，是为了数据的安全才委托他进行管理。

（2）数据库中的数据文件不应该透露给没有经过授权的用户。为此，开发出控制方法以隐藏数据库中的个人数据或其专用数据的案卷和文件。

（3）除了有系统分析人员和程序员的参与外，还应该有高层管理人员和用户参与数据库管理系统的设计和开发。

（4）如果要保证数据捕获、维护以及传播具有高持续性和兼容性，那么使用通用的数据元素和编码形式就是必要的。是否采用标准程序语言来开发数据库的各种元素，都是次要的。

10.7　政府信息管理者

理查德·布朗(Richard Brown)追溯了政府中信息管理者出现的发展历程,他描述了几个里程碑进程:

(1) 在 20 世纪 50 年代,有一场积极的提高数据处理设备利用的运动。许多常规的工作都交给了这些设备。在这时期,自动化盛行,机构在各个层次上设立了大量岗位来完成自动化工作任务。

(2) 在 20 世纪 50 年代后期和 60 年代初,决策中心化的发展趋势日益明显。这就要求收集和传递大量详细数据。

(3) 在 20 世纪 60 年代中后期,为了解决管理上的问题,管理信息系统(management information system,MIS)被宣传为一种理念,甚至被认为是一种有魔力的灵丹妙药。

布朗谨慎地指出,无论采取什么手段来更经济地管理信息资源,我们必须要小心,不能够阻碍管理的进程。也就是说,管理应该不计代价去获得急需的信息。简而言之,正如其他资源管理经理一样,信息管理者的作用是去帮助生产线执行经理更好地完成他们的工作。信息管理者能够做到这些,因为他能够带来某种专门技术知识和技能,帮助生产经理更加仔细地、准确地、完整地、切合实际地表达信息需求,他对信息资源可及性的意识能够正确地引导生产经理。政府管理中另外一个已经直接影响信息管理者角色演变的重要方面是,最近十年里面组织内出现的三或四个关键管理相关职能合并的趋势。那些职能是(1) 计算机和自动化数据处理;(2) 组织和方法;(3) 传统的文书工作管理(案卷、文件和报告等);(4) 行政支持职能(供应、人事和财务等)。

如果查看主要联邦机构的组织机构图和通讯录,明显的是,管理支持各种职能正在逐渐获得优势。传统上,这些功能已经被第四类即行政支持职能给扼杀了。在"经典"的组织机构的战争之中,有哪些情况发生呢:

1. 在高层组织层面中从"行政"到"管理"的头衔变化。

2. ADP功能摆脱财务经理的控制，出现独立或者是平等状态，或直接受最高层领导如部门的主管或者其秘书的领导。

3. 专业信息中心的成长以及在组织结构图中相应位置的提高。

4. 通讯管理水平的提高是管理高速数据传输的需求跟上通讯成本、新通讯技术高速发展的结果。

5. 统计功能和信息功能的组织边界逐渐消失。我们现在看到政府"统计中心"及主要统计功能被"数据"或者"信息和统计"中心和信息功能所替代。

6. 增加规划和评估职员，他们依赖作为原始资料的数据，这些数据都支持着信息管理者的活动和工作。

7. 公共政策管理作为一个研究领域出现。

8. 资源管理作为一个研究领域出现（我们在第二章讨论过）。

我们可以从上面的列表中看到他们有一个重要的共同点：数据和信息是每一个组织机构所需要的关键资源。新的专门化的管理功能完全依赖于作为关键资源的信息。确实，在某种程度上对组织新职能的需求强化了对信息管理者的作用，因为，每一个新组织都可能由于交叉和冗余的数据流不断扩散而走向瓦解。最高管理层不能够让这种情况发生。

10.8　作为顾问的信息管理者

匹兹堡大学的安东尼·德邦（Anthony Debons）强调"通过使用信息顾问的术语来帮助实现信息管理者的角色"。他把信息顾问设想成为一种图书馆员职能的扩展。[4]他说："正是信息顾问的业务，帮助人们获取数据和信息，并且将这一能力应用到日常问题的解决中去。"信息顾问的中心任务是改进信息用户与可及数据的数据库之间互动的界面。德邦认为信息用户会遇到以下几种较复杂的情况：

第一，数据库不断增长。

第二,数据处理技术包含着无数的处理和包装数据的方法。

第三,将数据应用到日常任务的工作正在变得越来越复杂。

德邦提到了西斯菲尔德(Heastfield)的著作,他描述了九种培训信息顾问的能力。他认为应把这些能力归入以下三种基本职能中:

第一,具有对潜在的动机和个性因素进行判断的能力。潜在的动机和个性因素具有与用户特定任务相关的信息需求的特征。

第二,通过可及数据、资源和技术,具有采用各种途径满足评价需求的能力。

第三,通过持续监督和评估,具有检验咨询功能的能力。

《现代办公程序》杂志的编辑约翰·迪克曼(John Dykeman)就这样谈论过信息执行官[5]:

目睹并领悟了最近新硬件和相关软件在过去六个月中占领市场,办公室执行主管应该考虑他或她在未来办公室职能中的角色了。传统的办公室的定义和概念已经变得陈旧了。韦伯斯特已经将办公室定义为商人、职业人士和专业人员等从事业务所在的建筑、房间或者一系列房间。办公室已经包罗万象,可以覆盖组织机构中所有的行政职能,不管他们在哪里发挥作用。

对于今天的办公室主管而言,其业务是管理业务信息系统以确保它能够达到两个主要目标:① 为所有授权的管理层面提供必要知识,让他们在规划,控制和从事业务活动中做出尽可能正确的和有益的决策;② 采用最经济的硬件、软件系统和人力来收集、访问、储存、检索、分析和报道信息。

未来组织结构的重点在于信息,并且知道如何管理信息的执行官将会成为关键人物。他或她的责任将会跨越传统的中层管理责任的领域,包括生产和人力,这样的未来已经到来。最近一个有经验的数据处理经理,同时也是一个资深读者,告诉我们说,他在另一个公司的新的职位能够带来更多的机会和挑战。这个新职位是负责信息系统的副总裁。

传统的各个办公室的职能已经成为了信息总体框架中的关键子集。信息执行官的产生不会比公司采用未来办公室系统来得快。然而,凡事预则立。

10.9　企业信息经纪人

　　对现代信息管理者而言,一个最令人激动的时机已经到来,在信息领域里出现了"信息经纪人(information broker)"。近十年中在新闻媒体的众多故事里,以及在专业文献中,有许多这样的描述,企业家们为了眼前的利益接二连三地售卖有创新性的信息产品和服务,而这些产品和服务是来自于从公众或私人资源中免费获得的信息资源。这些故事使得许多作家的断言变成了可行的真实：我们拥有大量的数据,但没有信息。但是,信息经纪人能很精明地从数据糟糠当中筛选出信息食粮。

　　最普通的产品和服务之一是"从哪里找到"的订阅服务,这主要根据所给定的职业、产业、贸易或者其他来查找信息资源的参考书目。这样的服务一般会购买一份两月刊或者月刊的"新闻简报",价值在 25 美元到 250 美元之间。特定的数据报告将会被进行编译,并给出不同的报价。

　　有趣的是,这个服务不提供建议和咨询——只有信息。经纪人一个个都注意到：令人震惊的是很少有大公司和政府机构知道去哪里获得所需的数据,甚至所需的数据就在他们身边。

　　将现有数据进行筛选、分类、整合以及重新整合成简单的、直观的、易于使用的、有价值的数列、数据集、格式以及相关展示,这些是关键。信息经纪人很乐意承认他们已经能够开拓出一个市场。因为庞大的数据生产者已经以传统的方式生产、发布和传播了大量的各种形式和格式的信息,这些信息晦涩难解,并且只对高技术的和专门的用户有价值。

　　给信息管理者一个忠告：尽可能快速有效地交流才是关键。

10.10　小　结

信息管理者的作用绝不是一个类似于任务、职能和责任的列表。它需要根据组织、业务设置、地域以及环境的不同而变化。他所发挥的作用也是不简单的。正如其他资源经理努力进入闭门会议和会议室一样，信息经理也将不得不借助出色的行为、行政和技术技巧来证明自身的价值。类似于所有职业、贸易和工艺，信息管理者必须显示出其所具有的实用性，以及对政策、经济和社会差别的敏感性，因为这些因素已经渗透进了所有组织机构的形式和所有层次。

无论如何，对于将要成为多面手的技术人员、对于将要成为主管的雇员、对于将要成为企业家的工人来说，都将面临从未有过的机遇。无论是在政府还是私人产业中，都需要决心抓住主动权。

10.11　问题讨论

1. 一般情况下，我们可以把信息管理者看成管理者的一类。由此，在一个机构中，一个信息管理者可能是信息管理部门的领导，可能是一个数字计算机系统的分析或编程人员、一个统计人员、一个报告分析人员、一个公司图书馆员和收发室的领导等等。在组织机构的整体环境中，你将如何定义信息管理者呢？

2. 你怎样理解成为一个信息管理者应具备怎样的"理想资格"？从学术资格、在职培训、工作经验、专业和技术的脱产培训等方面进行考虑。有没有一个理想的信息管理者的简单轮廓呢？

3. 信息管理者与其他资源管理者如人事主管、财务副总监、资产管理者等，应该是怎样的正式或者非正式的关系呢？与公司高层的职员办公室如长期规划和法律职员之间有什么关系呢？与公司生产部门，如制造、营销和生产主管之间的关系又是怎样呢？

4. 你相信在现代信息管理者可以"培养出来或者自然产生"吗？

注 释

[1] Brochure, *"Looking for an Exciting Career in a Wide-Open Field ? How about Considering Information Science?"* (American Society for Information Science, Washington, D. C. , [undated]).

[2] Various brochures, U. S. Civil Service Commission, Bureau of Training, Washington, D. C. Both the Department of Agriculture and the Civil Service Commission produce annual catalogs of courses offered to Government personnel. Catalogs may be obtained by writing directly to these Government organizations.

[3] Research Paper by Richard Brown, Consultant to the Commission on Federal Paperwork, Information Management Study, Washington, D. C. , 1976. The material referenced here may be obtained by communication with the author. Mr. Brown was a key architect of the Information Directorate in the Office of the Assistant Secretary of Defense (Comptroller), which has overall, DOD-wide responsibility for managing the information requirements of the Department of Defense.

[4] Debons, Anthony, *"An Educational Program for the Information Counselor,"* (Proceedings of the 38th ASIS Annual Meeting, Volume 12, American Society for Information Science, Washington, D. C. , Oct. 26-30, 1975) pp. 63-64.

[5] Dykeman, John B. , *"Here Now: The Information Executive,"* (editorial, Modern Office procedures, August, 1976) Vol. 21, No. 8.

第 11 章　信息保护

美国国民自由联合基金会（American Civil Liberties Union Foundation，ACLU）通过以下内容说明信息保护问题："当今社会最有操纵力的物品就是信息。枪杆子可以产生权力，但更强大的力量是来自于计算机或数据库，特别是人们不知道自己的信息被搜集，不能控制信息准确性或使用的情况。近年来政府权力滥用情况，如窃听、黑名单、监视、反情报、保密与欺骗等，都是围绕信息发生的事件，其暴露并不是一种偶然现象。"美国国民自由联合基金会赞同艾伦·韦斯廷（Alan Westin）关于隐私的定义："个人控制关于其本人信息的权力"。[1]

也许当今没有哪些问题比隐私权以及与保密性紧密相关的问题更得到关注。信息管理者面临最重要的挑战就是如何协调信息管理高效的需求和信息保护需求之间微妙关系。本章将考察以下一系列与信息保护相关的问题，包括：

（1）社会保险号以及其他一些通用的标识符；

（2）个人档案；

（3）国家数据资料库；

（4）计算机安全问题；

（5）信息获取利用的问题；

（6）与信息安全保护相关的宪法问题；

（7）信息自由法案与隐私法案；

（8）信息公开策略和问题。

11.1　通用标识符

现代社会出于管理和保存文件的目的，政府各个层面——联邦、州、地方都在扩大社会保险号（the Social Security Number）的使用，这也是造成关于隐私问题存在争论的最重要原因。社会保险号的广泛使得社会科学家、计算机分析师、信息专家的想法都可以梦想成真。社会保险号和其他一些"通用标识符"已经试用很长一段时间了，从 1950 年年初开始，这样的号码开始在政府和工业领域的大数据量处理中起到了重要作用。一些人不会因为要随身携带那种带有九位、十位、十一位甚至更长位数的身份证而感到麻烦，但是，在控制论和技术专家论日益主导的社会中还是有很多人对这种非人性化的象征性代码感到不安。随着社会保险号的传播使用，特别是到了 1984 年，乃至不远的将来，越来越多的困扰就会出现。

国会本身在 1974 年得出结论，不管是否"公正"，公民对此问题的担心已经到了不得不采取行动的地步。于是，隐私权法（Privacy Act）中用温和的条款以法规汇编的形式禁止管理机构泄露与公民个人相关的特殊类别的信息。在很多公民和团体为此法案的通过而欢呼的同时，相当数量的计算机专家、信息专家和政府官员却对法规感到惋惜。税收人员、执法人员、医生、律师、福利工作者等其他公务人员在一系列的案例文件、档案材料、文件和报告等中，需要利用社会保险号作为高效及常规的验证个人身份的方法，而法案对他们会产生数不清的问题。在法案实施之前，对政府各级机构来说，通过社会保险号码交换信息都是很平常的一件事情，这种活动现在基本上停止了。站在数据和信息管理的角度来说，隐私法案带来的影响还没有被完全评估。事实上，在很多领域信息处理设备的应用已经实质上受到了抑制。

11.2　两种权利的冲突

埃德蒙·德怀尔(Edmund Dwyer)是最早呼吁关注隐私权和后工业社会技术需求之间矛盾的人。他指出,政府使用计算机和通讯技术对公众是有益的,没有它们,我们就不能管理我们大量的健康、教育和福利项目,不能在国家范围应对犯罪、管理恢复自然灾害所需的资源,不能高效应对大数据量收集项目所要求的联邦机构对统计数据进行的编辑与分析。德怀尔(Dwyer)预言,如果公众和国会被引导而相信现代信息处理技术必须要等到有足够安全的技术手段来保障个人权力的时候才可以有所发展,那么这将是一个令人沮丧的未来[2]。见图 11.1。

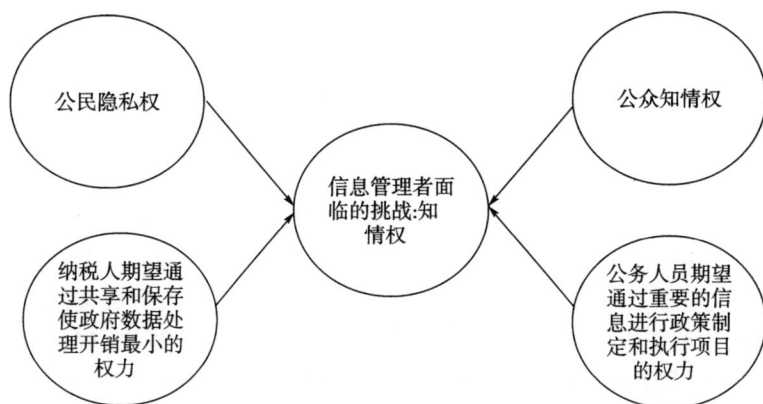

图 11.1　信息权力和需求之间的冲突:信息管理者面临的挑战

很多人相信萨姆·欧文(Sam Ervin)议员在参议院司法委员(the Senate Judiciary Committee)听证会议上关于隐私问题的简明的言论,该言论也最终导致了 1974 年隐私法的颁布与实施。他说道:

> 一旦被收集……关于个人的数据将不再受个人的控制。这些数据作为文件、档案、资料库或信息系统的一部分,开始了自己的生命周期。它是有价值的,可以被买卖、偷窃、修改、交换,同时

可以被用来作为个人主题或个人所属类型决策的基础。它可以
通过与其他数据的比较和关联，整合进个人的"数据文件"中，通
过先进的通信网络，可以快速地传播到世界上最远的角落。[3]

11.3　一个有用的观点

　　很多评论员已经发现，在信息生命周期中的以下三个阶段处理隐
私问题是比较有用的：收集、处理和传播阶段。首先看收集阶段，隐私
问题可以更明确地归结为这样一个问题："谁需要关于谁的什么样的
信息?"或者，像一位作者说的那样："谁有权力向谁隐瞒什么样的信
息?"在联邦文书工作委员会(the Commission on Federal Paperwork)
和小企业参议院委员会(the staff of the Senate Small Business
Committee)发起的调查研究，旨在广泛地处理联邦文书工作给公众带
来负担的问题，调查记录了许多案例，就像此前欧文(Sam Ervin)议员
所做的那样，联邦政府看起来已经收集了大量的信息，但事实证明很多
都是被限制使用的。

　　通过各种委员会一个接一个的报告、文件和调查问卷所详细显示，
并用专门的例子来证明：有很多个人信息在使用中出现非常困惑的问
题。另一方面，当政府公务人员进行相关工作时，在大多数情况下，他
们都会争吵着要事实和图表，作为对健康、安全、商业规则、经济、财政
和金融等做出深远决策的基础。也许，我们的政府面临的最主要的问
题就是如何规划、提升、维护和保障公民的权益，同时又不会过多地干
扰到个人的隐私。

　　国会众议员巴里·戈德华特(Barry Goldwater Jr.)在众议院介绍了
个人隐私法案。他的前提很简单，任何涉及个人秘密信息的系统都是机
密的、合法的和道德的。法案规定了个人的权力，以及保护这些权力的
管理过程。这种权力是很简单的，也就是说每个人应该有权力知道自己
的哪些信息被采集。另外一个权力就是个人应该能够对被采集信息进
行检查以保证其准确性、相关性以及及时性。国会在 1975 年创办了隐

私保护研究委员会,目的是进行更深层次地研究,并在 1977 年 1 月向国会提交最终报告。委员会执行主席卡罗尔·帕森斯(Carol Parsons)说:

> "尽管消除'资料库社会'的恐慌是比较容易的,就像对可能发生的事情容易夸大其发生的速度和效率一样。我的确认为主要突破点在使用阶段而非收集阶段的预言是合理的。也就是说,在决策环境下,我们越来越依赖的新信息管理技术将削减一些我们参与的项目数量,同时,信息作为人类行为描述和预测的符号,伴随对其利用信心的不断增强,我们以一种前所未有的速度和效率将这些项目安排在一起。"[4]

很明显,国会不会脱离现实立法,总统也不会脱离信息去贯彻国会的意愿。但是,看起来要对"按需知密"原则予以更多关注,在此原则下,各机构需要更深入、更细致地考虑他们为了各种工作任务、目标而收集信息的合理性。由于在相关性、信息如何被使用以及如何保护数据的私密性这些问题上缺乏指南、标准和准则,政府机构不再被授权可以随便从任何人那里收集任何他们宣称所需的信息。

一旦数据进入大型计算机系统或者资料库,信息处理就会带来一系列与数据保护相关的问题。罗伯特·麦克布赖德(Robert McBride),在他重要的著作《自动化政府》[5]中指出,截止到 1965 年,在政府部门使用计算机和现代信息处理技术的同时,缺少共同筹划将分散在各个政府部门中的个人数据文件和记录整合进中央计算机系统。但在 1965 年 4 月,社会科学研究委员会(the Social Science Research Council)要求预算局(the Bureau of the Budget 现为管理和预算办公室 the office of Management and Budget,OMB)局长考虑建立国家数据中心的可行性。埃德加·邓恩(Edgar Dunn),当时是预算局的顾问,他强调,他不认为集中分析功能是面向政策和管理的,而仅仅是单纯的数据仓库,能够被各种不同部门、机构甚至总统所利用。邓恩(Dunn)预见国家数据中心(the National Data Center)将成为由各机构组成的"联邦统计系统"的计算机文件集中存储地。中心应该能够为使用文件中数据的所有用户提供集中的推荐和参考服务。但是这一切都太晚了,很多反对力量被鼓动起来反对这个提议。不久前,众议院政府运营计划委员会特殊小组委员会(the House Government Operations Committee's Special Subcommittee)以是否有侵犯隐私权对国家数据中心这个提案进行了严格审查,在一个很难忘的小组委员听证会上,议员质询分支执行官员,以下是说话的内容:

> "新泽西的代表科尼·加拉格尔(Cornelius Gallagher)说,我们不想妨碍这个进程,计算机就放在那里,它会是一项永久的资源。我们希望你不要低估它的价值。我相信你已经低估它了。巨型计算机汇聚所有信息,我认为你还没有认识到计算机的潜力,如果你认为你能控制这种信息,这是不现实的。你正把巨大的权力释放到极少数精英手中……纽约的议员弗兰克·霍顿(Frank Horton)补充道:仅仅通过敲下键盘,你就可以找到弗兰克·霍顿从出生到现在所有的信息——一切信息就会出现。"[6]

一旦信息被收集并存储到政府资料库的各种数据文档和文件中,利用就成为最重要的问题了。已经被收集数据的保护措施是基于一系列要素,而不是根据可以利用这些数据的人的权力及数据的敏感程度来保护。1966 年的信息自由法案以及 1975 年的修正法案都明确地表述:如果政府是民选、民主、民享的,则人民必须要清楚地了解政府任何一个活动的细节。在法案一开始通过后,并没有包含法案执行的最后期限,也没有违反后的处罚措施,因此在它存在的最开始 8 年中,基本可以说是不起什么作用的。1974 年,国会试图修复这些漏洞,但前总统格拉尔德·福特(Gerald Ford)否决了这个提议,他宣称这是难以实行甚至是"违宪"的,因为对执行当局有太多的干预。但总统的否决未对修正法案起到作用,1975 年 2 月 19 日修正法案开始生效。

11.4　信息自由法案的豁免

这部法律包括 9 类免于公开的内容,这 9 类信息可以不向公众进行公开。但是,一份文档被免于公开并不一定意味着它必须被保密。政府机关可以自由地披露非免于公开的文档。比较有意思的是,尽管没有列在这 9 类信息中,但国会自己的信息是豁免的。下面是修正法案中 9 类免于公开的信息(注:原文仅列出 8 类信息):

　　(1) 正式加密的国防或外交政策的信息;

　　(2) 纯属机关或内部的人事规则和实务的信息;

　　(3) 被其他联邦法律规定得到豁免公开的文件;

　　(4) 商业秘密和政府特权获得的商业信息或金融信息或机密;

　　(5) 公开后会明显侵犯个人隐私权的人事、医疗档案及其他类似档案;

　　(6) 调查文件;但仅是导致六种特殊形式伤害的其中一种或多种方可豁免公开。

　　(7) 某些银行文件;

　　(8) 关于油井的资料。

　　自从修订法案通过后,来自于联邦机构的批评如洪水一般汹涌,主要是抱怨负担过重、成本过高、无实际效果、效率低下等等,实际上,这是针对政府保密趋势的一种反对意见的释放,而这种保密性在法案实施之前很多都是不存在的。1975 年夏天,司法部(the Justice Department)有超过 500 起与信息自由法案相关的、悬而未决的案件。尽管没有精确的统计,但向联邦机构申请公开信息的事件有好几万起。按照众议院管理会的估计,机构能够以较小的成本代价实施法案,但国防部(the Defense Department)宣称,其在遵从法案方面的耗资达到了六百万美元。

　　在信息自由法案和修正案颁布后,出现了一些有趣的副作用。为了安全调查,政府调查人员对利用过敏感和分级信息的人做背景调查,调查人员认为面谈中,被调查者都不愿意坦白,因为他们担心一些未授权的人能看到他们的证词。美国国家档案馆馆长(the Archivist of the United State)詹姆斯·B. 罗兹(James B. Rhoads)表示,未来的历史学家可能会因为掌握不了足够的信息而感到紧张,他说:"我并没有确凿的证据证明这是真实的,但从我所听到的来看,给我的印象是大家将会减少在纸上记录，转而可能会通过电话解决问题。我所关注的是它（信息法案）将会减少政府活动丰富的信息化记录，这对整个社会来说是一种损失。"[7]

11.5　计算机安全

迄今为止的证据都表明，计算机安全是个人信息安全大问题下的一个子集，涉及隐私法、相关法律和与敏感信息相关的机密，如涉及贸易、企业所有权秘密，政府、国家的敏感信息的保密性。这是一个较为普遍的问题，涉及信息收集、存储和处理过程中各种形式和载体，不管是硬拷贝、缩微、计算机资料库或其他方式。计算机安全问题的解决方案很大程度上依赖于如何解决未授权的信息泄露，而并不是防盗软硬件的技术保障。

在采取措施增强计算机安全的时候，必须将涉及的防护措施进行集成和协调，使之能够融合特定的信息、不同形式的软硬件以及介质。目标应该是能够确保任何安全防护方案都能通过系列的策略、步骤、指南和标准来反映一种综合的、有凝聚力的、细致的思想。这些策略和步骤应该相互加强，保持一致性和兼容性。简而言之，计算机安全问题中越来越突出的问题是安全控制各自为政，缺少信息安全的总体性、连贯性、集成化规划，而这是信息安全需要解决的重要问题。

时至今日，来自人工文件的非法授权泄露事件要远多于来自计算机系统的。换言之，整个计算机安全链上最薄弱的环节是人而不是计算机。还没有一种针对计算机系统的数据保护技术要比人工系统的保护更完美，当然，目前在这个领域取得突破的可能性并不乐观。正如人工系统一样，在计算机资料库系统中，各种不同的数据保护方式在效果、成本、技术复杂性等方面差别较大。因此，在选择具体措施的时候，要考虑被保护数据的敏感度和需要达到相应保护级别所带来开销之间的平衡。见表11.1。

表 11.1 计算机与隐私

防护措施类别	实 例
1. 法律保护措施	1974 年的隐私法案;信息自由法案以及修订法案;约束机构间共享的法律
2. 政策保护措施	公司和机构的顶级层面和隐私原则规范("所有员工有权力知道哪些关于自己的信息被记录了,并且能够检查和纠正这些记录")
3. 程序保护措施	计算机操作室控制:什么人在什么条件下可以访问;记录访问活动的信息,包括时间、访问者等其他数据
4. 硬件保护措施	利用终端识别卡、密码等方式控制方法加密算法、电路保护;痕迹检测等
5. 软件保护措施	对个人数据访问、存储和检索采用独立的程序,去除非敏感数据
6. 审计保护措施	对已经建立的控制策略进行定期或不定期的检查
7. 人员保护措施	关键、敏感岗位人员的背景调查;通过合同或协议;工作时间内外的培训等
8. 技术保护措施	采用先进的技术检测欺骗行为,包括计算机本身以及相应的软件;全息技术等

计算机犯罪在当今社会是一个比较流行的话题。在过去的十年间,科研机构、政府、公司和其他新闻媒体渠道都对这个问题进行过讨论和研究。自动数据处理技术,特别是计算机的使用,为政府或企业中的文件管理、报表等其他管理活动的简化、机械化、流程化带来了积极的影响。但同时也带来了私密数据保护的问题,这些数据由个人或其他组织以自愿或法律强制的方式提交给相应的部门。问题的关键是两种力量之间的基本平衡。一方面,高效的信息数据需要最大限度地在信息提供者和使用者之间进行数据和信息的汇聚、融合、共享和交换;另外一方面,一旦数据被收集和存储,就需要对数据进行保护,防止不经意或恶意欺诈的数据泄露。

无论是在公共领域还是在个人领域,当前计算机的激增主要是为了加速管理决策和技术问题解决的进程。这种技术的迷人之处就是可以让海量存储的信息的收集、存储、检索得以实现，并且能够快速地从多种视角进行回顾，进而支持那些有权访问信息的人们的各种活动。但问题是，谁应该有授权呢？

11.6　信任问题

也许因技术提高而带来的数据采集更高效，但是另一个很重要的影响就是公民的担心，担心政府打着合法、合理的目的进行信息的收集，而在使用时却是为了进行不加区别的不合理的目的。简而言之，就是政府如何保证个人信息被收集后，不会反过来对付提供者。在国会的各种委员会之前，美国国税局（Internal Revenue Service）和人口调查局（Census Bureau）的证词已经揭露信息保护问题，强调了信息的信任维度问题。尽管国会出面保证不会创建国家资料库，但人们肯定还会产生疑虑，因为计算机越来越广泛地在越来越多的生活领域被应用，并且"水门事件（Watergate）"的阴影还是萦绕在人们的心头。

考虑到此时的隐私以及政府秘密等问题，我们似乎还将要经历一个到 20 世纪 80 年代初期的持续性测试、实验和探索阶段。探索阶段的底线应该划在哪里？法律现在落后了——技术的发展已经超过了人类能将法律和技术并行处理的能力。

11.7　韦斯廷的医疗文件研究

在美国国家标准局（National Bureau of Standards）的赞助下，阿兰·F. 韦斯廷（Alan F. Westin）博士最近完成了一个与医疗文件相关的计算机安全问题里程碑式研究。他在 1976 年 12 月的报告，和他的结论、建议值得仔细地研究和回顾。《计算机、健康档案和公民权利》是两年努力研究的成果。以下是最重要的一些建议：

1. 在健康领域，任何一个自动化数据系统建立时，都应该向公众发出通告,阐述对隐私的影响,向相应的权威机构备案,并与文件涉及的相关人员保持交流。

2. 应通过对合适的政策作用机制的公开讨论,建立被社会普遍接受的关于个人数据收集的相关性和适用性标准,该标准能处理好数据的使用问题。

3. 只要要求个人向健康数据系统提供个人数据,就需要向个人提供清晰的书面陈述,说明个人信息将被如何使用,并由程序记录使用用途。

4. 为一种特别的目的从健康数据系统发布的个人信息表格需要经过授权,对发布的信息进行描述,及时地限制权力,个人对这种信息发布应该是自愿的。

5. 为保护个人权力,健康库数据系统的管理者必须采取措施确保个人档案是准确的、适时的和完整的。

6. 需要根据法律和管理策略来采取数据安全措施进行访问控制。这些措施是否充分,需要结合本类单位或组织在历史上受到过的数据保密方面的安全威胁来进行评估。

7. 健康数据系统的管理者需要对所属员工进行培训,反复灌输尊重公民权利的理念,并处理发生的问题。

8. 每一个健康数据系统都应该准备并分发患者权力手册,并在组织内部设置独立的患者权力代表。

9. 只要健康数据系统采用新的文件申请表就会产生新问题,因此应该对系统进行定期的独立的复审。

10. 应该采取一些措施制定保密规则,确保不妨碍公众去了解政府机构或政府基金的接受者做了什么,并在公共利益方面实施严格的监管。

11. 组织对健康数据系统的操作,应该采取定期的整体"隐私审计"。

12. 在自动数据系统中,公共利益集团对自动数据系统中的个人信息保护起到重要的作用,应该鼓励他们继续发挥积极的作用。

韦斯廷(Westin)总结出个人医疗信息的计算机化已经处于无计划

发展的地步,在个人设施或卫生保健领域不再像当初经过计划的那样实现健康领域集成的信息系统。同时,专门制定关于个人隐私、保密和利用获取方面的公民权利政策,但绝大多数都与手工档案追求同样的效果。卫生保健专家(health care professionals)、公民自由观察员(civil liberties observers)等对医疗记录存有担心,他们认为随着这种针对手工档案有缺陷的策略的实施,对计算机化的信心越来越不足。

11.8　工业间谍活动

贝尔登·曼库斯(Belden Menkus)指出,对于组织来说,信息资产管理已经成为一项新的日常工作,这就要求业务主管和政府公务人员变更他们的工作方式。[8]它将会改变组织的目标以及实现目标的方式。当然,我们总是遇到工业间谍活动,包括对国家机密的窃取,但是,历史地看这些毕竟都是相当隐蔽的行为。现在随着更广泛的一系列信息资产管理的发展,关于哪些数据和信息需要保护、哪些不需要保护的识别、分级、评估都需要更加具体和明确。曼库斯(Menkus)定了9类基本业务数据类别(注:原文仅有8类业务数据类别):

1. 资产。工厂和设备的位置、大小、类型和性能等。
2. 储备。原材料、部件的购买、提供,以及多于储备的销售或转移。
3. 产品。生产、入库的元件,丢弃或重新加工的数量,瑕疵品的类型和数量,私家品牌产品数量。
4. 销售。产品的货币金额、产品线、工业类型,客户群体、地理分布和折扣等。
5. 销售计划。宣传、广告、展示,以及和代理商、分销商的关系。
6. 金融。长短期的应收应付账目、股本的状态。
7. 人员。工资、奖金、劳动合同条款,工作分配、职责分工、职业发展、可供未来提升的文件。
8. 研究和发展。产品、过程、材料的质量和性能。

曼库斯(Menkus)指出,信息资产保护管理义务不断加强,信息资产保护的方式正改变着信息系统的设计、开发和操作的方式。他说,随着法律、社会和道德责任的持续扩大,针对信息用户的管理责任期望得到加强。可以通过实施保护策略和过程,来缓解这些事件的影响。最后,高层管理应该放手去做组织的信息资产管理,这里没有什么新生事物。高层管理对所有组织资产发生的事情负责,但通过把信息作为资源而不是抽象的和无形的资产来处理,就会产生更大的机会去策划更为有效的保护和控制。

11.9　政府部门数量增加

劳伦斯·米勒(Lawrence Miller)在 1977 年 1 月发表的一篇文章中指出,管理者和信息专家不能持续地监管和评估联邦法律法规对信息处理和传播活动带来的影响,这样会将他们置于非常危险的境地。他指出,包括与人力资源管理相关的各种信息系统,其主要目标就是满足各种联邦法律法规所规定的记录与报告需求,大多数法律法规都是对未能服从必要保护条款的民事或刑事犯罪行为进行处罚的。米勒(Miller)指出,组织内的一个主要问题就是,快速增长的机构有着各种法律法规强加给他们的沉重的文书工作和信息处理工作负担,法律法规强制他们增加或重新分配人力、机器设备等其他资源,而这些通常被认为是没有产出的。这些开销经常通过提高价格和税额等方式转嫁给消费者和纳税人。他还指出,总体来说,各级政府——国际的、国内的、联邦的、地区的、州的、地方的法律、法规的数量数以千计,当然,它们没有静态的;它们持续地变化,而不同的管理系统和程序要跟上这些法律的动态变化是一项艰巨的任务。他巧妙地称之为"信息要求爆炸"。一些组织发现,有必要雇佣一些法律顾问、说客及其他专业人士专门全方位地协助管理和相关发展。例如,联邦文书委员会发起的一项调查发现,许多公司都有一个法律顾问团队或者公共事务办公室,其他什么都不做,就是每天研读联邦记事,发现其中的变化。实际上,联邦公报办公室（the office of the Federal Register）是美国国家档案与文件服务部（the National Archives and Records Service）的一个部门，经常会举办一些如何使用联邦登记簿的培训。[9]

11.10　需要一个新法规——保护标准

　　信息管理者在满足包括个人文件在内的海量数据的高效处理的需求和目标，以及对政府收集涉及个人的信息的合法隐私信息采集过程中，需要"巧妙的平衡"。一种称为"可重用性"或"再循环"规范的方法可以在信息首次进行信息收集时起到作用。例如，假设人口调查局或其他政府统计机构想要从个人收集某种被认为是隐私范围内的数据。目前，现有的程序中，政府没有系统地、定期征求调查对象的看法，没有考虑这样的信息一旦被收集，是否用于了与数据最初收集时不一样的用途，是否可以与其他部门共享。

　　从纳税人的观点来看，这种决定有助于帮助排除多个部门重复进行数据收集，这些部门无法从最初进行收集的部门获得数据。但是从消极的一面看，有证据显示管理的质量和水平，以及不同政府部门在技术和人员方面的保护和控制远远不能做到统一和一致，因为直接到本文撰稿之时，针对政府部门的数据保护还没有一个统一的控制规定。

　　通过规范这样一个程序，并且把它与相应的数据处理保护（当然首先需要合法化）联系起来，将会促进为了研究目的而进行的数据共享，并且有效地减轻因数据的重复收集给纳税人带来的双倍负担——最初收集的数据来自纳税人，然后政府处理重复数据。如果给纳税人可以拒绝"再利用"或"再循环"他/她的数据的选择，这意味着至少一小部分纳税人同意对其数据提供新的利用。当然，数据再利用或者共享的促进需要一系列法定的数据处理限制、保护和处罚措施。联邦文书工作委员会建议为全体联邦机构建立的数据处理程序至少要像美国联邦法典第13篇（规范人口统计局行为）那样严格并且具有保护性。这样的信息利用请求是必要的，那些处理保护公民数据的政府公务人员，不用考虑他们所属机构,他们会意识到如果滥用个人数据将要受到严格的制裁。这些法律提供了不同的修正案,雇佣专人处罚那些误用和滥用数据的人。

也许,最后我们想要达到的"巧妙平衡"可以被称为"信息权力议案(information bill of rights)"。理查·C. 托伊伯(Richard C. Taeuber)说,"一个技术型社会正在我们身边建立,它的动态特性正在挑战传统的价值观和利益。特别是这种计算可能会威胁到个人的独立自主,而这种独立自主是社会结构的基础。我们面临的挑战是确保计算机带来的巨大权益是服务于所有的个人,也就是保证同样的权力不会限制我们的个性,保证我们作为独立人的尊严。"[10] 见表 11.2。

看起来是小问题,但是根据财产权,个人信息不仅是隐私法和信息自由法案的要旨,在不久还会成为立法和司法的更广泛的主题。以财产权、版权、专利权等民事或刑事法对此贡献良多。但新的土壤需要耕作,新的种子需要播种。并不是所有的信息都会被认为是个人敏感信息。必须基于敏感度、保密须知和安全质量保障来作出判断。构建一个考虑多方面因素的综合分级保护体系,帮助我们的行政官员走出雷区还需要长期的努力。

表 11.2　信息权力议案

条款 1

　　任何政府部门或私人企业在未经个人知情与同意的情况下,不允许保留个人的档案或其他信息。

条款 2

　　每个人都有权力检查和访问自己文件的权力,目的是促进它的准确性、适时性、完整性,以及与最初目的的相关性,并加以纠正。

条款 3

　　每一个建立并维护个人文件系统的政府部门或私人企业,都要建立一种定期的、系统的检查机制,确保保留信息的相关性,并清除已经废弃的信息。

条款 4

　　在没获得个人允许的情况下，同一个政府部门或私人企业为了某个目的收集的信息不能用于其他目的，或者出于相同目的与其他组织共享。

条款 5

　　每一个建立并维护个人文件系统的政府部门或私人企业，针对内部使用都要建立一种"保密须知"的准则和标准，包括用户认证、使用条件、访问规则和其他信息。

条款 6

　　每一个建立并维护个人文件系统的政府部门或私人企业，需要建立保护机制，确保被保护的信息不会因为疏忽或欺骗等行为导致泄露给非授权人员，这种保护机制应该包括技术上的、程序上的、政策上的、管理上的、人员上的、硬件上的、软件上的等等，并且应该以一种综合的、互相依赖的、相互增强的方式整合，形成保护体系。

11.11　保密与共享

　　政府收到来自私人领域的数据保密问题的报道，其保密性问题很严重，数据重复和重叠是产生问题的直接原因。当联邦机构需要制定政策并执行法律认可的程序时，为了得到他们所需信息，他们向私人承诺保密，此时问题就出现了。这种保密承诺隐含着数据共享，一个机构拒绝与其他机构共享信息并不总是变化无常的，在多数案例中，是法律的存在阻止了这种共享，尽管有时分享机构和获取信息机构双方都希望进行共享。

　　给出一些例子——矿务局（the Bureau of the Miner）向内务部

(the Department of Interior)之外的一些机构发布多个公司的秘密数据。正如法律所授权的那样,他们把个人公司数据发布给内务部机构、国防部门和国会,并要求他们保证数据的秘密性。美国地质勘探局(the U. S. Geological Survey)在发布个别公司数据之前,得到了保密承诺,但人口统计局(the Bureau of Census)却受美国联邦法典第 13 篇的限制不能泄露个人公司数据。

联邦电力委员会(the Federal Power Commission)遵照管理决议向那些还没有签署保护命令的联邦机关发布敏感数据,并要求这些机构保证维护数据的秘密性。为了能够从联邦能源局(the Federal Energy Administration 现在是能源部 the Department of Energy 下属)获得机密数据,一个部门必须做到:

1. 以书面方式提出申请;
2. 陈述所需信息的特性;
3. 陈述信息的需求和信息的使用目的;
4. 若有的话,引用相关法律作为机关提交数据到联邦能源局的依据;
5. 确保所提供的所有信息的保存都处于保密状态;
6. 陈述用于数据保密的措施。

联邦文书工作委员会发现,尽管许多公司数据,如提炼能力、经济运行等数据(例如能源业),已经向公众或持股人公开,但业界仍视之为高度敏感数据。[11] 例如,对石油行业来说,一块接一块地公开披露油田的信息,这是一个麻烦。据称,这种泄露对一个公司来说可以导致竞争损失,在油田的开发和发展上会遭受风险。为了应对这种关注,德克萨斯铁路委员会(the Texas Railroad Commission)通过延迟六个月发布信息的方式寻求对公司的保护。这种延迟可以在数据向公众发布之前,让公司有足够的时间能够花钱去勘探、完成重要的租用协议等。

显而易见的是,很多信息,尽管宣称有保密性,但还是可以公开的。有很小一部分出于法律或商业利益目的,的确是需要保密的。在我看来,政府和私营工业之间现在需要就数据分级达成一致。简而言之,保密领域和隐私领域有非常相似的议题：什么信息需要保密或隐私保护，在什么条件下，由谁来利用，为了什么目的。

11.12　小　结

信息安全保护问题对每一个信息管理者来说都是核心的、重要的任务。这种责任是不能分派给技术人员、安全专家或者负责起草法律和管理指南的律师的。相反地，它是一个日常工作，需要组织内各个层面的信息管理者每时每刻予以关注。有时，重复的数据收集、存储和发布为保护宪法自由付出一小部分代价。有时，数据的处理成本如此之高，以至于对人为的隐私权、保密性的指导方针、保证和标准产生质疑。问题的"解决方案"在于有政府和私人企业对保密数据属性进行更广泛的研究，也许"信息权力议案"的发展也可以解决问题。这种关于信息保护的新法律、新管理和技术的研究，需要隐私领域专家、计算机专家、管理和系统分析员以及其他行业的人员一起，进行深层次的协作。除了综合的方法外，在联邦政府、州政府和地方政府的领导下，每个组织都必须谨慎、优先专注这类问题。

11.13　问题讨论

1. 在 1977 年，两个联邦委员会在几个月内发布了最终报告。隐私保护研究委员会的最终报告建议，所有社会保险号（SSN）或其他统一标识符都应该暂停扩大使用，直到这种扩大使用带来的影响能够被深入地研究。另外一方面，联邦文书委员会的最终报告不认可这种说法，并表示只要采取恰当的保护措施，没有什么理由停止使用。文书工作委员会以投资巨大为由来支持其观点，认为在信息自动系统利用社会保险号上的投资已经非常巨大，阻止社会保险号的使用是不可想象的。你对该问题的看法是什么？

2. 许多人声称高效的计算机信息系统对个人隐私、其他信息（如商业秘密、发明等等）的保护会带来威胁。你是支持还是反对？谈谈理由。

3. 以复印、拍照等方式复制公司或政府文件在什么时候被认为是违法的？是民事侵权？还是犯罪？如果你正在编写一个关于非法未授权泄露秘密和私人拥有信息的总犯罪法案，你要考虑哪些因素作为违法的大小、惩罚程度和类型的依据？

4. 联邦政府正在试图建立一个数据、文档和文献的索引或目录定位，并想尽一切办法使之不包括实际的数据，只包括元数据。这种目录与数据的区分为什么重要？

5. 一些现有信息隐私/自由讨论的观察员建议通过一项"合理使用信息的实践法案"，对现有关于隐私保护的多种法令（甚至是相互冲突的）进行汇编，形成法典。另外一方面，有些人主张"我们不应该使用统一标识，因为统一标识将使计算机伸展到我们个人日常生活的方方面面，无法抗拒"，于是我们就不应该"使信息安全保护和披露的规定合理化并编撰成法典，因为现行的大杂烩和混乱更有利于为市民提供更好的服务。"你是如何看待这个问题的？

注　释

[1] The Privacy Report，Issue No. 3，Volume II，Jan. , 1975，and issue No. 8，Volume III，March，1976，Project on Privacy and Data Collection，American Civil Liberties Union Foundation，New York，New York.

[2] Dwyer, Edmund, *"The Right of Privacy Versus Technological Advance*," (The Bureaucrat, Vol. 4, No. 3, October, 1975) pp. 293-298.

[3] *"Privacy：The Collection, Use, And Computerization of Personal Data*," (Joint Hearings before the Ad Hoc Subcommittee

on Privacy and Information Systems of the Committee on Government Operations and the Subcommittee on Constitutional Rights of the Committee on the Judiciary, U. S. Senate, 93rd Congress, 2nd Session, June, 1974).

[4] Parsons, Carol, remarks before the Annual Conference of the National Association of State Information Systems, Hershey, PA, Aug. pp. 16-18, 1976.

[5] MacBride, Robert, "*The Automated State-Computer Systems as a New Force in Society*,"(Clinton Book Company) pp. 110-121, 156-168, 180-187.

[6] "*The Computer and Invasions of Privacy*," (Hearings before a subcommittee of the House Government Operations Committee, House of Representatives, 89th Congress, 2nd Session, July, 1966).

[7] In Conversations with officials of the Commission on Federal Paperwork, and the Public Documents Commission, 1976/1977.

[8] Menkus, Belden, "*Management Responsibilities for Safeguarding Information*," (Journal of Systems Management, December, 1976) pp. 32-38.

[9] Miller, Dr. Lawrence R. , "*Law and Information Systems*, " (Journal of Systems Management, January 1977).

[10] Taeuber, Richard C. , "*The Right to Privacy*," (Bulletin of the American Society for Information Science, Vol. 1, No. 10, May, 1975) pp. 17-18.

[11] See in particular the Paperwork Commission's *Energy Study*, and Position Paper "The Issue of Confidentiality and the Potential for Sharing Energy Data" by George Wakefield, 1977, available from the author, now at the Department of Energy.

第 12 章 信息评估

现在我们将讨论信息资源管理中最困难的任务——信息评估。在"方程的输入项"投入中，信息需求成本的核算比信息评估更容易些。伴随着信息供应商、生产商、产品和服务以及越来越多可交易市场的产生，信息业正形成独立的产业，在信息产品的可用性、价格、质量、替代品和其他信息上，我们可以获得更好的数据。由于产品和服务越来越差异化和分层化，以及信息定价策略、政策和标准的改进，"信息价值"最终会摆脱现在信息产品和服务的评估还非常初级的状况。

在这里"评估"术语，并不仅仅针对信息价值，更赋予"管理过程"的意义。即，整个管理过程涉及的所有活动都需要全部评估，先是管理周期的初期阶段——计划、方案制定、预算、执行（或运行）等——然后是评估阶段。评估既是对信息对象（即，目标和目的是否达成），也是对管理活动过程的评估。例如，近年来政府将大量的文书工作强加到了公民身上，政府需要减少"不重要的"或"次要的"行政程序，这是联邦文书委员会（Commission on Federal Paperwork）成立的主要原因之一。也就是说，由国会开始推选出的政府官员开始似乎只专注实质性的问题——项目效益和目标。只有管理的官僚作风变得令人无法容忍时，且只有此时，监管评估才会发生作用。一般来说，国会和执行部门在制定新法案之前很少考虑所提法案的管理成本。

信息评估是一种针对信息效用和效益，广泛而有深度的评价活动，不仅评估实质性的结果，还评估产生结果的方法是否有经济高效。由于信息是管理过程每个阶段都使用的资源，因此信息评估在每个阶段都会起重要作用。

12.1 针对规划的评估

先来看规划过程中如何利用信息？评估如何发挥作用？在第 6 章"规划信息要求"中，我们开始谈到了该问题，探讨了阐明信息需求的信息要求规划过程。该章示意图的许多图示描述了信息要求过程的步骤，每个步骤中都有评估。以人事或人力规划为例，对计划和协调人力资源规划活动的步骤和过程的评价是一种高回报的评估。又例如，联邦政府花费了大量的资金帮助各州采用各种评估方法，改进州与地方各级人力资源项目的规划、协调工作。那么，此时我们应"评估"什么？

首先，看是否有规划。在复杂高成本的运营中，如果没有规划，信息要求和信息资源的审核、提高、整合和发展会非常困难；评估信息要求和资源是否合理可行，指明收集来的信息有什么用处也会非常困难。实际上，信息从业者和管理者抱怨，为了"不正确"的目的，业务及人事官员支持收集过多信息，原因常被归咎为发展信息要求规划时缺乏信息政策、程序以及方针的指导。

"好"的信息要求规划应该包含什么？最少应有如下几点：

（1）分析特定组织的目标和任务，考虑信息利用的必要性和可能产生的深远影响，将其执行所需的信息成本降至最低。

（2）信息要求分析，详细分析为什么需要信息？为了何种目的？由谁、何时及何地使用？

（3）做出时间计划，优先满足这些信息要求。

（4）总成本应该超过预期的信息使用寿命，包括资本采购成本（例如，新电脑、新缩微设备、新工厂和印刷设备等等）和每年的运营成本。

（5）考虑备选方案，以满足组织部门的信息需求。

备选方案评估也许是计划链上的关键环节。选择满足信息要求的备选方案，成本能明显控制和减少。在信息要求规划一章中，列出了数据的六个基本属性：主题、范围、测度、时间、来源、质量和精度。不管在信息规划的方针和政策中这六个重要属性是否有明确的说明，评估活动都应校正归零。清单(备忘录)是信息规划者的有益工具,虽然将"要记住的事情"列成清晰的表很简单,但却是帮助管理人员更有效规划的好方法。

被评估的规划过程有另一个重要概念:"转换",即,产生的成本在计划链上会从一种因素转换成另一种因素。例如,政府机关要求商户填表,提供确切的信息以备政府决策或执行计划所用,商户自己消化信息成本或转嫁给他的供货商、顾客、股东或他人。信息成本是否转换、转换到哪里、转换多少是信息规划过程的重要问题。为此,我们构建了几个成本曲线。

在某些时候,需要在众多考量中作出优选方案的决定。短期来看,规划者尽力从全局的角度选择对组织而言成本更小的方案(或者如果考虑别的变量和限制条件,选择的方案可能会是"最大化"、"最小化"或"最优化")。但本文更关注的是,从长远来看,评估应提供组织聚焦于信息研究、信息建设和信息资源的方法。我们之前曾讨论过这三方面的工作:

(1) 采用更有效的方法和技巧处理各种级别的数据;

(2) 寻找办法,拓展组织的低端信息接收能力;

(3) 展开方法上的研究,减少"关键路径"中的信息处理成本,以影响组织的全部成本。

现在回到我们的议题上来,在规划过程中除了备选方案的评估外,还有其他满足信息需求的步骤需要仔细评估。在组织内部不同部门和分支机构的信息需求是否得到了协调? 在政府和私人企业中,信息重叠、重复和冗余非常严重,且很耗成本。除了采用集中的数据库管理的办法,还可以有别的办法解决这些问题。信息要求从应用上看应是多目的的,能满足组织中的多种信息需要和利用,而不是只满足相对窄小、专用目的,或单个单位和单个用户团体的狭小需要,因此,应努力发展信息要求。

显然信息要求能满足广泛的受众,组织领导或他的信息代表可能希望"引导分配"到单个部门或分支机构。被分配的这个部门有义务发展信息要求,满足所服务的所有机关和用户的需求。当然,这个过程说得容易做起来难。因为,似乎下属单位经常是独立王国,处于只能自己确定信息需求的状态。由于缺乏强有力的高层信息管理,这些部门采用各种策略避免和其他单位一起分享信息要求的发展模式。

信息规划评估的另一个维度是零基概念。随着卡特政府执政,政府引入了零基预算的概念,华盛顿必然将零基预算的原则运用到政府其他的管理过程中。在信息领域,"零基报告"之词早在 1977 年出现。零基信息计划在此可以定义为:为了组织发展的需要,安排进行定期检查,确认所有的操作数据流,包括公司层面和部门的信息系统和数据库、统计数据系统、报告系统和个人报告。通常的准则是,每种主要数据流每三年或四年会有一个基线检查,或者如果公司或政府机关经历了任务、功能、资源部门(机关),或其他重要因素的根本改变,就会进行基线检查。

信息规划评估还有一个重要维度,就是需要将组织机构的总体预算和部门花费的信息资源成本进行对比。第 7 章和第 8 章指出,信息预算和信息会计不需要重新调整组织的常规预算、财务结构及制度;同时,需要确保信息资源和组织的财务结构相关,否则,信息资源就不能和其他资源并列,进行成本核算以及关联。

12.2　针对计划的评估

从管理过程的规划阶段到计划阶段,也许该强调的首先是基线的必要性。记得我们在第 5 章信息资源管理系统中说,有必要知道"决定去何处之前先清楚自己在何处",或如格言所说:"如果不知身在何处,走何条路则无不同。"为了有效和明智地规划信息要求,组织有必要了解拥有的信息资源、所处的规划阶段以及我们在第 2 章所界定的"资源",包括信息系统、信息来源、信息产品和服务。

一旦建立初始的资源清单,就是建立了基线。从该点开始,资源的增加、删除和其他重要的改变都会"更新"资源清单基线。由于信息资源数量巨大、设计和利用复杂、利用者众多、地理位置分散,组织可能不仅使用简单的清单,还会决定用更多的工具,像定位系统、目录、数据元素字典、受控词表、数据库管理系统、信息管理系统(信息资源本身)和其他工具。在仔细考量大小、复杂性等变量后,评估采用不同的工具应该可以满足可能的需求。总之,没有"黄金法则"来准确告之什么情况下需要用什么工具。

让我们对评估过的步骤进行总结:

(1)确认和核实上级组织的目标和目的(作为理智评价信息要求的背景)。

(2)确认所做的关键决定、方案结果以及信息成果的产生(即实际利用的信息如何收集)。

(3)对多种方案实施"优选评估",满足已经建立和得到认可的信息要求,帮助规划者建立和利用实用性的工作清单和指南。

(4)估算和厘清总成本。信息生命周期包括:信息要求设计、信息收集、信息处理、信息利用和处置,在不同的阶段都要考虑每个备选方案产生的总成本。

(5)将期望达到的利益、价值与负担、成本进行衡量,选择一个可行的方案。

(6)利用和展示针对信息要求和资源的、组织机构级别的综合规划。该规划与机构所有业务部门的信息需求紧密相关。在一些特定的部门,规划的目的是识别信息重叠、信息重复和与信息鸿沟,而不是满足部门的信息需求。

对信息要求的设计让我们进入特定的信息收集工具和模式的设计阶段。例如,我们需要对顾客或市场的观点、购买习惯或购买态度进行调查吗?我们要选择样本来发放问卷调查吗?我们要订购某种期刊或杂志、文摘服务或定题服务吗?

12.3　针对预算和利用的评估

下面将针对第 8 章讨论过的预算进行评估。现在我们应该考察信息要求和资源在组织预算过程中的重要程度。在第 7 章中已讨论过相关细节，在此不再赘述。

最后，信息(终于)开始进入组织。这时，我们谈到衡量信息价值的信息利用信息需求。例如，信息确实用于它被搜集时的目的吗？如果是，它的利用是对组织有积极的效应吗？或者部分效应，或者边际效应？搜集来的信息多少确实使用了？使用的信息导致的积极效应又有多少？

为了回答这些问题，我们采用的示意图会比较有效。将三个重要阶段并列——信息搜集、信息利用和信息价值——正如所见，阐明三者的不一致，可以得出信息效率和信息效用理论。

理论上说，部门使用的信息量与信息的价值量相比较可以得出组织信息管理项目的有用性。即信息有助于做出正确、有益的决定，而决定的结果可以帮助组织实现其目标和宗旨。理想的情形是，不是所有的但应该是大部分被利用的信息都是有价值的，正如图 12.1 所示的情况 A。实线围成的圈代表有价值的信息，虚线围成的圈代表用过的信息量。例如，可以利用可获得的信息，但信息没有价值。在理想或优化的情况下，很少有可获得信息是有价值但没有用过的(在实线和点圈之间最左边的月牙)，或用过无价值的(在点圈和实圈之间最右边的月牙)。

很遗憾，这情况并不是唯一可能发生的情形。正如 B 情形所示，用过的信息有价值的可能只占小部分比例。两种情形均存在：大量有价值的信息并没有被使用过，大量使用过的信息没有价值。

在大数情况下，收集的信息多于用过的信息。这种情形在 C 中可示，用过的信息占有价值信息的比例很小，同样，组织收集的大量信息常多过其使用。在 C 中，收集的信息由点圈表示，用过的信息由折线圈表示。在 C 情形里，收集的信息中有一小部分被使用，只有一半左右的信息有价值。如果组织在利用收集到的信息上更有效率，也许信息的效用会得到改进。如果组织努力使收集的信息能得到利用，确保收集、利用的信息有价值，那么理想或优化的模式则可由 D 来描述。另一变化的情形是 E。在 E 里，不仅收集的大多数信息无价值，而且大多数用过的信息在价值圈外面。

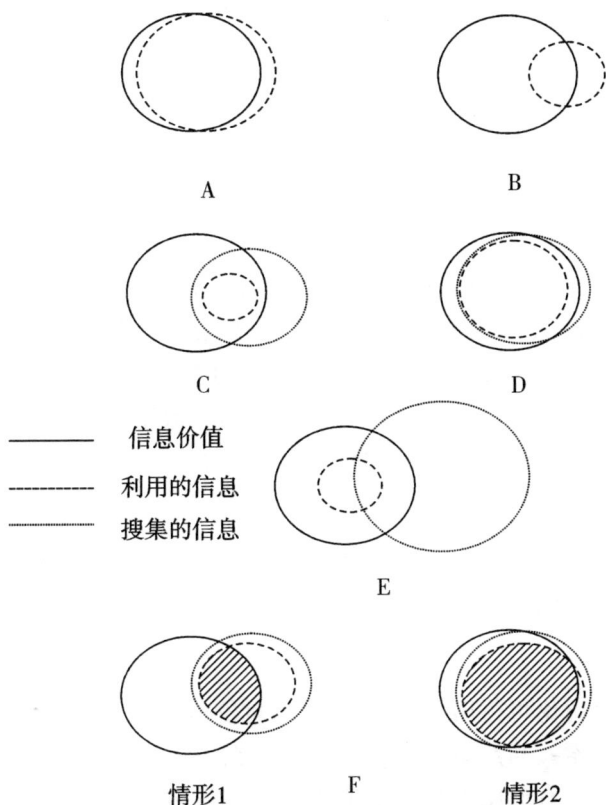

图 12.1　搜集的信息、利用的信息和信息价值之间的区别

　　组织决定自己需要什么信息。如果能促成组织实现其目标和宗旨,那么这种信息就具有潜在价值。如果此时信息被收集和利用,信息就产生了实际的价值。F 代表这种情形,这种情形有两种情形。在子情形 1 中,潜在有价值的信息由部分当前使用过的信息、部分收集了但未用过的信息和未收集亦未用过的信息组成。阴影区代表三个圈的交叉,表明具有实际价值的信息量。组织从情形 1 变成情形 2 是一个改进,A 和 D 各自代表 B 和 C 的改进。

　　考尔德伦(Calderone)提出假设,通过收集到的信息和利用过的信

息比例来对信息效率(information efficiency)进行粗略测量:

$$信息效率 = \frac{收集的信息}{利用的信息} \qquad information\ efficiency = \frac{information\ collected}{information\ used}$$

信息效用(information effectiveness)的粗略测量为用过的信息与有价值的信息比例来表示:

$$信息效用 = \frac{利用的信息}{有价值的信息} \qquad information\ effectiveness = \frac{information\ used}{information\ of\ value}$$

以上公式应用到信息资源领域,符合业外人士对效率和效用之间存在差别的认识。即,在第一个方程式中,未考虑利用率的情况下,利用的信息会少于收集的信息。如果"用过"的信息仅为收集信息的 10%,那么和 90% 的利用信息比例相比,信息效率要低。同样的,在第二个方程式中,如果用过的信息占有价值的信息的 90%,可能比只有 10% 的比例能更有效地达成我们的目标。

12.4　作为信息价值指标的信息利用

从以上讨论可得出结论,利用是信息价值中首要的、压倒其他一切的决定性因素。当然该观点不是说说这么简单,至少到现在还没有被研究所证明。有迹象表明信息价值牵涉到很多变量,但信息利用肯定是其中重要的一个变量。

里奇(Rich)将信息利用作为信息价值的指标来研究。[1]里奇和其他研究者发现,在政府项目中,必须辨别首要和次要的价值。在我们的社会中信息的首要价值与改善公民的福利相关,诸如给贫困者提供更快捷的服务,让工地的事故率更低些,所支持的项目交更少的税,更好地理解政府所做和所想,更好地分配价值和任务,等等。次要价值则指那些有助于实现首要价值的价值,如改善效率。

在政府信息的研究中,里奇设计了五个可操作的"价值"定义:

(1) 如果信息有助于实施、运行和监管联邦项目,则该信息具有价值。

（2）如果信息有助于管理联邦政府的责任，则该信息具有价值。

（3）如果信息可帮助公民理解和评估政府所作所为，评估行动是否正确，评估是否履行责任，则该信息具有价值。

（4）如果可协助居民获得政府赋予他们的物品和服务，则该信息具有价值。

（5）只要对执行政府项目有最基本的贡献，则信息具有价值。

里奇的贡献在于提出以上信息价值的类型，他认为这些类型是可以变化的。但他的贡献不仅于此，他最大的贡献在于坦承信息价值的概念本身包含了社会规范的判断。也就是说在联邦政府的情境下，信息的价值涉及明确的国家优先的社会判断。这种情形下，信息价值目标是清晰的、不含糊的和明白的，评估者更容易决定信息收集和使用到何种程度，可有效和高效地实现国家首要任务和（或至少朝此方向前进）目标。如果官员和政客对此不清楚、混乱和含糊，评估会变得非常困难。

信息利用/价值的另一维度是哲理性问题，即：从一个狭义的、资源利用的角度来看，信息按计划收集但用于其他目的，该信息是否有价值。对此，里奇说："如果信息的意图利用与被认为有价值的政策直接相关，信息的利用也与这些政策直接相关，那么在意图利用与实际信息利用之间的比较很重要，这能决定信息价值是正面的还是负面的。"直观地说，如果可以获得有用的信息，但因为我们的利用是"无意图"而不是"有意图"而使信息未加利用的话，我们可能会如谚语所说："自讨苦吃"。因此，在使用信息评估的方法和技巧时，我们需要区分随机目标和计划目标。

在另一项研究中，唐纳德·金（Donald King）努力开展对科学和技术信息的价值评估，提出了理论：对信息价值的评估，至少部分评估，可以用社会的总体效益或"价值"来衡量，而这些价值是由实际采购的期刊价值的总量来提供。[2]提供给用户的期刊价值可用用户愿意付出的最高价格来衡量，这可以用经济理论的需要曲线来衡量。用这样方法估算，金认为文章的平均价值在不同的领域变化很大。

例如，他计算过计算机学科的文章价值可能每篇超过 7 000 美元，心理学论文大约为 750 美元。当然，该方法的应用存在困难，即它可应用于更高层次的信息成果，不太容易应用到"微观"层面，如个人报告，计算机运行、调查或其他。当然，如斯特拉斯曼（Strassman）和其他人建议，在微观层次上也有可用的方法，如用退款制度。[3]

12.5　针对信息处置的评估

针对信息利用的评估之外，在我们的评估框架中，信息资源管理还有一个任务，即评估信息生命周期的最后阶段——信息处置。传统上这个工作归属于文件管理项目。即，大家认为不再利用的信息，信息被打包送到远处的文件仓库，积满灰尘直到最终销毁。很多时候文件的处置计划和方针不会将文件的信息再利用（或计算机数据库）考虑进来；也就是说，一旦信息进入"处理系统"，通常就不会再系统地考虑数据再利用的可能性。结果，如果数据的直接利用令人满意，就会很快且自动地被处置。

与以上相反，评估分析应看组织是否有类似其他资源的再利用计划。例如，在物质、设备和供应方面，当一件设备和机器对组织而言老而无用时，会被列入再利用表单，这样能有步骤地让其他潜在用户如直接管理部门、分部和其他部门，知道这些设备的可用性。在政府中，这种方法绝对重要。恐怖故事（不能正确获取信息）由于众人皆知而不会重蹈覆辙，但缺乏可用的信息就会出错。当机构 X 正在买 16 箱的卫生纸，这边机构 Y 却宣布 16 箱超过了需要，将余货拍卖给供货商中出价最高的买主。这些可用的信息可满足我们的目的，也能很好地满足他人的需要，但为什么我们在弄清可用的信息方面并不太慎重？ 实现这个目的缺少一个重要工具，例如在别处讨论过的联邦信息资源定位(Federal Information Resources Locator)。但即使没有这样的工具，组织部门也不需要精心设计的计算机文件或系统就可制定政策和步骤来完成这个简单的再利用任务。

12.6　研究和调查

现在我们需要将注意力从评估过程转到传统利用的评估工具上来。"研究"或"调查"是执行评估时两种最常见的方法。但是，进一步讨论调查和研究工具很有意义，因为这些工具的应用与我们的目的直接相关。让我们再考察调查和研究中的一些常见的"与信息相关"问题。

第一，收集相关和恰当的信息。我们不讨论他处已说明的问题，即部分分析者、研究者和评估者（还包括审计者、检查者、合规专员和其他人员）有一种倾向，他们尽可能搜集多一些信息以防不时之需。可以确定，在某些情境下每一个信息都相关，但问题是：是哪一种情境下？虽然关联度不能（或永不会）简化为用数学的方法，但应有一些指导方针可以帮助我们。例如，我们寻找何种答案？我们需要知道可以响应的范围。哪种计算指令将用于收集数据？需要准备何种表格、示图？我们需要设定到何种精确度和精密度？等等。

第二，验证信息的可信度和可靠度。分析人员和研究者常常使用新收集来的数据，但事先没有对数据是否可靠做出大概估计，就匆忙下结论。如果数据不能和先前收集的数据吻合，那么新收集的数据会被怀疑。许多使用者总是毫无疑问地接受新数据。这就经常会出现新收集的数据来自二手的资料，已有的数据来自一手资料的情况。"提炼"、"抽取"、"外推"、"内推"、"摘要"的过程经常忽略重要的数据，导致错误结论。又有，数据的六个属性可以帮我们区分数据。例如，从不同的来源搜集来的数据经常相互矛盾，不一致、不相容。不同测度单位的数据会有同样的问题，在数据的范围、时间、质量及精度上都会有差别。最后问题是：两套不同的数据——新收集的和已有的——能用来准确描述被度量和观察的情况吗？数据收集的方法、问题的定义和数据定义上的不同经常导致这些冲突。

第三,从结构和管理来看,政府和私企的组织在从事更广的调查和研究上经常能力不足。其中不少组织认为自己的技术人员和专家可以将调查和研究做得很好。结果,调查的计划、设计和执行监控这些重要过程经常太随便、不专业,导致时间和资源的浪费。尽管组织拥有专业人员其丰裕的专业知识以多种形式在不同的场所出现,但通常组织没有所调查领域的专业人士的名单,名单上包括合约者、顾问、专业协会、贸易组织、政府部门、大学和智囊团。

12. 7　突出的优势

调查和研究不是检测信息资源利用效用和效率唯一的工具,也不是最好的评估工具,但它们具有其他工具和方法所没有的几个重要优势。其中一个优势是具有"代表性",另一个是"可度量性"。代表性指确信调查/研究工具将全部总体都考虑进去。其他方法经常陷入不经意地忽略重要的总体样组或子集的危险,而这不仅仅是一个将"科学方法"应用到社会科学技术的问题。可度量性作为另一个优点和变化的程度有关,从预期结果到最后结果之间的变化能被客观和清晰地考虑,准确地被度量。信息的价值很大程度上在于减少不确定性,而调查工具的质量和减少不确定性有关。

调查和研究的另一个优点是,记录调查结果、结论和建议,产生的文字记录和"记忆",可以为后人所利用。这也是广义信息资源管理的中心目标。我们讨论的不是简单的文献"跟踪",这里的"文献"是指记录了许多为评估组所用的基本原因,如重要的假设和理由;决定利用直接和非直接方法搜集数据的背后原因;多选考虑,包括每个支持和反对的讨论;优选和为什么更愿意选它等。调查工具允许重建从最初的调查计划到最后结果的所有场景。

12.8　调查工具的监控

巴茨(Batts)和鲍尔斯（Powers)指出,因为在不同的账目和大型调查项目的管理控制文档之间要相互比照,因此,调查活动的日常监控会变得繁琐。他们开发了一个自动调查控制系统"将调查的各个组成部分放至电脑这个基础的、有效的和准确的控制机制中"[4]。图 12.2 描述了这个系统中的数据流情况。控制文档包括每一个目标调查元素的基本文档(例如,参与者样本),当和目标相关的整个调查过程中都不断地获取了信息,基本主目录就会得到更新,还会产生各种管理控制报告。这些方法的好处在于计算机承担了大量的琐碎的调查重任,如寄出后续问卷,跟踪地址改变,跟踪目标单位的状态改变等等。总之,用专门的"备忘录"记录如到期日、日期延后、后继日期等等,建立一个持续跟踪和管理的系统。此外,先后参照、前后引用和交叉表分析这些方法可以用于全部总体或总体的子集的调查中。

12.9　评估作为分析的过程

我们已经研究了评估的过程,观察了最重要的工具之———研究和调查,现在开始讨论评估的实质和与之相关的信息资源管理。莱恩汉(Linehan)分析了全国性的图书馆发展规划中"信息鸿沟"背景,讨论在该环境下的评估。[5]莱恩汉指出,这样大的图书馆发展项目由于极度缺乏评估机制,导致了未来规划的能力有限。他认为,一般来说,评估通常在四类型分析法所获数据的基础上:

(1) 比较分析法;

(2) 外推法;

(3) 消费者偏好分析法;

(4) "功能"分析法(相关分析等)。

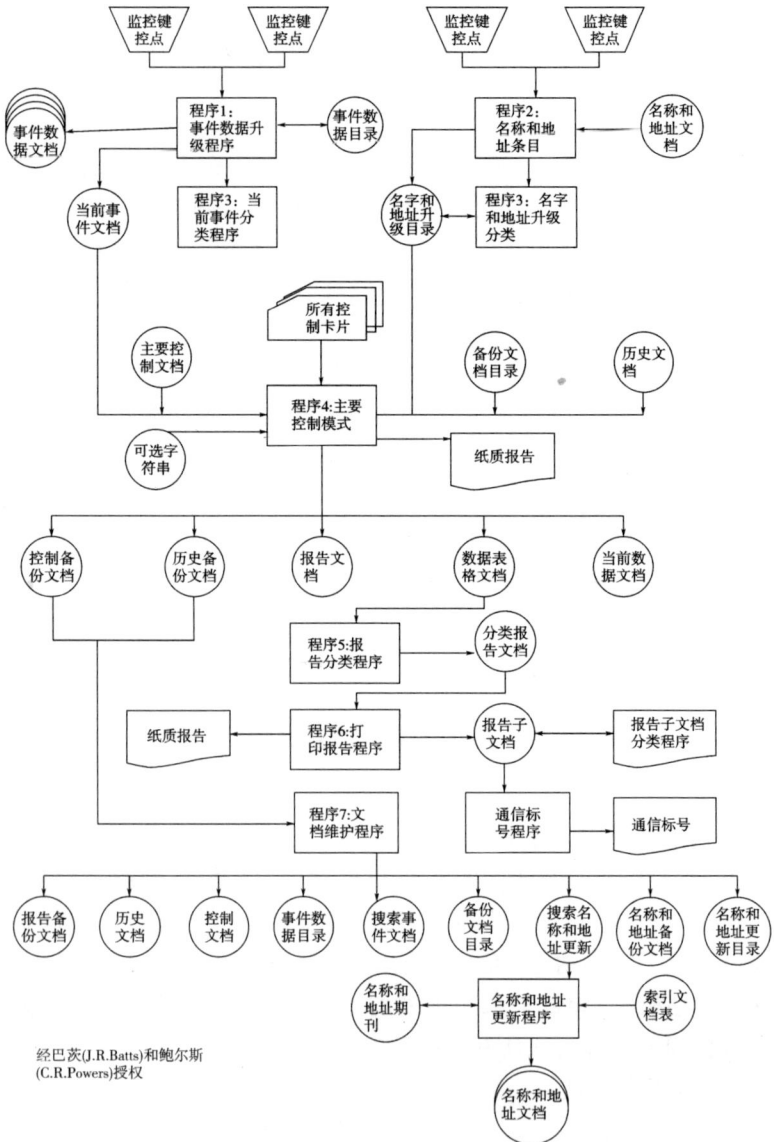

经巴茨(J.R.Batts)和鲍尔斯
(C.R.Powers)授权

图 12.2   自动调查控制系统

如词所指,比较分析法是做比较和对照,比较的内容有：原始数据;搜集、组织和揭示数据的方法;研究结果;结论;建议。虽然比较分析有其优点,如快速排序比较、强调不同点等等,但也有严重的缺点,如,被观察和评估的原因和现象仍可能被隐藏、伪装或者淹没在总结和摘要里。从"信息需求"的角度出发,比较分析的数据往往来自二手资料,因此,预先指出数据矛盾和不一致性的缺陷非常重要。

相较之下,外推分析法需要的是不同类型的数据,在这里注重的是推断。韦伯特斯(Webster)界定外推法是在已观察到的区间价值中推断出未观察到区间的可变价值。因此,评估者/分析者需要靠数学和统计方法实现外推法。在我们的语境里这些知识是"数据",分析者必须遵守统计和概率的原则来处理总体、样本、预测、容错的估计等。

第三种方法是消费者偏好分析,应用在观点、态度及行为模式领域,因此引入了主观性测量维度和涉及主观性的问题。偏好分析需要新知识,如"专门性"的方法论知识,以及大量的不同的分析性数据。整个科目随着心理学测量和计量生物学的发展而迅速发展。物理和生物学也促使了偏好分析的发展。

最后,功能分析法,聚焦目的和关系。其他三个分析方法倾向于静态地观察世界,但功能分析法则用动态的、互相联系的观点来看待人、事和环境。功能分析法谨慎地寻找隐藏的相互关系和其他方法可能会忽略的关系。

莱恩汉称比较分析法是过去十余年州级规划方面利用的主要方法。但他相信"当对州议会负责之事变成更紧迫的问题,了解计划分配如何影响用户和信息利用的需求就会增加",最终比较分析法会转为功能分析法,因为,功能分析法能更好地考虑这些问题。

12.10　政府评估研究

各种政府机关都进行了若干评估研究,这些机关直接或间接涉及

信息资源管理,和我们的兴趣相关。主要的研究[6]有:

1. 政府范围及内部自动数据处理（ADP)活动的评估。总务管理局(General Services Administration)有广泛的政府授权来制定自动数据处理方面的政策和程序,提供支持性的中央服务,最经济地满足部门的需求。研究报告提出了许多关于程序和组织变革的建议,以改善政府对电脑和电脑相关的信息资源的利用绩效。该研究由弗里顾问公司(Fry Consultants，Inc.)展开,1972 年 3 月 13 日出品;副本保存在总务管理局。

2. 通用系统研究报告。美国国家档案馆的文件控制和著录。研究报告讲述的是当前美国国家档案馆用于文件控制和著录的系统,勾画了系统的花费和效益。虽然谈的只是美国国家档案馆,但采用的方法具有建设性,研究的主题范围很广泛,将私人企业和政府都会面对的各种文件管理问题予以呈现。

3. 计算机辅助教学(CAI)网络的评估标准和方法。作为生物医学通信研究的标志性评估,该评估研究由美国国家医学图书馆资助。利斯特希尔(Lister Hill)国家生物医药通信 CAI 网络中心综述了 50个用户报告、10 个实地考察、1 个督导委员会的报告。讨论的问题包括退出、扩大、减少计算机教学网络操作及重要的转变。从推荐的最可行的讨论选项中提炼出十项专门的评估标准,以提高计算机辅助教学网络的效用。

4. 美国国家精神健康研究所(the National Institute of Mental Health)关于药物项目的系统评估方法。这是另一个标志性的研究,非常有意义,因为研究用多种信息来评估效用和效率。应国家精神健康研究所的要求,华盛顿特区城市研究会进行了研究,报告日期为1972 年 11 月 30 日。城市研究会用几个月时间调查了精神健康项目行政和管理,系统地采访了与评估数据有关的重要用户。他们找出了药物项目上的几个遗漏之处,建议改变计划,使得计划对决策反应更灵敏。以发展定量模型为中心,所推荐的系统最终得以开发,而定量模型描述的是项目干预、基本假设、环境因素、决策过程这些因素的交互。

5. 组织的评估和信息需求研究。该研究是卫生领域的第三个标志性研究,应美国国家职业安全和健康研究会的要求而启动,由决策科学集团詹金镇,波(Jenkintown,Pa)执行。报告日期为 1974 年 1 月。报告在组织结构、运行和信息流过程方面进行了详细分析,提出了研究结果和结论。

6. 职员对卫生教育福利部门图书馆的评估。在华盛顿特区健康、教育和福利部总部里,开展了对员工图书馆服务需求的调查,并撰写成报告。调查发现了服务需求的上下幅度很大:9%的人从未用过部门图书馆;26%的人一年超过 21 次。基本不满意的是物理条件、服务和馆藏质量。对一些其他的服务如馆际互借的需求不是很热切。调查建议图书馆增加员工、扩大馆藏特别是与时势政策相关的馆藏。

总之,目前信息管理过程评估的确处在初始阶段,信息价值的评估现状也许起点更低。政府和私人企业、大学和基金都应该对信息管理和信息价值的评估予以大量关注。同时,上述所引用的研究案例是有益的,在从事评估研究前可以被借鉴。

从讨论和例子中可以得出一个重要的观点,即评估和规划是一个硬币的两面。如图 12.3 显示,一个过程为顺时针运行,另一个为逆时针。在懂得信息管理过程是一个周期性的过程之外,我们还要持续关注两种评估,一是,对项目运行中的实际信息和数据的评估。其次,是信息运动过程本身的评估:在各部门和个人之间组织的信息系统是如何有力和有效地实现数据交流的目的。

如示意图所示,如果实际信息的利用少于百分之百的规划利用,管理者能通过对不同阶段管理过程的进程调整来进行"纠错"。

(1) 在策略、政策、财务和其他条件允许的范围内,重新制定项目目的和目标;

(2) 在项目范围内,重新界定信息需求;

(3) 重新审定信息生命周期以找到信息交流链中的薄弱环节。

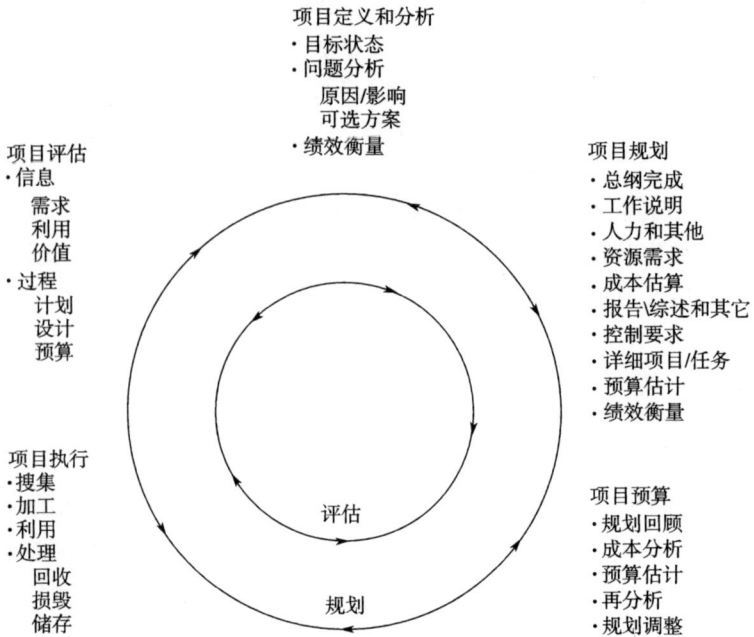

图 12.3　项目规划和评估过程

12.11　案　例

　　用案例来总结本章也许会很有帮助，案例讲述的是为什么用系统的方法来评估信息利用是如此重要。本章案例和经常在专业和科学期刊上发布的特定统计信息有关。

　　此处不试图讨论在期刊上公布的许多统计信息的管理，而是对信息信度产生的深远影响做出阐释。在下表中的图表可能在论文的摘要得到说明，但常没有统计指数和实验结果。

　　图 12.4 是一个信息利用未被有效评估而犯"错误"的典型例子。"铝的导热性"表显示的是专业杂志中的 71 篇论文的结论，报道了铝的

导热性研究的实验结果。每个标有数字的线代表期刊论文中经统计所得出的导热性。

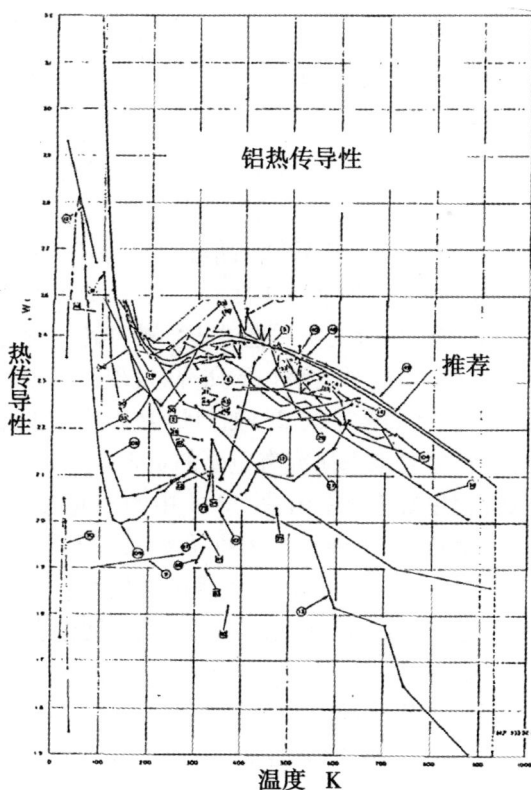

图 12.4

正如所见，这些实验结果的分布实际上非常广，因此如果读一篇或者几篇论文杂志，研究者并不能准确地说明铝的导热性。

信息管理远不只是编写摘要和索引，也不只是要追踪数据文档和计算机磁带。信息管理是评估、认识信息并告知研究者，单一的铝导热性测量法不能充分解释现象。

当然可能有人认为，在铝热传导领域会遇到这样的问题只有一个"非专业者"（变量）。在该领域的每个研究者都知道明显的事实：不存在单一的数据。我认为也许需要同样的热情来讨论的是："无形学院"是某一特定的研究领域中研究者群体进行信息交换的首要方法,但当科学和技术变得更专业、划分更细,同时互相依赖(在一个领域的发现可能直接或间接应用到一个相关领域)时,"无形学院"的效果越来越不可行。其他的可选或附属的信息管理方法需要发挥作用;单靠无形学院无法发挥作用。

对铝热传导信息的管理说明了管理的实质,没有研究者能从未管理的、分散的期刊论文中得到正确的答案。通过研究结果的索引和比较,信息管理者能构建图表,然后评估信息。在多重研究因素的基础上,由评估结果得出"推荐"的铝导热性。

信息管理能促进研究上的实质性进步。被推荐的导热性的范围为研究形成统一的基础,还能激发潜在的研究,发现什么因素形成这些重要方差,某个铝热传导(如数字线27)如何形成和其他研究趋势相反的分布。因此,信息管理对未来研究有重要的贡献。

当然,信息管理也有成本。在图 12.4 中的表花费了 22 000 美元来编纂和分析,包括对 71 篇杂志论文的寻找、搜集和做摘要、编表和做建议的费用。问题是：谁来支付信息管理的费用？

考察 22 000 美元在最初研究中的情况,能说明经费的重要性。在表中的每个数字代表一篇期刊论文,每篇都是大量的实验研究结果,由研究基金、研究薪金及其他资金和运作费用来支持。每个研究报告的花费一定比得上信息管理上投资的 22 000 美元。因此,信息管理费用占所有研究经费的 1%～2%。为什么要这样来计算信息管理的投资？作者认为,至少会有一个研究(成本至少 22 000 美元)受信息管理研究结果的影响而重新定向,这样研究成果会更有意义。

最后一点是关于铝导热性的信息管理。铝导热性研究是自然科学、硬科学研究,在实验室是可重复的。研究结果必须是"正确"的。那么,社会科学呢？社会科学项目的实验不完美,可重复的实验会导致不同的结果。因此进行信息管理存在内在的困难,需要更多的激励。如果想进行的研究将形成社会项目规划的基础,但却像铝导热性的第 27号那样和其他研究结果相反,该研究不仅威胁项目的数百万美元,而且会威胁到上千万人的性命。从这个角度看，信息管理更重要。

12. 12　问题讨论

1. 正如其他几章在不同情况下所指出，讨论过的原则（例如评估）适用于两种不同情境下的信息：信息过程和信息资源。在此追问，这两个评估过程是一起进行，先后进行，还是用其他方法进行。简而言之，信息过程（或简单地说，流程）和信息资源的评估之间的关系是什么？

2. 文章说明了不是所有搜集的信息都被用过；从实现机构自身的目的和目标的角度出发，不是所有用过的信息都是有价值的。准备一个简单的列表，列出你认为导致信息使用出现差异的因素。即，什么因素能会导致大量信息未被利用，什么因素会导致大量信息不相关？

3. 有一派观点认为信息的价值完全取决于观看者的看法，完全是主观的。他们认为不可能从定量或经济的角度来建立客观的标准衡量信息的价值。对支持或反对的立场进行讨论。

注　释

[1] See Final Report of the Information Management Study, Commission on Federal Paperwork, June, 1997

[2] Rich, Robert F. , *The Use of Information as an Indicator of Value ,* (Working paper prepared for the Commission on Federal Paperwork, 1976)

[3] King, Donald W. , *An Estimate of the Value of Scientific and Technical Information Derived from Federal Funds ,* (Working paper prepared for the Commission on Federal Paperwork, 1977)

[4] Batts, J. R., and Powers, C. F., "*An Information Delivery System for Survey Research: The Automated Survey Control System* (ASCS)," Paper presented at the 6th Mid-Year Meeting, American Society for Information Science, Syracuse University, Syracuse, New York, May 19-21, 1977

[5] Linehan, Ronald, "*Statewide Planning for Library Development—the Information Gap*," Paper presented at the 6th Mid-Year Meeting, American Society for Information Science, Syracuse University, Syracuse, New York, May 19-21, 1977

[6] See "*Federal Program Evaluations, A Directory For the Congress*," 1976 Congressional Sourcebook Series, Compiled and Published by the Office of Program Analysis, U. S. General Accounting Office, Washington, D. C., PAD 77-5, for sale by the Superintendent of Documents, U. S. Government Printing Office, Washington, D. C. 20402

补充说明

本书稿完成于美国巨子休伯特·韩福瑞(Hubert Humphrey)去世后不久。韩福瑞和癌症做了英勇斗争,他以坚韧的个性和专一的意志赢得了全美人民的心。

这位前副总统不止一次说过,他最担心的一件事情是治愈癌症的方法正放在某处的实验室文件柜中,这是信息管理不善的结果。

也许是,也许不是。我们生活的世界中没有事情是理想的或绝对确定的。由于对真实世界的研究倾向于只是发布结果,所以我认为只有对形成结果的信息进行管理,才会产生近似于"正确"的答案。这些"正确"答案的费用应充分由研究者和社会承担,研究的信息资源才不会被浪费。

这就是信息资源管理,或被称为"IRM"。

案　　例

下面 5 个简短的案例可以起到以下几方面的作用。第一,置于假设的组织环境中,通过运用第一人称、"即时情景"模式、语言和语法形式,进一步强化前面正文中提到的一些观点、原则和方法。第二,这些案例能让教学工作者在课堂中采用案例研究的方式授课;同时,信息学科的学生可以通过案例了解信息资源管理在其他领域的应用,而非仅仅是在课堂学习中所了解到的知识。第三,通过单独使用、简单易懂的案例及内容,可以让信息从业者们更好地联系实际工作情景,从而增强对文中概念的理解。

这些案例不管怎样都不能完全、充分地再现过去研究和记录过的真实情境,但作为一般情境的大致模拟,这些情境代表了一些与我们的目标相关的共同问题。

案例一：交易基金会

交易基金会的图书馆(the Library of the Deal Foundation)被华盛顿特区的图书馆协会誉为该市最好的图书馆之一。交易基金会图书馆之所以赢得如此美誉,是因为它是少数能够同时代表共和党和民主党,并且能够为美国国会提供专业"智囊团"的图书馆。依靠该图书馆,国会委员会、国会议员和国会的各种行政机构(如总审计局、技术评估局和国会预算局)常年在很多重要优先项目和敏感公共政策问题上进行了深入的辅助性研究,包括能源、环境保护、消费者保护等方面。

　　图书馆的馆长很早就决定采用杜威十进制分类法(Dewey Decimal System)对馆藏文献进行分类、组织和整理。馆藏印刷文献、电子文献和音像文献的数量庞大，基金会对图书馆采购新资源的预算要求一直给予支持。图书馆工作人员具有扩大服务范围的创新理念，使其不仅可以为基金会成员提供服务，而且为国会提供良好的服务，这给主要的基金会和国会官员留下了深刻的印象。

　　在过去的两年里，图书馆的馆藏分类和组织问题给图书馆员、用户和供应商带来了操作上的困难。这些问题体现在各个方面，主要的问题是随着技术的变化、新知识领域和新学科的出现，用户的浏览方式也发生了变化，而杜威十进制分类法却缺乏一定的灵活性。

　　为应对这些变化带来的问题，基金会图书馆与哥伦比亚大学图书馆学院签订了一份咨询合约，让他们为该图书馆推荐方法以改进分类法、组织和管理的方案和体系。与此同时，图书馆正在考虑实施一个大范围的缩微胶片项目，包括使用计算机和"计算机输出缩微胶片(COM)"(Computer-Output Microfilm)。基金会已经基本上同意了这个项目，而且决定将咨询合同与缩微胶片项目合到一起。

　　尽管图书馆主要是面向用户的"借阅"型图书馆，但工作人员认为浏览仍然是一项重要的服务功能。因此，基金会认为不管采用任何新的组织和分类法，都要保证快速浏览的效率。但是，这在图书馆员中引起了争论。是否应采用传统的书架模式，还是采用目录浏览模式、在线终端浏览模式或其他模式，当时都存在争议。

　　最后，图书馆员认为跟踪馆藏资源的使用是提高图书馆整体效率的关键。但是，目前只能通过借阅记录显示的作者和标题来分析馆藏资源使用的频率。除了简单的书目查询外，还没有一项分析能够确定馆藏资源的使用模式，如通过主题、主题簇、用户身份、访问频率、最终目的(如借阅目的)等进行分析。

　　假设你是交易基金会图书馆的成员，准备会见哥伦比亚大学的代表，并对拟定的咨询合同的各项说明进行初步审查。会议将于两周后召开。请回答如下问题：

　　1. 同时签订咨询合约和缩微胶片合约是否具有危害？讨论其利

弊。准备一份两页的陈述来支持你的观点(赞成还是反对),请在会见哥伦比亚大学代表之前与基金会的官员进行商讨。

2. 图书馆的浏览政策存在什么问题? 你会推荐何种政策? 你又如何看待图书馆员的争论? 这些争论对拟定的咨询合约有什么影响? 你如何处理这件事情?

3. 馆藏利用及用户"跟踪"系统的问题与拟定的合约如何相互关联? 是否应该在合约中把建立跟踪系统作为一项特殊的产品需求? 对于这个问题,你是否有其他的解决办法? 如果有,如何解决?

4. 尽管现阶段存在疑虑与未知,假设基金会还是指派你全面接洽哥伦比亚大学的咨询项目。如果你负责撰写合同,你会采取什么样的措辞并提出什么样的产品需求? 列出合同应该包含的产品,并且注明这些产品之间的内在关系。比如,你会开始进行一些"可行性研究"吗? 还是直接进行一项明确的任务?

案例二：咖啡出口国组织

六个月以来,咖啡出口国组织(Organization for Coffee Exporting Countries,OCOFEC)的长期规划部一直在研究如何精确地预测世界咖啡生产和消费模式,包括咖啡替代品的可用性、需求弹性、收入弹性等一系列经济和市场问题。在咖啡出口国组织形成的三年前,各个成员国就收集了大量的贸易和关税信息。但是由于这些信息中对咖啡交易进行描述的"包"、"桶"、"产量"、"贸易级别"、"芳香豆"等术语不符合国际标准,缩略语和标志性代码在表现形式上不一致,导致这些信息不能被利用。此外,数据本身和在描述信息系统及信息处理过程中,如收集、记录、格式化、存储、处理和制表等方面,还存在许多信息不兼容和不一致的问题。

这些造成多国、多种族的经济学家、统计学家、电脑分析师、分类专家与该组织从事长期规划的人员之间的争论引起了该组织秘书处的注意。秘书处计划在 9 个月之后的第二年春季举办高层峰会。由于缺乏支持决策的数据——整合各国的产量、消费等数据，许多国家的部长认为，咖啡出口国组织（OCOFEC）是提高价格还是产量，还是两者都提高，还是采取其他行动，对此无法做出策略规划性的决策。

秘书处规划与经济委员会部长冈萨雷斯（Gonzales）和长期规划部的主管拉菲尔·康斯坦扎（Rafael Constanza）博士计划几天后进行会晤来讨论这一问题。康斯坦扎博士负责会议的日程准备工作。由于这次会晤是就信息规划、管理、控制采取有效改变措施的最后机会，冈萨雷斯和康斯坦扎都认为这次讨论对即将来临的峰会是否成功至关重要。冈萨雷斯部长要求拉菲尔·康斯坦扎博士将会议议程内容拓宽，包括能马上实施的短期应对方案，以及需要几年全面实施的长期改革方案，而这项长期改革方案应该确定，并作为咖啡出口国组织（OCOFEC）规划过程的一个明确部分。

假如你是康斯坦扎博士。在初次讨论中，你与冈萨雷斯部长以及其他与会者的意见相去甚远。就这一问题至少存在以下四种意见：

第一，就政策规定方面来说，OCOFEC 是否需要采用现行的行业术语方案，即在不同成员国之间进行转换以"适应现状"；还是通过投票方式选出单一的术语方案，以形成咖啡贸易中统一的信息标准。

第二，目前存在不同术语间的翻译问题。这就涉及是否有必要制定出一部术语词典，对名称、短语、缩写和符号等进行规范，或者在 OCOFEC 范围内制定一套统一的规范体系。这不可避免地会要求不同的国家对其现有的术语体系进行调整。

第三，OCOFEC 应当与世界其他国家的立场一致，以促使非 OCOFEC 成员国也能遵守他们的贸易和关税相关信息的定义及标准。例如，由于 OCOFEC 是咖啡贸易垄断组织，所以 OCOFEC 应当将其标准定义强加于非 OCOFEC 的买卖双方。也就是说，其他国家都是 OCOFEC 的咖啡贸易"成员国"。也有另外一种观点，即 OCOFEC 应当制定出一套统一的术语词典，从而能够在不同术语体系之间进行转换翻译，这样就避免了强行让其他国家遵从 OCOFEC 信息转换机制的麻烦。

　　第四,技术问题。需要处理在调整 OCOFEC 成员国咖啡信息系统的过程中面临的技术变革问题。目前,所有的国家都采取不同的信息管理系统、沟通方式,甚至其他的硬件和软件也不相同。有一些成员国已经在信息管理系统方面进行了巨大的投资。这意味着如果让它们再对信息系统设施进行扩展改革,将会大大增加成本。

　　针对以上提出的四类问题:

1. 如果有必要,将提出的问题凸显出来。例如,如果某一问题下有很多子问题,就要确定这些子问题。也就是说,需要将全部的问题分解为更小的子问题来解决。

2. 对 OCOFEC 的每项问题列出可供选择的解决方案。对于每个解决方案,确定其利弊。所做出的假设要尽可能地明确和具体。

3. 选出一个较好的方案,以康斯坦扎博士的身份推荐给冈萨雷斯。充分证明你的观点。

4. 最后,制定出推荐方案的实施过程或"情境",并且要考虑到实施方案的迫切要求:如 OCOFEC 需要提出快速的应对方案;成员国之间存在合作性较差的历史遗留问题;需要将所推荐方案的实施过程分成短期和长期两个时间表。

案例三:"皇家殖民地"组织

　　自美国内战结束以来,"皇家殖民地"组织已经成为国内主要的慈善机构,它进行了具有开创性和革新性的探索,这些探索大致上属于公共政策研究领域。例如,在其众多成功的项目中,该组织 25 年来持续地资助了下面 3 个项目:

　　(1)市民参与议政会议的实验方式,这些方式曾在 18 世纪和 19 世纪被新英格兰地区采用,现在 6 个大城市群的现代化城市都采取这种方式。

　　(2)对在后越战时代中的西方国家的民主政府形式进行深度的、

对比性的变化分析。

（3）批准一些民众行动小组，其中一个是与环境保护有关，另外的则与消费者保护以及其他有关，从而探索更广泛的民众参与政府决策和解决问题讨论的形式。

在众多慈善同行中，"皇家殖民地"因基金规划与管理的严密、谨慎和细致而享有盛誉。每一份基金捐赠，都将会收到 500 份申请。来自物理、生物、社会科学领域以及其他学科和专业的 110 名分析专家将对每一份申请进行严格审查，从而保证申请项目能够符合其严格的资助标准。

评审委员会目前正在考虑一个来自由 6 名大学教授和一个声望较高的社会科学研究公司组成的财团研究计划。这份研究计划针对地缘政治区域协调机制的测评数据收集，提出了 3 套可选的方案。这份计划集中了联邦、区域、州、府、地方政府等各个单元进行统一的基金管理。

针对这一情况，有三种备选方案较为可行：

方案一是一项资本密集型方案。简单来说，就是"皇家殖民地"组织通过财团将筹集的基金分别分配给各个政府部门挑选出来的项目。受资助的研究者可以根据自己酌情处理的方式支配资金，仅需要接受财团和"皇家殖民地"组织季度"管理审查"。

方案二是一项劳动密集型方案。同样简单地说，就是在项目审核的各个环节进行关键人员的招募，从而对申请项目搜集证据并进行审查。例如，财团可以雇用项目管理人员，由"皇家殖民地"组织给该项目管理人员支付薪酬。项目管理人员需要向财团和"皇家殖民地"组织汇报各项规划、项目、预算、数据收集与分析、报告形成等工作。除此之外，在州和地方政府层面，还需要聘请专家参与各个项目。总之，就是在项目实施和评估的各个阶段安排具体的工作人员开展工作。

方案三是一项信息密集型方案。"皇家殖民地"需要在项目初期阶段花费大量时间、资源和精力投入，建设完善的数据库和信息管理系统，从而能够监控项目进程和存在的问题。这样的计算机数据库应该具有数据存储和检索系统，并且具有缩微处理的能力。与方案一中的依靠季度汇报进行管理和方案二中的聘请管理人员进行管理的方式相比,方案三可以使"皇家殖民地"组织具有掌握大量信息的优势。

你的任务是运用引导性的表单完成下面的评估矩阵,尽量将这些矩阵填写得全面、详细且明确。在填写过程中,你可以随时使用解释性的注释。如果提前准备一份工作表并把你初步的想法整理出来,这对完成评估矩阵会很有帮助。同时,可以辨别不同方案中的最为可取之处。在这里,可以为你提供足够的空间,如果有必要,你随时可以增加额外的表单。

		选项 1 资本密集型		选项 2 劳动密集型		选项 3 信息密集型	
因素	量表	5 关键的且具有决定性	4	3 重要的但是并不是关键的	2	1 次要的	
1. 下级政府机构的项目管理能力							
2. 下级政府机构的资源管理能力							
3. 下级政府机构的信用、监督与资金控制能力							
4. 项目进展过程中的进度与问题报告							
5. 法律授权的范围与数量							
6. 管理授权的范围与数量							
7. 财务授权的范围与数量							
8. 提供快捷的服务和收益							
9. 提供高效的服务和收益							
10. 提供精确且高质量的服务和收益							

（续表）

因素	量表	选项1 资本密集型 5 关键的且 具有决定性	4	选项2 劳动密集型 3 重要的但是并 不是关键的	2	选项3 信息密集型 1 次要的
11. 政府与公众联系的必 要性（面对面形式）						
12. 政府司法管辖的法律 保障						
13. 政府司法管辖的财务 保障						

根据实际情况针对13个因素进行打分（1—5分）。

案例四：磁发电机制造公司

近来，磁发电机制造公司（Magneto Manufacturing Company）备受困扰，与员工个人信息相关的商业秘密数据泄露，涉及医疗、员工背景调查文件以及与该公司几项核心产品的设计、生产运营、评估相关的关键商业秘密。磁发电机制造公司主要制造应用于废弃物品回收公司、清理公司、钢铁企业等重工业企业的大型磁发电机生产线。

丹尼尔·巴勒布尔（Daniel Balbour）是该公司的安全主管，负责全公司范围内的商业秘密泄露调查工作。到目前为止，他总结出了公司数据安全问题的四个方面：

（1）建筑与设备设施的保护；

（2）计算机操作软件，包括访问密钥和编码系统；

（3）计算机和文件存储设备的硬件控制，包括保险柜等存储敏感信息的地方；

（4）员工的安全管理措施，如背景调查、调查范围、采用的调查技术、调查标准和准则等、测评规定和流程,以及其他与审查、选择、要求、晋升、培训、日常工作任务、绩效考核等相关的措施。

巴勒布尔(Balbour)了解到目前利用计算机犯罪(crime by computer)较为流行。近10年来,在学术、政府、商业和新闻媒体等领域对计算机犯罪进行了大范围讨论。自动化技术尤其是计算机和电子通讯装备的应用,大大提升了信息处理的能力。这体现在文件存储、报告生成、行政管理等组织在日常管理中的信息简化、机械化和流程化管理等方面。

但与此同时,计算机和通讯技术也使得企业加大了对商业秘密、员工个人隐私等信息的保护的重视。近几年的大量研究集中于研发出高效的计算机安全管理方式。

可以从以下几个角度审视安全问题:

(1) 对未经授权使用自动化系统的保护问题(机房的安全和终端使用安全);

(2) 在自动化系统中,进行数据保护以防止信息传递到不该传递的人手中;

(3) 保护个人和组织的信息以防止其遭到滥用和误用的问题;保护个人和组织的合法权利,从而防止其受到不适当或非法使用的危害问题。

当缺乏足够的商业秘密安全保护措施时,安全就应当作为一个重要问题加以对待。

(1) 供应商因担心信息泄露而拒绝提供必需的信息。

(2) 由于保护标准的差异,被迫延迟授权用户(如公司内部的两个部门)间必需的信息交换。

(3) 缺乏显性化的组织政策和流程保障的保护标准。同时,起到保障作用的组织政策和流程保障也未能顺利传递到利益相关方,如数据供应商、数据保护和监控方、数据用户等。

可惜的是,巴勒布尔的调查结果没有任何与解决问题相关的线索。在每一个具体的实例中,在详细调查和研究了物理的、技术的和管理性的实践之后,巴勒布尔被迫给出调查的"满意率"。同时,调查的缺陷比比皆是。事实上,这些安全问题正在日益恶化和突出。

　　请对巴勒布尔的方法进行适当评论。他可能忽视了哪些方面? 你认为调查方案需要作何改变? 你认为该公司的数据安全方案存在哪些弱点?

案例五:物业管理服务部

　　物业管理服务部(Property Management Service)是联邦政府管理服务部的一个办事机构。物业管理服务部主要负责联邦政府工作人员的不动产管理工作。像美国华盛顿特区以 Washington D. C. 作为简称一样,PMS 是物业管理服务部的简称。近年来,物业管理服务部一直受到成本不断上升且超出预算的困扰。预算超出虽然不能在管理服务部的内部信息系统中直接反映出来,但是这并不代表它与其各项服务的支出无关。例如,它包括物业管理服务部的房租和其他服务的支出,如这些建筑的暖气、空调、照明等支出。与此同时,大范围的行政性支出如打印、计算机服务、图书馆以及能够支持物业管理服务部正常运营的其他服务功能等都会提高其运营成本。

　　在过去三年的物业管理服务部的预算会议上都出现了激烈的争论。事实上,随着预算期的接近,物业管理服务部的官员们所担心的面对面的对质也即将再次发生。物业管理服务部的首席预算官巴克尔(Barker)先生和管理服务部秘书威廉森(Williamson)先生之间的冲突最具代表性。例如,在去年的预算会议上,这两位官员几乎是大声喊叫地争吵。下面是他们的争辩内容:

　　　　巴克尔:"抱歉,先生! 我想我解释不了为什么我们的支出会失控。"
　　　　威廉森:"作为首席预算官,你知道如果我和你一样给出这样的借口,那将会导致我们内部员工大动肝火。所以,你觉得我会接受你的理由吗?"

巴克尔："我确实无法对此作出解释。部门分析员已经向我出示了日常行政办公的财务报表，包括打印、复制、计算机服务、缩微设备和供应材料，以及各种消耗品包括纸张、缩微胶片、办公室设备的采购，这些支出都在不断地增加。"

威廉森："显然你还是做了一些分析的，分析结果是什么呢？"

巴克尔："各个部门给了我各种各样的理由。比如，有一个部门是这样的，他们说由于这几年财务预算的限制，他们不能再继续招聘员工而只能越来越多地依靠机器来进行那些工作。另一个部门是这样说的，随着总人口的增加，他们所服务的公众和政府客户也都在不断增加，但是预算却没有进行相应增加。另外，我们部门的分析师说整个部门都在提高工作效率，以应对不断增加的工作任务。所以我不认为我们的员工在工作方面有所懈怠，也不认为这些部门的工作方法和所采用的与工作相关的系统存在效率低下的问题。"

威廉森："似乎你刚才提到的每一个部门都需要有文书工作、信息和通讯方面的支出。计算机中心、图书馆、打印和复印操作都需要对部门的各种出版物、技术报告和其他信息产品进行处理、存储和传播。但我记得议会并不允许我们增加信息支出。所以，难道我们现在真的要接受来自各个部门的这部分需求吗？"

巴克尔："嗯，这个我是真的不知道。但是我知道如果还不快速采取有效措施的话，离事态的完全失控也就不远了。我建议应该针对文书工作、信息和通讯支出设定预算上限，至少采取配额的措施。"

你认为物业管理服务部的问题出在哪？为什么各项服务的成本需求增加了呢？你认为巴克尔先生怎样才能找出真正的原因？

附　　录

附录 A：与信息资源管理相关的概念

1. **数据**（**Data**）：对未加工的事实、概念、指令的形式化表达。适用于以人工方式或自动化方式的通信、解码、信息处理等领域，且通常不涉及语境。
2. **信息**（**Information**）：指人们通过常用表达形式为数据赋予的含义。
3. **信息生命周期**（**Information Life Cycle**）：指数据转化为信息的五个阶段，通过这五个阶段使数据更加易用，或者当其失去作用时进行处置。这五个阶段分别是明确要求、收集、处理、使用和处置。
4. **信息资源**（**Information Resources**）：支持和满足机构管理者所需信息的所有数据、信息设施、信息源、信息服务、信息产品和信息系统的统称。
5. **信息系统**（**Information System**）：结合人员、材料、设备进行信息收集、处理、使用、存储和传播，从而支持资源和项目管理的工具。信息系统通常是以计算机为基础的，或者是操作指南式的。

6. **明确信息要求**（Information Requirements Determination）：属于信息生命周期的第一个阶段，即信息规划的阶段。包括对构建新的信息流程进行预测、解释、修正和预算（包括可预见的价值和收益，以及可预见的负担与成本）等所有步骤。

7. **信息收集**（Information Collection）：将不同来源的信息集中到一起的行为。本步骤属于信息生命周期的第二个阶段。

8. **信息处理**（Information Processing）：信息的复制、交换、读取、存储、记录、传输、传播，或将信息从一种媒介格式（形式）改写为另一种格式。信息处理是信息生命周期的第三个阶段。信息处理在数据处理之后。数据处理是指将数据进行集合、处理、关联和结构化从而成为信息的过程。在这一过程中，输入数据，输出信息。

9. **信息复制**（Information Reproduction）：是指通过各种媒介将观点、事实、数据复制的活动过程。

10. **信息交换**（Information Interchange）：是指在不改变数据内容和含义的方式下进行数据发送和接收的过程。

11. **信息存储**（Information Storage）：将信息存放在存储设备中以备使用的行为。

12. **信息检索**（Information Retrieval）：从存储的数据中找到和提取特定信息的行为。

13. **信息传播**（Information Dissemination）：通过任意的媒介形式来交流观点、事实和数据的活动过程。有时也称作"信息传递（information transfer）"。

14. **信息处置**（Information Disposition）：是指判断数据是否需要销毁或者因尚有价值而需要加以维护的步骤。

附录 B: 政府机构中的信息流处理

以下内容的设置与图 6.3 相关。与此同时,图 6.3 中的数字编号方案(例如 1.2,1.3 等)与下面内容中的标号同步。

政府机构的信息流处理(information flow process)描述了涉及计划、定义、收集、处理和使用信息等一步一步的任务,以确保项目目标的达成。这些任务说明了信息要求的复杂性和影响力存在于每一个程序之中。同样说明了辅助性的文书工作周期如何体现在信息处理的主线中。

详细的工作流程清晰地描述了信息采集方和提供方所受到的影响,以及其承担的负担。

下面这些详细的流程也能够反映出信息处理过程的复杂程度。实际上,很多评论说这些流程只能"触及表面"。但无论如何,我们都要从某一项工作入手,而这些流程便是关键:

1. 立法授权

立法授权是信息处理的一个组成部分,它源于议会对于公众利益的认知,和社会对公共信息的多元化需求。在该阶段如果议会通过一项目,那么在每个项目中都隐含了一些信息需求。

作为立法授权的一个部分,下面的几个步骤能够反映出信息需求来源。

1.1　当前的利益

可以通过小组的方式向议会说明公众的需求和利益。与此同时,公众也可以直接向议会表达需求,或者通过特别的需求调查小组表达。公众也可以通过行政部门或者官员向议会表达其需求信息。类似的例子如 1973 年到 1974 年石油危机所引发的社会公众呼吁议会采取适当行动的需求。

1.2　考虑各方利益

由议员个人、委员会或者议会中其他的调查小组考量这些不同的需求和利益。如果认为较为重要，委员会、行政人员、行政机构或者公众兴趣调查小组就会据此披露这些额外的信息。

1.3　发起议案

在考虑公众的利益与需求的前提下，某个议员（或者多个议员）会起草和发起相关议案。

1.4　辩论

议会应该对公众利益相关问题，以及相对应的解决方案进行辩论。辩论可能需要更多的信息，并且通常要针对这些议题召开听证会。

1.5　立法项目

辩论之后，在投票前应该对议案加以修正。如果提案作为公共法得以通过，有些项目信息要求也许可以陈述得很清晰，但是其他的信息要求也许会隐含起来。

2.　项目规划

在信息处理流程中，本阶段涉及已有立法项目执行的规划和准备工作，它同样包含行政管理机构对于信息需求的判断。这些需求都会被列入到法律规定的要求之中。

2.1　规划项目实施

项目的授权执行机构应当梳理组织的现有资源、明确目标和任务、评估资源、制作项目时间表。同时，项目协调工作也需要得到明确。

2.2　明确项目功能

要明确项目所应当具备的特定功能。同时，项目的运作和管理机构也要建立起来。

2.3　建立规划团队

明确负责规划管理以及后续操作项目的候选人，并形成规划组织团队。

2.4　明确信息需求

明确对项目具有支持作用的信息需求是项目规划流程中的一个重要部分。首先必须满足的需求是要清楚地确认法律法规中的信息以及支持项目运行的其他需求信息。这些信息要求可能需要高层管理机构进行检查和审核。在项目层面上,项目经理和规划人员可能需要判断哪些信息对于项目,同时对于高层管理机构是有用的。同时,要进行整个议会层面的需求审核。最基本的审核问题就是:"能够预见到项目中所有的细节问题吗?"首先要关注未知的需求,其次分别由议会、上级领导部门、同行人员和下属部门对这些需求进行审核。关于预算方面的信息也同样需要明确。此外,存在项目后期中需求范围扩大或者项目执行时间压缩的情况,因此,超出当前项目范围的信息也可能需要进行明确。

2.5 协调信息需求

在信息需求得到明确之后,需要将这些需求与项目规划人员、对本项目起着支持作用的机构进行沟通协调。有时项目可能在组织中没有先例(如该项目是一个全新的、唯一性的项目),很多组织可能聘用研究人员去收集和分析数据。此时,研究需求也要放在整体的项目信息需求中加以考虑。例如,有些部门正在从事同样功能领域的研究,因此项目信息需求就需要与这些部门进行沟通协调。沟通与协调的流程催生出一个辅助性的文书工作流,从而支持基本的信息处理工作。

2.6 向管理层呈报信息需求并获得批准

需要将已经明确的信息需求向管理层尤其是高层管理者、议会等进行呈报并由他们审核这些需求是否为必须的需求项。但在实际工作中,这一点往往被忽视了。

2.7 设计信息收集工具

在对信息需求进行明确、协调、获得批准之后,就开始设计信息收集工具及其相关细则。信息收集工具的设计可以征求文书工作的专家如文件管理专家和数据处理部门的意见。设计工作同样需要多个部门的配合。

2.8 审查通过

信息收集工具的设计需要得到管理机构和行政管理或预算局的审查通过。正是这种协调过程使得不同的利益相关部门之间产生了文书流动,同时也包括审核部门自身内部的信息收集和维护过程。

2.9　明确对系统支持的要求

在下面的审核环节中,规划小组主要考虑如何收集有用信息,以及应当完成何种形式的报告。受到待收集的数据量、数据交换频率及数据组合多样性的影响,信息处理会采取人工或者计算机自动操作的方式进行。如果组织中已经有完善的计算机支持,数据分析可能就会采取系统自动实现的方式。简而言之,作为一个决定因素,待收集的数据量的大小将影响到数据分析报告的弹性和多样性。对于人工操作系统来说,需要购买大量的办公设备,并且要制定一系列的详细的分析流程。对于自动化的计算机系统来说,系统必须有应用程序和硬件的支持。

2.10　设计系统

系统设计任务包括一系列程序的结构化设计,如筛选收集数据以保证数据的有效性、维护包含数据的文件、生成数据分析报告。本设计环节要明确每一个所需的程序、需要完成的功能、事件的顺序以及这些数据、文件和分析结果如何能够得到有效的表述和呈现。设计工作可以由专门执行部门来独立完成,或者与第三方合作完成。在设计工作之前,要进行可行性研究,并且要有原因陈述和预算评估报告。如果采取承包的方式完成这些任务或者这些任务的子任务,那么就要有对这些任务完成情况的评估程序。此时,资金必须到位,并且需要制作需求建议规划报告。在制作需求建议计划时需要结合合同、数据处理、代理机构之间的关系进行协调。同时,要在需求建议报告中指出各项影响因素的最大影响力,并给出各项的影响权值。评估小组将对各项方案的反馈情况、打分情况进行分析,并且选出合适的投标商。同时,也需要对这一选择过程进行记录归档和公正性审查。然后,拟定具体的合同内容。在这一过程中,需要按照循环的进度报告计划对合同执行情况进行监控。无论是在合同覆盖范围内的还是合同外的工作,系统设计任务都会产生大量的文书。系统设计任务的唯一产品就是文档(文书)。

2.11　明确硬件要求

在系统设计和充分评估之后,支持系统所需要的硬件设施就应该得到明确了。同样,该项工作应该由本部门或者合作方来完成。本部分的主要成果是硬件功能报告。

2.12　获得硬件支持

基于估计的硬件容量和性能需求,需要获得相关的硬件来对系统进行支持。部门内部的硬件能够对相应的系统提供适当的支持。但是,如果新的系统需求超出了现有的功能,那么现有的系统就需要进行升级。如果需要新的硬件或者进行必要的系统升级,就需要制作一份需求建议规划报告。当然,需求建议规划报告需要首先通过审核和批准。与2.10中的"系统设计"一样,本环节中也会产生类似的文书工作周期。尽管如此,为便于协调、评估以及更好地作出判断,硬件采购周期在文书工作的需求中应该更加得到强化。

2.13　系统开发实施

在得到充分的硬件支持之后,就要着手信息系统开发的实施工作了。当然,该项工作可能是由组织内部的人员完成,或者交由合约方来完成。如果需要获取组织外部资源,还需要按照需求建议规划报告进行评估。该项任务主要包括系统功能准备、测试环节的设计以及系统模块的开发。

2.14　规划收集与处理的方法

在系统开发工作已经开始、系统功能已经准备就绪之后,项目规划人员就要考虑收集和处理信息的方法问题了。要根据已经确定的受访者进行功能定义,确保在数据收集环节中所有问题都要调查到,并且要将这些反馈信息放到系统中进行审核和处理。根据反馈数据和受访员工的样本量撰写评估报告。

2.15　组织数据处理工作组

基于信息收集和处理的具体工作任务,需要组成数据处理小组。在小组内部,每一个单元和员工都要有具体的功能和任务。

2.16　准备流程

基于收集和处理信息的功能,以及组织间的关系,需要设计一系列的准备流程。这些准备流程的每一个处理环节都需要与项目的关键参与者、发起人进行沟通商讨。

2.17　聘用数据处理员工

在组织结构、员工和将要完成的信息功能的基础上，要开始书写工作内容描述，并且要明确技能的需求。此时需要详细考虑员工、级别、预算等。和其他环节一样，该项任务同样产生文书工作流，比如发布招聘广告、有条件地筛选简历等。

2.18　测试系统

在所有程序都得到逐一测试之后，将利用事前准备的特殊数据和实时数据对整个系统进行测试。在有些情况下，参与测试的数据和程序是以文档化的形式呈现的。数据处理部门、项目管理部门以及用户都可以参与到测试中来，并且可以对结果进行审核，以决定是否接受该系统。

2.19　准备系统文档

在系统测试过程中，或者在系统测试之后，需要对系统文档进行管理。这些文档包括系统的整体描述；对每一个程序组件的描述；对来源文件、输入媒介、文件夹、输出报告以及数据库词典的描述；系统管理概述；系统使用指南；为便于后续系统维护工作的质量保证程序手册。这些文档都将以纸质形式保存。

2.20　系统操作人员培训

采用系统使用指南和准备系统的相应的步骤，来完善培训设施，并且对员工如何使用系统收集和处理信息进行培训。

3. 项目实施

项目规划阶段为项目实施提供基础的工作框架。在接下来的这一阶段中，将会进一步明确信息需求，设计数据收集工具，同时建立处理信息的机制和部门。在这个阶段即实施阶段中，项目启动和辅助信息的收集将会对受访者产生直接影响。本阶段对受访者的信息需求进行征集，既包括政府内部的受访者也包括政府外部受访者。尽管实施一词是在新的政府项目的情境下使用，但信息收集需要周期性运行，因此本阶段是可以重复进行的。

3.1　研究并确定受访者

该项任务主要是为支持常规性的、强制性的信息收集功能而开展的。该任务通过信息或者其他相关的收集进程,能够保证该项目能够覆盖所有的相关人群。

例如,每一个向小溪、河流、湖泊、河口等地排放污水的企业都需要有排污许可证。为了保证所有的企业都能够遵从申请,每一个联邦区域都会设立行业协会。行业协会要对许可证申请进行审核,以保证所有的企业都能遵从该项规定。

由于需要要求当地政府或者协会提交其辖区内需要遵守该规定的机构清单,该项工作可能产生一定的文书工作。调查研究小组也会从其他渠道如债权人和外部的资信评级机构的资料中获取相关信息。

3.2　汇编受访者控制列表

在受访者范围研究和确定过程中收集的信息应当汇编入控制列表或者目录中,这些信息为整个项目提供辅助支持。控制列表可以根据受访者的响应与回复来进行编制。例如,在特殊的项目中,可将申请表分发到便捷的地方,以利于申请者申请。通过这些已经明确的有资格的受访者,可以编制成一份清单。清单包括所有的受访者,明确哪些人是有资格的,同时哪些人是不可以成为受访者的。通常也会利用间接的资源编制这份清单。例如,就某些有资格的受访者来说,他们应该同时参与其他的项目。这些项目的受访者清单也可用于以后的新项目中。

项目受访者控制列表或者目录的编制工作通常是一项连续性的任务。可以据此设计一个“微型的信息系统”从而对这些受访者的文件进行维护和修正。

3.3　系统安装

需要对在 2.18 节中所测试的系统进行安装,从而对项目实施和运作进行支持。在实施阶段,系统可能被用来根据受访者控制名单生成邮件标签。

3.4　建立响应控制

基于受访者名单和目录,将采取特殊的程序以控制和保证项目调查样本与反馈相一致。这种控制可以与自动化的系统进行整合,或者采用系统辅助与手工操作结合。

3.5　启动信息收集

项目实施阶段主要依赖于信息收集。信息收集表格和说明可以直接寄给受访者，也可以公开地发布。对于公开地发布，受访者要从公共资源或者指定的资源中获取表格。信息收集环节主要是一个发放问卷的任务。

4. 受访者审核

信息收集环节在受访者审核之后。在受访者审核阶段中，要注意到受访者既要符合法律、法规和税收制度的要求，同时又要能够为项目提供服务与支持。

在这个阶段中将体现出受访者在整个项目中所承受的负担。尽管如此，前期的规划工作、项目启动阶段的任务和各项具体的操作任务都同样会体现受访者的负担。他们以产品或者服务的税收为形式的成本肯定是由受访者和非受访者共同承担。这些成本在他们没有分别明确报告要求时，都只是间接的。由于公众通过纳税来支持政府的信息资源管理项目支出，所以下列项目的成本支出明细必须要透明，并且向受访者和非受访者公开：

规划、制作、发布、分发这些表格的成本主要包括：（这些包括阶段2和阶段3中的所有信息成本）$ _____

这些成本的比例分别是：$ _____
处理和使用信息的年度成本：$ _____
本部门按比例的年度常规性成本：$ _____
本部门收集、维护和加工信息的成本：$ _____
将规划和后续处理成本增加到信息处理成本中去。总成本为：
$ _____

以上不包括诸如在收集、编制、提供信息过程造成的产品磨损成本以及耗费人们精力的成本。

4.1　接收和控制信息要求

对于大型的组织来说，受访者可能需要执行一系列的接收和控制程序，以满足对于信息的强制性需求。这些需求可能是根据组织内部不同部门的需要来设置的。控制任务也同样用来保证需求得到实时响应。这些任务的规模不仅可以包括简单的个体，而且也可以包括大型企业中的较大而复杂的存储系统。例如，埃克森(Exxon)公司维护一个计算机化的、综合的多形式化的信息储存系统，这个系统必须向联邦、州、地方政府以及其他单位传输信息。这个存储系统列出了超过425个联邦表格和报告，并且在一年内要提交超过2 600次信息。因此，对于某些信息接受者来说，需求的数量可能会需要一种具有处理额外文书工作功能的外部信息支持系统。

4.2 判断当前信息是否可用

信息要求会分配到某个部门，这个部门必须检查当前的文件以判断所要求的信息是否可用。在这过程中可能会存在不同的情况，比如，当前可能无法收集和维护信息，也有可能只能收集部分信息。同样，可能存在属于不同时期的相似信息的情况。只有主体信息在不需要提供明细的情况下才能得到维护，或者所需的明细可能嵌入在其他的信息中。在任何一种情况下，所需信息都有可能无法从现有文件中顺利获取。

4.3 对不能得到维护的信息源进行标识

如果所需信息在当前不能够得到维护，那么就应该对这些信息源进行标识。这些信息源可能由下级组织机构维护的文件组成，或者这些信息源指向信息统计、汇编和收集的其他组织。

4.4 建立信息收集机制

在对信息源和潜在的信息源进行准确定位之后，就要定义和建立一系列的信息收集渠道和流程。这需要写出详细的说明书，或者一套指南。信息提供方可能需要实施一个自动化的信息收集和维护机制，这取决于所需信息的数量、所需信息的详细程度和可用性等。例如，华盛顿州的一家公司雇佣了数千名专家和支持人员来设计和安装一套特殊的、专业化的系统，从而收集数据以满足政府做出平等就业机会报告的需求。为了使得需求进一步细化、明确，信息提供方可能需要根据组织实际情况和业务处理方法进行细微的调整。

信息收集流程可能需要增加常规性的行政和运营支出，也有可能因控制工作量而增加额外的人员成本。

4.5　设计收集工具

根据信息源的数量和所需信息的类型,需要设计和制作一个或者多个信息收集表格,这些表格相关的说明也要同时提供。

4.6　开始信息收集

将信息收集表格分发到任务 4.3 中确定的各个信息源那里。该项任务由指定机构完成,而且是一项重复的任务。

4.7　记录信息

信息提供方,也就是信息源从本地文件中提取并执行收集程序,以捕获必要的信息。收集工作可能包括统计和记录等工作,也有可能包含员工调查等内容。收集到的信息记录在内部的表格中。

4.8　检查和验证条目

为了保证所记录信息的精确性,需要根据调查列表对信息条目进行核对,并且对信息条目进行统计和核对。然后,所记录的信息就可以向核心响应组织机构进行传递。

4.9　接收和检查信息

核心响应机构将对各部门的报告进行排查,以确保信息的合理性和完整性,并且要确保所有部门都提交了报告。

4.10　组织和维护信息

由核心响应机构收集的各部门的报告应当保存在工作文件中,直到报告反馈时间段结束时为止。根据所收集信息量的大小,信息的维护和具体的编制的任务可以由自动化系统来完成。

4.11　编译新信息

在反馈期结束时,为了形成最终版本,应当从各部门的报告中进一步提取新的信息进行编译。

4.12　从现有信息源编辑信息

核心响应办公室如果已经掌握了一部分所需求的信息,那么也应当对本部分信息进行编辑。而且要对这部分信息进行摘取和总结以满足利用需求。

4.13　审核集成信息

将现有资源和新的资源中包括的信息进行集成,满足项目要求。

通常,需要根据其他的文件和报告对这些集成信息的合理性进行审查和核对。

4.14　将信息按照形式要求进行转录

反馈收集阶段的最后一个步骤是将所收集和编辑的信息转录成所要求的形式。这可能是对于受访者来说最为轻松的一个环节。然而,这里有一个极端的例子。某监管机构有一个独立的,由 178 页组成的报表,麻烦在于其涉及超过 17 000 条的独立数据,收集机构计划要录入到计算机系统中。因为对于收集机构来说,输入这些数据会导致严重的工作负荷,所以收集机构在考虑是否要求受访者将这些信息存入到磁介质载体中。因为将信息转换到磁介质载体中(另外还包括将信息的原始版本转换为所要求的形式),服务机构增加的成本至少为每位受访者 2 000 美元。与收集、记录、组织、汇编、摘录这 17 000 条数据相比,这些成本加上原始转录的成本可能是相对最小的。

在转录环节之后,要核对所有的信息条目是否完整和准确。本验证步骤可能包括对转录信息的额外和交叉审核。然后将完成的表格交送至相关机构。此后,受访者将会得到通知,说明组织已经得到了其所要求的信息。

5. 项目执行

项目执行阶段包括接收、处理、控制、维护和处理信息。这一阶段延续到项目管理阶段中的信息报告交付使用为止。

本阶段可能是由手工操作、计算机自动操作,或者是这两种方式相结合的方式来完成。尽管这项任务是自动化的,但经常需要手工操作或者人工处理将信息录入到计算机系统中去。只有当受访者提供数字版本的信息时,才会免去这项录入程序(见任务 4.14)。

无论这项任务是由人工完成的,还是计算机辅助完成的,其步骤都是一样的。关键的区别在于所收集和处理的信息数量,与数据操作相关处理步骤的数量和种类,生成信息处理报告的数量和频率,完成数据处理任务所需的时间等。

5.1　接收和记录响应

通常,要处理所有的信息响应,以对信息接收进行控制。为了管理和执行需要强制响应,该项工作与应用程序一样,都能为项目提供支持。可以采取日志的方式记录控制内容,并制定一系列的控制序号以跟踪项目进程中的后续任务。可以每周或者在其他的周期内定期收集反馈统计数据,以便于管理。

5.2　定位无反馈环节

采用任务 3.2 中的受访者控制清单、响应标记,可以生成无反馈信息项定期报告。该步骤在整个任务中是强制性的、规律性的、具有后期效益性的步骤。

5.3　任务跟进

根据无反馈报告,可以向无响应的受访者发出通知进行任务跟进。这可能需要建立一个备用文件以记录跟进任务的截止日期。

5.4　一致性与完整性审查

在很多信息处理流程中,需要考虑信息的完整性和有效性。这一步骤可能需要进行抽样审查,或者进行百分之百的检查。

5.5　任务跟进

不完全的表格或者包含可疑信息的表格都可能退回至受访者。这一步骤要求有事先设计好的特殊说明。和任务 5.3 中的一样,也需要有备用文件以了解跟进任务的执行情况。

5.6　登出系统并输入

所有通过初始审查的反馈信息在登出计算机系统之后,都需要输入到关键功能列表中去。在信息处理环节中,登录计算机系统(log-in)和登出系统(log-out)步骤都是非常典型的。这些步骤为文件的传输与交换提供控制。一个组织只进行登出信息则说明其责任范围并不明确;一个组织只进行登录信息说明了它很可能是误记了某些项目。每一次日志记录操作都伴随着周期性的数据统计。日志记录通过唯一的控制序号来记录每一次的响应。项目所收集的信息量越大,信息丢失、误存的概率也越高,同时在报告和应用中使用信息的频率也越高。这些问题带来了大量的文件管理工作。

5.7　输入系统的关键反馈信息

反馈的审查环节是进行系统输入的关键步骤。这通常是信息处理流程中最后一系列的复制转录任务。受访者可能根据要求要将整个信息转录多次,然后才向相关机构提交。

　　在手工操作流程中,需要执行类似于输入关键信息的步骤。反馈的信息需要转录到 3×5 的卡片上去,或者转录到其他的人工卡片上去。这种转录可以提供交叉索引,以帮助定位不同类型的信息。能够证明多元化的转录(transcription)方式或综合交叉引用的例子是信息密集型大机构的系统。通过审查数据录入报告可以定位和标记关键区域名称、合适的名称和能够描述重要主题的关键词。这些文档都需要进行缩微存储。这些文档可以从缩微胶片中复制到 5×8 的纸张中去。基于一份文档中所标记的名字和条目的数量,相同数量的文档就重新复制出来。每一份复制件都归档在主文件夹下的相应名称和主题下。该技术提供了对所有报告的直接引用,不需要参考交叉引用就能顺利找到文档。

　　以上是关于计算机辅助系统提供利用的几个例子。也存在例外的情况,那就是在缺乏手工转录的情况下,一台计算机也可以提供多种数据使用。为了提供这些设施,计算机也会通过电子方式复制和转换信息。

　　5.8　验证输入

　　所有先前键盘输入的信息通常都需要经过二次输入过程以进行关键性验证。尽管在实质上不会对信息进行再次转录,关键性验证就是一种双重转录的形式。在这一过程中,会重新输入一次响应信息,并且将重新输入的字符与已经输入的字符进行比较。一旦出现差异,就说明在原始的输入信息中出现错误,或者在验证输入的信息中存在错误。

　　5.9　更正输入错误

　　在验证环节中检查出的转录错误会被更正,但这种更正操作只能指出输入转录错误,并不能详细说明信息的有效性。

　　5.10　处理和编辑输入

　　在报告被转换成可机读的语言之后,需要采用针对所收集信息而设计的特殊软件进行处理操作。这个软件需求在任务 2.10 中进行了明确,任务 2.13 中得到实施,任务 2.18 中得到测试,并且在任务 3.3

中得到执行。将反馈信息与一系列决定数据能否被接受的标准进行比较。例如,早于指定的汇报日期的报告可能就要被拒绝。简单测试如月份超过 12 个月,或者日期大于 31 天就有可能被认为是错误的响应。为了确保输入信息能够与制定条件相匹配,要将信息条目与现有文件中的统一信息条目进行比较。例如,需要将公司所更新信息中的公司名称、编号等部分信息与公司现有的主文件中的相关信息进行比对。这可以确保输入的数据能够适用于合适的文件。如果公司名称和编号都不符合主文件中的信息,信息响应就会被拒绝。

编辑过程不能验证和检测信息本身。例如,关于福利申请的信息可能需要送到雇主和银行那里进行验证。或者,公司财务信息可能需要通过公司的审计文件进行验证。这个验证环节会催生另外的外围信息周期,并且会给项目发起方之外的受访者造成负担。

编辑环节中的信息审查会逐条列出,其中的错误也能被检查和标识出来。

5.11　纠正已检测的错误

根据反馈信息甚至是间接相关的文件和文档,对检查和定位出来的错误进行研究,从而得到正确的信息。该项任务可能需要进一步与受访者确认,从而明确哪些信息是正确而且适当的。这可能会产生与任务 5.3 和 5.5 相似的相应文书工作周期和等待文件。

5.12　组织和维护信息

在对新的或者刚刚得到的回复信息进行校正之后,这些信息就要输入到包括所有回复信息的主文件中。对这些文件的维护包括生成新的文件、在现有信息文件中插入新的数据、改变或者修订文件中的信息、删除部分或者整个文件。

在计算机辅助系统中,会生成主文件的替代文件,这个替代文件内部次序与主文件次序是颠倒的。这一附属信息可以作为主文件的交叉引用文件,同时也能够通过其他可用元素提供信息利用。在人工系统中,这一环节是通过复制或者录入多个信息备份来完成的。这些副本都以不同次序保存在多个文件中,以能够解释信息的交叉引用和位置等。

5.13 生成报告

通过对主文件以及附属文件中的信息进行精细的设计和组织,可以生成不同的信息产品。信息报告可以以多种形式存在。同时,可以利用机器生成大批量的信息报告。通常,可以生成以下三种类型的报告:

(1) 收集数据的个体概况;

(2) 从受访者提交的材料中所反映出的总体细节情况;

(3) 反馈信息反映出的综合情况的总结。

每一份报告都包括全部的、筛选后的,以及额外的信息。个体概况报告包含所有的、筛选的单个人或者受访机构的信息。计算机自动生成的公司财务状况描述就是个体概况报告的一个例子。总体细节情况报告包含人的类别、组织或者事件的详细信息。员工列表中显示的员工姓名、工作岗位、级别、出生日期等,都是总体细节情况报告的具体实例。综合情况总结报告则包含组织的所有综合情况和大致描述信息。统计报告、员工个人竞争力表格都属于此类型的报告。

每一个报告生成周期内都会形成以上三种报告。但是,很多计算机系统可以生成基于不同需求的信息报告。随着系统在组织内部的应用,基于不同个体需求的利用也在系统内得到实现,授权用户可能需要随时利用信息,并且生成大量的报告。很多系统能够同时提供对分散信息的直接利用。这便可以大大减少对纸质形式报告的需求。

6. 项目监管

上一个阶段主要包括了从响应中进行信息汇编所生成的报告产品。项目监管阶段主要是为以下几个目的对信息的利用:

(1) 法律上的规定(强制性的和默认的);

(2) 项目管理和执行(资源配置、预算、支出、计划、工作任务问题解决和绩效考核);

(3) 项目运行(管控、实施、提供、辅助、防护、保护和效益核查);

(4) 项目研究(规划、评估项目影响的效果、项目改进的范围和程度)。

项目监管阶段包含将信息转换成报告、备忘录和简单图表等附加的工作。但是,这些转换工作通常适用于表述简明扼要的信息而非全部的详细信息。这一阶段可以确定所需的额外信息或者可以排除哪些信息。

6.1　审查和分析信息

项目监管阶段的最重要功能就是能够对项目运行情况、项目影响和相关的问题有所审视。这些问题能够从阶段 4 中受访者提供的信息和阶段 5 中信息报告中总结出来。需要检查的信息数量在本环节中所占的比重最大。在受访者调查中,工作量主要取决于受访者回答问题的数量。尽管如此,在本阶段中,由于对所收集的信息的检查是以项目使用为目的,所以工作量主要是根据年度数据量而定的。尽管可以采用复杂的、多样的方法以及多种信息对这些数据量进行描述,但都不足以完全呈现实际所需的数据量。数据量可以通过三种特殊的计量方法来统计。第一种是在一份报告中所涉及的受访者需要回答的问题或者提交的数据元素的数量。第二种是一年中一个受访者需要提交报告的次数。如,每月提交 12 次。第三种是受访者提交报告的数量。这三种计数方式能够反映出一份报告中所需要收集的潜在信息量。但是,通过数据的不同排列和组合,它们可以被编辑和展现为处理过的信息产品,实现了对信息产品的增值。基本上,使用环节是信息量最大的环节,它也处于漏斗的末端。收集的信息数量通过加工放大,能够形成更大数量的信息产品。

在本任务中,审查和分析信息是为了反映:

（1）项目进展情况;

（2）项目进行和实施过程中可能存在的问题;

（3）可能存在的个别特殊问题;

（4）项目中的员工绩效考核问题;

（5）项目管理过程中需要考虑的信息;

（6）当前的成本;

（7）项目活动和影响范围的可扩展区域。

6.2　必要时启动操作活动

针对在信息审核中发现的实际问题,由于这些问题可能影响到项目的某些运行环节,因此需要采取相应的措施加以应对。在采取措施之前,需要将所采取的应对措施和各项信息进行核对,以确保措施的有效性。

6.3　提取和重新汇编信息

通常在信息协调、交换或者生成管理简报之前,就要从所收集和处理的总体信息中提取相关主题的信息。多数情况下,这些信息需要按照另一种格式和顺序进行组织和汇编以满足某种特定需要。这表示信息转换工作的开始,以满足各种需求。信息转换工作通常只涉及总体信息的一部分。

6.4　准备表格和图表

与文字表述相比,表格和图表更能够呈现发展趋势和关系。因此,为了满足对协调和管理进行报告的要求,这就有准备表格和图表的必要了。这体现出了信息的重新转换和再配置。

6.5　准备书面报告

尽管被提取、重新汇编和重新配置,但信息仍然不能完整地展示其真正含义。此时,就需要书面的解释和说明配合表格、图表一起进行阐释。与原有信息相比,这些文字性的表达可能增加了新的角度和含义,或者形成新的信息报告。书面表述与其他的信息材料一起可以重新组合并形成信息报告。这也是信息增值的另一种表现形式即对原始信息的综合。

6.6　准备简报

如果报告中的信息对于项目运营和项目目标具有重要的作用,就需要对这些信息进行再次转换并重新组织以备它用。

原始报告也可能会重新改写在口头汇报时使用。在某些情况下,报告需要压缩成讲义材料,这也是信息增值的表现形式之一。虽然不能估计出修改次数,但是每一次修改所耗费的成本和副本的数量都要结合每一个信息用户的情况进行核对。

6.7　审查项目进展

前一阶段中产生的增值信息可供组织中所有级别的员工查询、浏览。通常,项目进度是第一次项目评审的主要内容。评审主要涉及项目是否按照计划进行、在应用等过程中是否有良好的案例、项目支出情况与预算的比较,以及管理问题等等。

6.8　评估项目效果

伴随着项目进度评审,也会有一系列的项目效果评估工作。需要对项目执行过程中的信息进行分析,以判断该项目影响的效果、项目目标的完成情况,以及是否存在需要纳入到项目范围中的内容。在很多情况下,受访者反馈的信息并不足以反映出这些问题。因此,需要成立项目调查组并设计针对性的调查方案以进行审查评估。

6.9　启动项目活动

基于项目进度评审和项目效果评估,可以由各级管理层采取纠正和促进的行动。与问题陈述和评估环节一样,这个行动过程同样需要行动计划。因此,报告、信息的重组也是必需的。同时,信息协调工作也需要同步进行。不仅是组织的内部管理机构,包括组织的董事会也要参与到项目进度评审、项目效果评估和项目促进行动中来。各种表述中使用了多少收集的原始信息,这些信息对于是否应该采取行动的判断起到多大作用等这些问题都是未知的。与此同时,要进一步收集信息以解答管理机构和董事会等提出的问题。

6.10　设定新的项目目标

基于项目进度评审、项目效果评估、项目行为纠正,以及其他一系列行为,项目经理和管理机构可能要为项目设定新的目标。这些新的目标主要集中在对现有项目范围的强化和扩展两个方面。项目目标的改变需要进行反复修正,甚至在项目目标不改动的情况下,项目执行情况也需要审核和修正。这就需要进一步从本项目的受访者和项目所覆盖的范围中收集信息以为这些行为提供支持。

6.11　制定并提交项目预算

年度预算要求能够对项目运营的整体财务状况有所了解。组织内部的会计和预算部门负责提供财务信息。由于这两个部门在具体的工作内容和文件保管方面存在差异,必须对这两个部门所提供的信息进行协调和规范化操作。第三方资源往往会成为项目的基础信息,尤其是在该项目涉及财务制度、处罚规定和税收政策时。预算的第四个信

息来源就是员工工资明细表。这些信息可以提供能够支持预算工作的
员工个人信息。

因此,预算的准备工作是由对各项信息的处理、再处理,汇编、再汇
编等内容构成的。

6.12　汇报项目进度

与项目财务信息一样重要,项目进度和效果也是反映项目进程的
重要方面。尽管在调整预算需求中对信息进行了汇编,但是如果要描
述项目的整体进度状况,还需要对预算简报信息和董事会关于预算的
意见进行重新组织。

6.13　调整预算需求

可以利用财务信息与项目整体信息包括其进度和影响等对项目预
算需求进行调整。如果提出了进一步加强项目执行力度或者扩大项目
范围的计划,就需要其他的支撑信息来说明潜在的利益价值和因此带
来的问题。在很多情况下,需要其他相关信息来说明为什么项目没有
按照预期执行。尽管可以大规模收集信息,但并不一定能够按照预期
计划开展听证会对问题进行解答。同时,这些听证会也会需要新的信
息收集和处理周期。

6.14　重新评估现有信息

听证会无法解答的问题或者项目中的特殊困难都会导致对所收集
信息进行重新评估。重新评估工作可能仅限于对数据有效性的审查。
但更为重要的是,该项工作可能会集中确定那些当前没有可用性的其
他信息。

6.15　明确新的信息需求

重新评估通常会得出这样的结论,那就是需要进一步收集信息以
支持项目的现有目标或者新目标。这些新的信息可能是对现有信息的
进一步补充,或者是以前根本没有收集到的信息。在某些情况下,当前
收集的信息可能是不精确的,而且这种精确度很难得到改善。也可能
存在这样的情况,在对某些信息进行检查之后,发现它们并没有之前所
设想的那样重要。这样,在明确新的信息需求之后,进一步的信息收集
工作中就需要删减掉很多无用的信息。

新信息的确定环节通常会再次触发任务 2.4,这可能会导致信息收集工具和信息处理系统的改变等,也有可能引发信息处理体系的全面检查和升级。由于很难在项目启动时预测到所有的信息需求,因此这些情况还是比较常见的。信息使用能够使得这些流程不断精细化和完善,直至能够找到最优的信息支持。同样,受到影响的信息需求也会由于上述的事件而不断改变。信息系统和流程必须要不断适应这些变化以满足项目需求。

作为规划阶段,阶段 2 可能需要进行周期性的重复。本阶段连接新的信息系统生命周期的开始与前一个系统生命周期的结束。因变化所导致重复过程的一次性成本也是项目整体信息的一个组成部分。

阶段 4、5、6 中涵盖了受访者审核、信息处理反馈、和信息产品使用。这些阶段都是周期性的,它们需要在整个项目周期内按照月份、季度或者年度周期重复进行。当然,这些阶段中包括信息处理的重复成本。

原书索引表

(续表)

英　文	中　文	章　节
Brown, R.	布朗	10.7,10.12
Calderone, G.	考尔德伦	12.3
Caldwell, L.	考德威尔	1,3.4
Carter, J.	卡特	1.10,7.7,7.16
Census Bureau	(美)人口普查局;人口统计局	7.5,8.13,9.5,11.6,11.10,11.11
chargeback	退款;退单拒付	7.16,12.4
classification schemes, see typologies	分类方案,参见 typologies	
clearinghouses	资料交换中心	5.10,7.2
Commission on Federal Paperwork	(美)联邦文书委员会	1.4,6.2,7,8.5,8.11,8.12,8.17,11.3,11.9,11.10,11.11,11.13,12
communications, defined	通信	8.12
communications centers	通信中心	7.2
communications channels	沟通渠道	1.1
comprehensive budgeting	综合预算	7.13
computer centers	计算机中心	7.2
computer crime	计算机犯罪	11.5,案例四
confidentiality of information	信息保密性	11
controlled thesaurus	受控词表	4.1
Cook, C.	库克	3.4,9.11
copyright	版权	1.4
Copyright Act	版权法	3.9
Cost Accounting Standards Board	(美)成本会计准则委员会	8.5,8.17
cost estimation techniques	成本评估方法	8
cost finding techniques	成本计算方法	8
counterknowledge, see also information countervalue	相反知识,参见 information countervalue	5.11

英　文	中　文	章　节
duplication	（数据）重复	1.1,2.6,12.1
Dwyer, E.	德怀尔	11.2,11.14
Dykeman, J.	迪克曼	10.8,10.12
education	教育	10.3
enterprise administrator	企业管理者	9.11
Environmental Protection Agency	（美）环境保护局	5.9
Ervin, S.	欧文	11.2
evaluating information	信息评估	12
Fair Credit Reporting Act	公平信用报告法	3.9
Fair Information Practices Act, see information bill of rights	公平信息实施法，参见 information bill of rights	11.13
Federal Advisory Committee Act	联邦咨询委员会法	3.9
Federal Government Accountants Association	联邦政府会计师协会	8.5
Federal Information Index	联邦信息指数	1.1,8.16
Federal information Locator System	联邦信息定位系统	1.1,11.13,12.5
Federal information resources management system	联邦信息资源管理系统	5.6
Federal Press Release Index	联邦新闻发布指数	1.1
Federal Register	联邦公报；联邦登记簿	1.1,4.10
Federal Statistical System	联邦统计系统	5.7,11.3
file management	案卷管理	5.7
Ford, G.	福特	11.3
forms management	表单管理	5.3
Freedom of Information Act	信息自由法	1.1,1.3,2,3.9, 11,11.3,11.4, 11.10
generalist perspective	多维度的视角	10

316   信息资源管理：概念和案例

（续表）

英　文	中　文	章　节
General Accounting Office	（美）审计总署	2.3,2.4,4.14,8.15,8.17
General Services Administration	（美）总务管理局	2.5,7.4,9.13,12.10
Getz, W.	盖茨	9.10,9.17
going rate principle, see incremental budgeting	现行比率原则,参见 incremental budgeting	
Goldwater, Jr. , B.	戈德华特	11.3
Government Printing Office	（美）政府印刷局	1.1,8.16,9.13
Guthrie, C.	格思里	4.8
Henderson, Jr.	亨德森	1.10
Henry, N.	亨利	3.9
Hochman, A.	霍克曼	2.1,5.6,5.14
Horton, F. , Cong.	霍顿	11.3
Humphrey, H.	汉弗莱	12.14
identifiers	标识符	11,11.1
inaccuracy	不准确	1.2
incompatibility	不兼容;不一致	1.9,2.6
incremental budgeting	增量预算	7.8,7.11
industrial espionage	工业间谍活动	11.8
information, defined	信息(有定义)	3,8.12,附录A
information abuse, see also Nixon, R. , and Watergate	信息滥用(参见尼克松和水门事件)	1.3,1.4,2.7
information accounting	信息会计	8
information benefits	信息收益	6.8
information bill of rights	信息权利法案	11.10,11.12
information broker	信息经纪人	10.9
information budgeting	信息预算	4.14,7

英　文	中　文	章　节
information burdens	信息负担(成本)	6.8
information centers	信息中心	7.2
information collection	信息收集	附录A
information confederation	信息联盟	9.14
information cost accounting structure	信息成本会计结构	8
information costs	信息成本	6.8
information counselors	信息顾问	10.8
information countervalue	信息负面价值	5.11
information czar	信息独裁者	9.14,10.4
information disposition	信息处置	附录A
information dissemination	信息传播	附录A
information economics	信息经济学	1.4,1.5
information efficiency	信息效率	5.13,12.3
information effectiveness	信息效用	5.13,12.3
information explosion	信息爆炸	1,2.6,3.5
information flow process	信息流程	6.5,附录B
information holdings	馆藏信息	1.6
information hoarding	信息囤积	6.3
information index, see Federal Information Index	信息指数,参见 Federal Information Index	8.16
Information Industry Association	信息产业协会	8.17
information intensity	信息强度	6.4,8.3
information intensity ratio	信息强度比	6.4
information life cycle	信息生命周期	附录A
information locator system, see also Federal information Locator System	信息定位系统,参见 Federal Information Locator System	
information management	信息管理	7.1
information manager	信息管理者	3.6,3.7,10

（续表）

英　文	中　文	章　节
information manipulation	信息操纵	1.3,2.7
information metasystem	信息元系统	
information needs, see information requirement	信息需求,参见 information requirement	
information networking	信息网络	9.8
information organization	信息组织机构	9
information overload	信息过载;信息超载	2.7,4.4
information plan	信息规划	6.2
information power	信息权力	1.3,1.10
information processing steps	信息处理步骤	5,附录A
information products	信息产品	4.13
information profiles	信息框架文件	6.9
information programming, see resource programming	信息计划,参见 resource programming	
information property	信息产权	1.4
information reproduction, see reproduction	信息复制,参见 reproduction	
information requirements	信息要求	1.1,5.11,附录A
information resources	信息资源	附录A
information resources management system	信息资源管理系统	5
information responsibilities	信息职责	10.5
information retrieval	信息检索	附录A
information services	信息服务	4.13
information society	信息社会	1
information solar system	信息太阳系	3.7
information sources	信息来源	4.13
information standards	信息标准	8.5

(续表)

英　文	中　文	章　节
information storage	信息存储	附录 A
information systems	信息系统	4.13,5,附录 A
information technology	信息技术	1.9
information value	信息价值	1.5,6.8
informing	告知;使了解	3.2
Institute for Computer Science and Technology	计算机科学技术研究所	5.14
Internal Revenue Service	(美)国税局;国内收入署	11.6
irrelevancy	不相关	1.2
Jonker, F.	琼克	4.8
Kerker，R.	克尔克	7.6,7.17
Key data indicators	关键数据指标	6.10
King, D.	金	8.16,12.4,12.13
knowledge, defined	知识(有定义)	3
knowledge algorithmic	知识算法	3.4
knowledge (factual)	知识(事实型的)	3.4
knowledge (heuristic)	知识(探索性的)	3.4
libraries	图书馆	7.2
life cycle of a fact	事实的生命期	3,4.13
Linehan，R.	莱恩汉	12.9,12.13
line item approach	分项法	7.2,7.3
literature, defined	文献	1.6
MacBride，R.	麦克布赖德	11.3,11.14
macrodata element level	宏数据元素层	5.11
Magneto Manufacturing Company (case)	磁发电机制造公司	案例四
mailrooms	收发室	7.2
make versus buy decisions	自制或外购决策	6.14,9.5

（续表）

英　文	中　文	章　节
Nix Subcommittee on Census and Statistics	尼克松人口普查和统计小组委员会	1.5
Nixon，R.	尼克松	1.3
Nolan，R.	诺兰	2.2,9.11
Object classification scheme	对象分类表	8.2
OCOFEC（Organization for Coffee Exporting Countries）	咖啡出口国组织	案例二
Office of Management and Budget	（美）行政管理和预算局	2.5,4.14,8.15,8.17,11.13
Office of Personnel Management	（美）人事管理局	序言
operational reporting	运营报告	6.12
overhead	间接费用（成本）；管理费用	2.5
overlap，see duplication	重叠,参见 duplication	1.1,2.6
ownership of information	信息所有权	2
Palmer，C.	帕尔默	8.9,8.21
paperless society	无纸化社会	1.6
paperwork，definition	文书工作；文书（有定义）	8.12
paperwork intensity ratio，see information intensity ratio	文书工作强度比,参见 information intensity ratio	6.4
paperwork management offices	文书工作管理处	7.2
paperwork simplification	简化文书工作	5.3
Parsons，C.	帕森斯	11.3
performance evaluation approach	绩效评估法	8.11
privacy of information	信息隐私	11
planning information requirements	规划信息要求	6
Porat，Marc	波拉特	8.14,9.13
post-industrial society	后工业社会	序言,1.6,2.2,7,11.2

（续表）

英　文	中　文	章　节
Richardson，E.	理查森	1.3,2.7
risk theory, see decisions under uncertainty	风险理论，参见 decisions under uncertainty	6.3
Ronen，J.	罗恩	6.1,6.15
Ruggles Committee	拉格尔斯委员会	5.7
Sadan，S.	萨丹	6.1,6.15
safeguarding information	信息安全维护	11
Saracevic，T.	萨拉塞维克	3.5
scope, as an attribute	范围（数据的一种属性）	6.6
semantics	语义学；语义的	3.6,3.9,4.5
semiotics, see symbolism	符号学；参见 symbolism	
Shannon，C.	香农	3
sharing information	信息共享	1.1,11.11
Shattuck，J.	沙特克	1.10
shifting information costs	信息成本转移	12.1
significant events reporting	重要事件报告	6.11
Simon，H.	西蒙	3
Snyder，D.	斯奈德	1.4,1.12
social security number	（美）社会保险号；社会安全号	11,11.1,11.13
statistical services	统计服务	7.2
source, as an attribute	来源（作为数据一种属性）	6.6
Strassman，P.	斯特拉斯曼	12.4
Stucker，J.	施迪克	7.17
subject, as an attribute	主题（数据的一种属性）	6.6
Swedish Data Act	瑞典数据法	1.4
symbolism	符号；象征	3.2,4.5
Taeuber，R.	托伊伯	11.10,11.14

（续表）

英　文	中　文	章　节
Taube，M.	陶布	4.8
time，as an attribute	时间（数据的一种属性）	6.6
top down approach	自上而下法	8.2
training	培训；训练	10.3
transfer pricing，see also chargeback	转移定价,参见 chargeback	2.5,7.16
trust	信任	11.6
typologies	分类体系	4
uniterms	（文件索引中用作叙词的）单元词	4.8
universal identifier number，see also social security number	通用标识符，参见 social security number	11
use typology	使用类型	5.13,8.7,8.19
value added principle	增值原则	2.5,7.16,8.10
value of information，see information value	信息的价值,参见 information value	3,3.3,5.11,12.7
value management framework	价值管理框架	2.4
value/use budgeting	价值/使用预算	7.14
variance analysis	差异分析	8.5
Watergate	水门事件	1.3,1.10,11.6
Weitzenbaum，J.	魏岑鲍姆	3.9
Westin，A.	韦斯廷	11,11.7
Wilkinson，J.	威尔金森	4.11
Zero base budgeting	零基预算	7,7.7,7.16,12.1

主要机构名表 *

英文	缩写	中文
American Civil Liberties Union	ACLU	美国公民自由联盟
American Society for Information Science	ASIS	美国信息科学学会
Atomic Energy Commission	AEC	（美）原子能委员会
Commission on Federal Paperwork	CFP	（美）联邦文书委员会
Cost Accounting Standards Board	CASB	（美）成本会计准则委员会
Environmental Protection Agency	EPA	（美）环境保护局
Defense Documentation Center	DDC	（美）国防文献中心
Department of Defense	DOD	（美）国防部
Department of State	DOS	（美）国务院
Environmental Protection Agency	EPA	（美）环境保护局
Federal Advisory Committee Act	FACA	（美）联邦顾问委员会法
Federal Government Accountants Association	FGAA	（美）联邦政府会计师协会
General Accounting Office	GAO	（美）审计总署
General Services Administration	GSA	（美）总务管理局
Government Printing Office	GPO	（美）政府印刷局

英文	缩写	中文
Internal Revenue Service	IRS	（美）国税局；国内收入署
National Aeronautics and Space Administration	NASA	（美）国家航空和航天局
National Archives and Records Service	NARS	（美）国家档案与文件服务部,美国档案与文件署,NARA前身
National Bureau of Standards	NBS	（美）国家标准局
National Commission on Libraries and Information Science	NCLIS	（美）国家图书馆与信息科学委员会
National Technical Information Service	NTIS	（美）国家技术信息服务部
Office of Management and Budget	—	（美）行政管理和预算局
Office of Personnel Management	—	（美）人事管理局

＊译者注：《主要机构名表》主要参考以下工具书

1. 吴仁勇,王恩光.世界机构简称字典[M].北京:中国图书进口公司,1980
2. 辛济之.各国政府机构手册[M].北京：商务印书馆,1975
3. 张毅军.美国政府机构手册[M].北京：军事谊文出版社,2000

主要人名表 *

英文简称	中文简称	英文全称	中文全称
Aristotle	亚里士多德	—	—
Baratz, S.	巴拉茨	Steve Baratz	史蒂夫·巴拉茨
Basgall, E.	巴斯加尔	—	巴斯加尔, E.
Batts, J.	巴茨	—	巴茨, J.
Beer, S.	比尔	Stafford Beer	斯塔福德·比尔
Berry, J.	贝里	James Berry	詹姆斯·贝里
Beveridge, G.	贝弗里奇	George Beveridge	乔治·贝弗里奇
Bosley, C.	博斯利	Charles Bosley	查尔斯·博斯利
Brown, R.	布朗	Richard Brown	查德·布朗
Calderone, G.	考尔德伦	—	考尔德伦, G.
Caldwell, L.	考德威尔	Lynton Caldwell	林顿·考德威尔
Carter, J.	卡特	Jimmy Carter	吉米·卡特
Cook, C.	库克	Craig Cook	克雷格·库克
Cutter, C.	卡特	Charles Cutter	查尔斯·卡特
Debons, A.	德邦	Anthony Debons	安东尼·德邦
Dewey, M.	杜威	Melvil Dewey	麦尔维·杜威
Diener, R.	迪纳	Richard Diener	理查德·迪纳

英文简称	中文简称	英文全称	中文全称
Drewry, E.	德鲁里	Elizabeth Drewry	伊丽莎白·德鲁里
Dunn, E.	邓恩	Edgar Dunn	埃德加·邓恩
Dwyer, E.	德怀尔	Edmund Dwyer	埃德蒙·德怀尔
Dykeman, J.	迪克曼	John Dykeman	约翰·迪克曼
Ervin, S.	欧文	Sam Ervin	萨姆·欧文
Ford, G.	福特	Gerald Ford	杰拉尔德·福特
Getz, W.	盖茨	—	盖茨,W.
Goldwater, Jr. ,B.	戈德华特	Barry Goldwater Jr.	巴里·戈德华特
Guthrie, C.	格思里	Chet Guthrie	切特·格思里
Henderson, H.	亨德森	Hazel Henderson	黑兹尔·亨德森
Henry, N.	亨利	Nicholas Henry	尼古拉斯·亨利
Hochman, A.	霍克曼	Aaron Hochman	阿龙·霍克曼
Horton, F. , Cong.	霍顿	Frank Horton	弗兰克·霍顿
Humphrey, H.	汉弗莱	Hubert Humphrey	休伯特·韩福瑞（汉弗莱）
Jonker, F.	琼克	Frederick Jonker	弗雷德里克·琼克
Kerker, R.	克尔克	Robert Kerker	罗伯特·克尔克
King, D.	金	Donald King	唐纳德·金
Linehan, R.	莱恩汉	Ronald Linehan	罗纳德·莱恩汉
MacBride, R.	麦克布赖德	Robert MacBride	罗伯特·麦克布赖德
—	—	Manfred Kochen	曼弗雷德·科亨
Marchand, D.	马钱德	Donald Marchand	唐纳德·马钱德

英文简称	中文简称	英文全称	中文全称
Menkus，B.	曼库斯	Belden Menkus	贝尔登·曼库斯
Miller，L.	米勒	Lawrence Miller	劳伦斯·米勒
McDonough，A.	麦克多诺	Adrian McDonough	阿德里安·麦克多诺
Nixon，R.	尼克松	Richard Nixon	理查德·尼克松
Nolan，R.	诺兰	Richard Nolan	理查德·诺兰
Palmer，C.	帕尔默	Carl Palmer	卡尔·帕尔默
Parsons，C.	帕森斯	Carol Parsons	卡罗尔·帕森斯
Porat，Marc	波拉特	Marc Porat	马克·波拉特
Powers，C.	鲍尔斯	—	鲍尔斯,C.
Raganathan，S.	阮冈纳赞	Ranganathan, Shiyali Ramamrita	阮冈纳赞,S. R.
Rhoads，J.	罗兹	James Rhoads	詹姆斯·罗兹
Rich，R.	里奇	Robert Rich	罗伯特·里奇
Richardson，E.	理查森	Elliott Richardson	埃利奥特·理查森
Ronen，J.	罗恩	Joshua Ronen	乔舒亚·罗恩
Sadan，S.	萨丹	Simcha Sadan	西姆哈·萨丹
Saracevic，T.	萨拉塞维克	Tefko Saracevic	萨拉塞维克,T.
Shannon，C.	香农	Claude Elwood Shannon	克劳德·艾尔伍德·香农
Shattuck，J.	沙特克	John Shattuck	约翰·沙特克
Simon，H.	西蒙	Herbert Simon	赫伯特·西蒙
Snyder，D.	斯奈德	Dave Snyder	戴夫·斯奈德
Strassman，P.	斯特拉斯曼	—	斯特拉斯曼,P.
Stucker，J.	施迪克	John Stucker	约翰·施迪克

英文简称	中文简称	英文全称	中文全称
Taeuber，R.	托伊伯	Richard Taeuber	理查德·托伊伯
Taube，M.	陶布	Mortimer Taube	莫蒂梅尔·陶布
Weitzenbaum，J.	魏岑鲍姆	Joseph Weizenbaum	约瑟夫·魏岑鲍姆
Westin，A.	韦斯廷	Alan Westin	艾伦·韦斯廷
Wilkinson，J.	威尔金森	Joseph Wilkinson	约瑟夫·威尔金森

＊译者注：《主要人名表》主要参考以下工具书

1. 新华通讯社. 世界人名翻译大辞典[M]. 北京：中国对外翻译出版公司,2007

2. 李华驹. 21 世纪大英汉词典[M]. 北京：中国人民大学出版社,2003